O DESENHO DO TEMPO
NORA RÓNAI
MEMÓRIAS

Para Cora e Laura, que justificam minha existência neste mundo – de novo e sempre – com imenso amor.

©Bazar do Tempo, 2020

Todos os direitos reservados e protegidos pela Lei
n. 9.610, de 12.2.1998. É proibida a reprodução total
ou parcial sem a expressa anuência da editora.

Este livro foi revisado segundo o Acordo Ortográfico
da Língua Portuguesa de 1990, em vigor no Brasil
desde 2009.

EDIÇÃO
Ana Cecilia Impellizieri Martins

COORDENAÇÃO EDITORIAL
Maria de Andrade

ASSISTENTE EDITORIAL
Catarina Lins

PROJETO GRÁFICO E CAPA
Clara Meliande
Bettina Birmarcker

COPIDESQUE
Cristiane Reis

REVISÃO
Jefferson Peres

IMAGENS
Arquivo pessoal de Nora Rónai

AGRADECIMENTOS DA AUTORA
Cora e Laura Rónai, Lucas Bracher
e Ana Cecilia Impellizieri Martins

Bazar do Tempo
Produções e Empreendimentos Culturais Ltda.
Rua General Dionísio, 53, Humaitá
22271-050 Rio de Janeiro RJ
contato@bazardotempo.com.br
bazardotempo.com.br

O DESENHO DO TEMPO
NORA RÓNAI
MEMÓRIAS

BAZAR DO TEMPO

UMA VIDA BRASILEIRA

MINHA MÃE — 21
VIDA ESPORTIVA — 26
OS TEMPOS DE ESCOLA — 31
ESTUDANTE DE ARQUITETURA — 39
GIORGIO — 49
JOVEM ARQUITETA — 52
UM BOM NEGÓCIO — 59
O ENCONTRO DEFINITIVO — 63
PAULO, O TRABALHADOR — 75
CORA E LAURA — 80
CATEDRAL SEM PISTOLEIRO — 84
AS CRIANÇAS E AS FÉRIAS — 88
O SÍTIO, NOSSA CASA BRASILEIRA — 99
IDAS E VINDAS — 111

EUROPA, UM REENCONTRO

SUÍÇA — 122
ÁUSTRIA — 126
HUNGRIA — 128
REVENDO A FAMÍLIA — 131
VIDA HÚNGARA — 137
AS LEMBRANÇAS DA GUERRA — 145
CONHECENDO O PAÍS — 149
MAIS CASOS DE FAMÍLIA — 154
UMA PEQUENA VIAGEM — 158
A SORTE DA TIA ELVIRA — 164
UMA SAIA JUSTA — 169
DE VOLTA À FIUME — 176
VENEZA — 183
MILÃO — 190
PARIS — 191
EM BUSCA DA VERDADEIRA ÁRVORE — 199
O JARDIM DE BALZAC — 202
TOULOUSE — 205
GÊNOVA — 213
ADEUS, EUROPA — 224
A BORDO — 228

Giorgio, Iolanda, Nora e Edoardo em Fiume, 1935.

UMA VIDA BRASILEIRA

Dizem que a vida deve ser reexaminada de vez em quando. Eu não diria "reexaminada", mas relembrada, certamente. Explico: cá estou eu com noventa anos e pico, relembrando a minha vida desde a infância e, de repente, me dou conta de que não sei direito qual destas pessoas sou eu de verdade: a Norinha neném, superfeliz porque a mamãe está brincando de comer as minhas orelhas e eu rio, sim, tapando as duas com as mãozinhas sabendo que é brincadeira, mas com um vago receio – e se for verdade? Ou serei a Nora criança apaixonada pelo professor do quarto ano primário, sem se dar conta disso? Ainda pode ser que eu seja a Nora lutando pela própria vida e pela sobrevivência de sua família durante a guerra e as perseguições nazistas. Talvez eu seja a Nora imigrante, recém-chegada à sua nova pátria, desta vez definitiva, reorganizando a sua vida para adequá-la às novas situações e considerações. Ou melhor, a Nora já bastante arraigada na nova terra, casada, cuidando do pai viúvo, do marido e das duas filhinhas. Quem sabe, na verdade, eu seja a Nora de 60 anos, viúva, sendo amparada pelas duas filhinhas, que agora já se aproxima da "melhor idade", "feliz idade", "terceira idade", ou como queiram dizer as pessoas preconceituosas que têm medo da palavra velho?

Exatamente para estabelecer quem sou, estou tentando relembrar o mais completamente possível a minha vida. E fixo essas lembranças no papel, porque elas são fugidias. Apoiada só na memória, eu não teria como pensar e raciocinar calmamente sobre elas. Cheguei a escrever as lembranças da minha vida até a época, digamos, da Nora de trinta anos. Foram editadas e deram um simpático livrinho.* Este se encerrava mais ou menos na época da nossa – de papai, mamãe e do meu irmão Giorgio – chegada ao Brasil e de nossos primeiros passos no caminho da adaptação e da construção de uma vida estável e tranquila no Rio de Janeiro. Miraculosamente, havíamos encontrado e alugado um pequeno apartamento – de cobertura, imaginem – na rua Presidente Carlos de Campos, em Laranjeiras, esquina da rua Paissandu. Era pequeno, havia servido antanho como moradia de porteiro, mas era muito jeitoso e permitiu que nos acomodássemos com relativo conforto, a tal ponto que até chegamos a adotar um gatinho de nome Cicuka (nome que, em português, é pronunciado como Cissuka).

---

* *Memórias de um lugar chamado onde.* Rio de Janeiro: Casa da Palavra, 2014.

Mas por que seria milagroso o fato de termos encontrado um apartamento para alugar? É que, naquela época, os políticos eram hipócritas, desonestos e demagogos. Ao contrário dos de hoje, que são todos uns varões impolutos, patrióticos, que só visam o bem do povo... He he. Para se mostrarem amigos e defensores dos pobres, os de então inventaram um decreto que proibia os senhorios de aumentarem o preço do aluguel de seus imóveis; mas, como a inflação corria livre, lépida e solta, em pouco tempo, esses aluguéis não valiam mais nada e os senhorios, ainda por imposição do tal decreto, não podiam mandar os inquilinos embora. Maravilha para os inquilinos, falência para os senhorios. E tem mais: nem sempre o senhorio é que era rico e o inquilino pobre. Os ricos de verdade não investiam seu dinheiro em moradia. Investiam-no na bolsa de valores e em outros bens mais rentáveis, mesmo porque, depois, poderiam descontar o valor do aluguel do imposto de renda. Enquanto isso, havia muito senhorio cuja única fonte de sustentação era um ou outro imóvel alugado. Como resultado dessa situação, ninguém mais investia em imóveis para alugar, e se, por acaso, algum apartamento vagasse, geralmente por morte ou mudança do inquilino, o dono preferia deixá-lo vago e não mais o alugava. Nessa época, contava-se que um sujeito, passando pela Lagoa Rodrigo de Freitas, ouviu gritos de socorro. Era um homem se afogando:

– Como é que você se chama? – perguntou-lhe.
– João da Silva.
– E onde é que você mora?
– Na rua tal, número tal – veio a resposta. – Socorro!

Mas o cara, em vez de salvar o infeliz, corre ao endereço indicado, toca a campainha e:

– Quero alugar este apartamento – diz à pessoa que o atende.
– Mas este apartamento já está alugado!
– Não, porque o inquilino acaba de se afogar na lagoa! Eu o vi ainda agora.
– Pois então, fui eu que o empurrei para dentro d'água!

Exatamente nessa época e situação é que chegou à cidade um monte de pelego da roda do Getúlio Vargas, do Rio Grande do Sul. Era urgente arranjar moradia para toda essa gente e, possivelmente, apartamentos perto do Palácio Guanabara, que era a residência oficial do presidente, já que o Palácio do Catete era apenas sede oficial do governo. O que os "gênios" fizeram? Promulgaram outro decreto proibindo qualquer cidadão proveniente do "eixo Roma-Berlim" de morar perto do Palácio Guanabara por "motivos de segurança". Imaginem se cidadãos vindos de lá como refugiados representariam algum perigo para a vida e a saúde do Getúlio! Mas não havia como discutir. O nosso pequeno ninho, conseguido com tanto esforço e ajeitado com tanto amor para nos abrigar, teria que ser abandonado em 24 horas, já que estava exatamente na área prevista no tal decreto.

– Como é que vamos encontrar outro apartamento em 24 horas? – tentamos argumentar com o delegado.

– De maneira nenhuma, claro – respondeu – mudem-se para alguma pensão.

Aí, o delegado nos deu duas ou três semanas em que poderíamos conservar os móveis e o Cicuka no apartamento, mas nós teríamos que sair. Poderíamos levar, todo dia, comida e água para o bichano e limpar a caixinha de areia dele, mas rápido, rápido, para não sermos pegos em flagrante de permanência no local:

– Onde é que eu vou encontrar outro apartamento agora? – perguntou mamãe.

– A senhora tente no Rio Comprido, ouvi dizer que lá ainda há alguns imóveis disponíveis – respondeu o delegado.

– Sabem de uma coisa – disse a mamãe – eu vou procurar mesmo algo por lá, tanto mais que, lá, os aluguéis devem ser mais baratos do que por aqui.

Dito e feito, mamãe perscrutou centenas de anúncios, visitou dezenas de imóveis – um pior do que o outro – até que, enfim, encontrou uma verdadeira joia de apartamento. Numa rua nova que começava logo no início da rua do Bispo; à esquerda, partindo do largo do Rio Comprido. Chamava-se rua Citiso e era paralela à rua Dipsis, igualmente nova. Só que a nossa tinha mais uma vantagem: havia construções apenas de um lado, enquanto, do outro, vicejavam árvores e arbustos pertencentes à chácara dos padres.

Nosso apartamento tinha entrada ampla e envidraçada, que se abria para uma varanda, e mais a sala, três quartos, banheiro, cozinha e área de serviço e estava no terceiro pavimento de um prédio novinho em folha. Calculo que o dono teria começado a obra antes do malfadado decreto e talvez não tivesse bastante bala na agulha para manter vazio um prédio inteiro. Podem imaginar a nossa felicidade ao assinarmos o contrato de locação. É verdade que o aluguel era bastante salgado, uns 30% a mais do que o antigo, que já não era barato, mas, no entretempo, todos havíamos melhorado os nossos proventos, de maneira que, justificadamente, esperávamos poder enfrentar esse gasto mensal a mais.

Quando a mamãe contou isso para a minha tia Valéria – irmã da minha mãe, também refugiada no Brasil –, ela ficou escandalizada e apavorada:

– Por que você não alugou aquele apartamento da rua tal (esqueci o nome), que custaria menos do que a metade do preço?

– Porque a rua tal sobe o morro e acaba na favela. Aquele prédio é um pardieiro num ambiente suspeito, pior do que apenas proletário. A Nora tem 18 anos e, quando começar a estudar, terá de voltar a tardas horas da escola sozinha. Não dá para a gente morar num lugar assim.

– O que é que vocês chamam de "proletário"? – indagou minha tia, como sempre, morta de medo de que, eventualmente, nós fossemos precisar de alguma ajuda financeira dela.

Engraçado, relembrando a pão-durice dessa tia, me dei conta de que, em compensação, houve muita gente que nem parente era, às vezes nem nos conhecia direito e, mesmo assim, nos ajudou à beça. Por exemplo, logo depois da nossa chegada ao Rio de Janeiro, eu estava com o braço dolorido devido à luxação sofrida ainda no navio. Embora o médico de bordo tivesse recolocado o antebraço no seu devido lugar, o braço todo doía muito, a ponto de eu não conseguir movê-lo, mesmo depois de terem tirado a tipoia, ou melhor, principalmente depois de terem-na tirado. Mandaram que eu fizesse fisioterapia.

Na Cinelândia, havia um consultório de ortopedia e fisioterapia superequipado de um dr. Zander. Fomos consultá-lo. Depois de se inteirar da nossa história e de ter me examinado, ele disse que ia tornar o meu braço novinho em folha. De fato, esse homem me tratou durante um ano inteiro sem jamais me cobrar nem um tostão.

Outro exemplo: naquela época, talvez alguns meses mais tarde, tive seguidas inflamações na garganta e os médicos aconselharam-me uma operação de amídalas. Estava na moda, naquele tempo, operar as amídalas por "dá cá aquela palha", ou seja, por motivo qualquer. Procuramos, então, o professor Ermiro de Lima. Ele era muito conhecido e cobrou um preço bastante caro. Pedi para pagar em prestações mensais, todo mês daria 300 mil réis, o que me imporia um tremendo esforço, mas tinha fé de que conseguiria honrar esse compromisso durante os dez meses combinados. Na operação, paguei a primeira prestação. No mês seguinte, compareci com a segunda. No terceiro mês, entreguei o dinheiro à enfermeira, mas ela devolveu e falou que o professor mandou dizer que eu não precisaria mais dar o resto... Quando é que a minha tia conseguiria fazer um gesto desses, hein? E o pior é que sei que ela gostava de fato da gente. Só tinha horror de gastar um tostão que fosse.

Ignorando solenemente o choque e a reprovação da minha tia e de sua família, nos mudamos em poucos dias para o novo apartamento. Tínhamos muita pressa em concluir a mudança por dois motivos. Primeiro, não queríamos continuar pagando por muito mais tempo a pensão e o aluguel do antigo apartamento. Segundo, o Cicuka estava ficando neurótico, pensando que o iríamos abandonar. Coitado do bichano, ele foi o único a fazer mau negócio com a mudança. No apartamento antigo, havia um enorme terraço de quatro metros de largura em forma de "L", circundando todos os cômodos, enquanto, no novo, só lhe pudemos oferecer a varanda – de bom tamanho, é verdade, mas que de maneira nenhuma se comparava ao antigo espaço. E, por falar em terraço, deixem-me contar um caso estranho que aconteceu lá.

Quando não comia ou não dormia, o Cicuka divertia-se tentando caçar os passarinhos, mas não conseguia pegar nenhum deles, que, muito espertos, levantavam voo assim que o percebiam. Finalmente, uma vez, ele acabou abocanhando um filhote inexperiente e trouxe-o triunfante para mostrá-lo à mamãe. Claro que a homenageada não aprovou nem um pouco esta caçada. Além de dar um pito no gato, tirou o passarinho apavorado de sua boca e o soltou no terraço. Por sorte, o bichinho não ficou muito machucado e conseguiu dar o fora no ato.

Quando mamãe, cansada e esbaforida, voltou para a sala, encontrou Josefa, nossa empregada, toda vestida e com sua mala feita. Pediu demissão alegando que a mamãe tinha abusado da confiança do pobre gatinho ao lhe tirar a caça tão arduamente conquistada e que, numa casa assim, ela não ficaria nem um minuto a mais:

– Mas, Josefa, ele não precisa desse passarinho. Ganha bastante comida aqui em casa – tentou argumentar a mamãe, pois a Josefa era honesta e competente, não queria perdê-la.

– A senhora não come frango? Por que é que ele não pode comer passarinho? A senhora o traiu, ponto! Eu não fico aqui, para mim chega!

E, dito isso, a mulher foi-se embora, soltando fumaça pelas ventas. Foi uma pena, mas, por outro lado, provavelmente ela nos deixaria quando da mudança. Se o antigo endereço lhe convinha bastante – tinha um largo círculo de amigas na redondeza –, é de se supor que não lhe agradaria mudar tão radicalmente o local de trabalho.

Para nós, no entanto, mudar de endereço não foi tão traumático assim. Primeiro, porque já estávamos acostumados a tantas mudanças, não só de casa, mas de cidade, país e até continente. Segundo, porque mudar de um espaço exíguo para um bem maior e mais confortável não é tão difícil assim, convenhamos. Terceiro, porque conseguimos fazer a mudança em alguns dias, não houve tempo para grandes despedidas. E conseguimos isso por termos poucas coisas para empacotar. Poucas roupas, poucos calçados, poucos móveis, etc. Hoje, depois de muitas dezenas de anos vividos, acumulei enorme quantidade de cacarecos. Mesmo assim, há alguns anos, quando decidi ir morar em um apartamento no prédio onde já vivia minha filha Laura, ela conseguiu fazer a mudança em menos de três dias. E é a melhor maneira mesmo, a gente não fica olhando para trás, lamentando o que perdeu.

Naquela época, não havia nem sombra de filho no horizonte. Éramos solteiríssimos, tanto o Giorgio quanto eu. Ele continuava trabalhando na firma Paul J. Christof, onde se firmava cada vez mais, melhorando seus proventos gradativamente, e eu continuava vendendo os meus cremes de porta em porta – atividade esta que comecei já no terceiro dia depois de por os pés em solo brasileiro –, mas agora já dispunha de uma considerável freguesia fixa.

Giorgio não tardaria a mudar de emprego, pois foi cooptado pelo primo Alexandre (apelidado de Sanyi) para trabalhar na firma dele. Este último, com o dinheiro da tia Valéria, deu uma de grande empresário e comprou várias jazidas de mica, que, em tempos de guerra, era largamente consumida, principalmente nos Estados Unidos. Mas não dava para exportar a mica em seu estado bruto, pois o frete custava caro e não valia a pena pagar transporte para as impurezas que acompanhavam esse material. Assim, criaram vários laboratórios de beneficiamento especialmente em Minas Gerais, perto de Lavras. Mesmo com esse processo, a mica não ficava purinha como vocês podem ver nas resistências de seus ferros elétricos, por exemplo, mas já era meio caminho andado. O resto era processado nos Estados Unidos com grande cuidado. O Giorgio ficou incumbido de percorrer e inspecionar os laboratórios para que o trabalho ficasse o melhor possível, pois americanos eram muito exigentes. Para isso, a firma emprestou-lhe um jipe. Ficamos radiantes, até carro já tínhamos! Melhor teria sido, no entanto, se o Giorgio jamais tivesse largado o seu primeiro emprego. Mas isso eu conto mais tarde.

Por enquanto, estávamos muito contentes com a situação geral da família. Cada um de nós tinha o seu próprio quarto. Meus pais ocupavam o maiorzinho, que dava para a sala, de onde tinham acesso ao corredor e, de lá, ao banheiro. Depois, vinha o meu quarto, tão amplo que, mais tarde, coube até uma prancheta. Finalmente, vinha o do Giorgio, que era o mais charmoso, pois abria para uma varandinha legal. No entanto, como se diz em italiano, *non ce perfetta letizia* (não há perfeita alegria). Um dia, enquanto meu irmão estava ausente de casa, sumiu um terno dele que se encontrava no espaldar de uma cadeira. Não havia ninguém em casa a não ser a mamãe, atarefada na cozinha. Como pode sumir alguma coisa assim, sem mais nem menos? É verdade que a porta da varandinha estava aberta, mas, no terceiro andar? Pois, mais tarde, viemos a saber que havia uma turma de pivetes que usava uma longuíssima vara de bambu para invadir as moradias e roubar o que estivesse ao seu alcance. Uns seguravam a vara, pela qual o menorzinho subia e jogava o que podia para os companheiros, lá embaixo. É mole? Claro que, depois disso, não ousamos mais deixar portas nem janelas abertas quando não estivéssemos em casa.

Non ce perfetta letizia, mas sobravam coisas divertidas para nos alegrar: brincar com o gatinho, passear em dias de folga para conhecer as redondezas, as conversas durante e depois do jantar, nas quais cada um contava como havia passado o dia para, em seguida, discutirmos os problemas do mundo e as políticas locais. Finalmente, meus pais decretavam que era

Nora e Giorgio, Rio de Janeiro, início dos anos 1940.

hora de dormir e cada um se retirava para o seu quarto. Até que, depois de cinco minutos de silêncio:

– Mamãe – dizia o Giorgio lá do seu quarto –, você sabia que minha colega fulana...
– Silêncio! Já é tarde, Giorgio. Amanhã você conta – dizia papai.
– Nori – era assim que me chamavam em casa –, você devolveu aquele livro à sua amiga Ági? – perguntava mamãe.
– Iolanda, deixa essas crianças dormirem – intervinha papai mais uma vez. E, assim, até se fazer silêncio completo, passavam-se cerca de duas horas. Então, lá pelas onze e meia da noite:
– Nori – falava Giorgio, baixinho para não acordar os nossos pais.
– Sim?
– Você está acordada?
– Claro!
– Eu também. Ainda não estou com sono.
– Nem eu.
– Você quer dar uma volta no jipe?
– Ora, se quero!
– Então, vista-se rápido e vamos embora.

E assim fazíamos. Pegávamos o jipe e subíamos com ele até o Alto da Boa Vista. As noites eram agradabilíssimas! Várias vezes com espetaculares luas cheias e sempre com aquele ar fresquinho cheirando a mato. Só que não dava para permanecer muito tempo lá em cima, porque havia muitos outros carros estacionados e, em cada um deles, um casal namorando. Era um tanto constrangedor. Então, tomávamos o rumo de casa. Para baixo, Giorgio me deixava dirigir. Com o carro em primeira marcha, eu ia devagarzinho, cuidando de cada curva no caminho. Às vezes, esticávamos até a Esplanada do Castelo, completamente vazia àquela hora, onde o Giorgio tentava me ensinar a dirigir:

– Por que é que a gente tem que usar a primeira marcha para dar a partida? – perguntava eu.
– Porque é a que tem mais força para vencer a inércia do carro – me explicava ele, com toda a paciência.
– Mas, e se eu tentasse, com cuidado, usar a segunda ou a terceira, o que aconteceria?

– O motor morreria!

– Mas, e se eu tomasse extremo cuidado?

– Olha, se você conseguir dar a partida na terceira marcha, eu te dou vinte mil réis (tremenda soma naquela época)!

Então, eu pisei na embreagem, engatei a terceira e, enquanto acelerava o motor, fui soltando bem devagarzinho a embreagem. E não é que o carro pegou? O Giorgio fez aquela cara de "não acredito" e, na mesma hora, me entregou os vinte mil réis. Ah, mas não resisto, vou adiantar em anos o calendário só para relatar um episódio semelhante que me aconteceu, mas, dessa vez, com o meu marido, Paulo. Ele era professor e, ao voltar da escola, uma vez, me disse:

– Sabe, Nora, hoje dei aula sobre verbos pronominais. Depois de explicar tudo muito bem e de dar vários exemplos, pedi a um aluno que alegava ter compreendido a aula muito bem que me desse um exemplo de verbo pronominal. Pois, você não vai acreditar no exemplo que ele deu! Se você adivinhar, eu te dou vinte mil-réis.

O estranho é que o Paulo me ofereceu a mesma quantia, só que esses vinte mil-réis já não valiam tanto quanto os de antes. Pois eu respondi na lata:

– Eu me pronomino, tu te pronominas, ele se pronomina, nós nos pronominamos...

O Paulo fez a mesma cara que o Giorgio fizera. Enfim, ficou pasmo. Eu tinha acertado e ele também me entregou, na hora, o dinheiro combinado.

Voltando rapidamente ao assunto jipe: como era a firma que providenciava o combustível e a manutenção do carro, nós fazíamos questão de repor sempre a mesma quantidade de gasolina que tínhamos gasto nas nossas excursões. Olha, nós nos divertíamos à beça e voltávamos sempre no maior silêncio. Nunca fomos pegos em flagrante nas nossas escapadas. Ainda bem que eu, por natureza, preciso de poucas horas de sono. Assim, essas noitadas não me afetavam em nada. Giorgio, no entanto, ficava um tanto tresnoitado. Por isso, e também pelo custo da gasolina, não podíamos fazer esses passeios a toda hora. Mas os passeios de dia, a pé, junto com os nossos pais, continuavam frequentes, como fazíamos na Europa.

MINHA MÃE

Uma vez, voltando para casa, no largo do Rio Comprido, mamãe, de repente, caiu para trás e bateu com a cabeça no chão da calçada. Nós nos assustamos muito e não conseguíamos explicar o que tinha acontecido. Nem a mamãe, coitadinha, sabia dizer por que tinha caído. Aparentemente, ela não se machucou muito. Nós a ajudamos a se levantar e, diminuindo o passo um pouco para não a cansar, fomos para casa. Não se passaram três dias e mamãe começou a sentir dores nos ombros e nos braços. Além disso, seus gânglios do pescoço apareceram inchados. Inicialmente, pensamos que esses sintomas seriam consequência da queda que sofreu. Tentamos aplicar compressas geladas e, quando essas não deram resultado, passamos a usar compressas quentes. Mas essas também pouco adiantaram. Começamos aí as romarias, de médico em médico, mas nenhum conseguia acertar o diagnóstico. Uns chegaram a dizer que as dores seriam devido a focos dentários e mandaram mamãe arrancar vários dentes que, no final, revelaram-se perfeitamente sadios. Enquanto isso, mamãe ficava cada vez mais fraca e cansada.

Ao cabo de alguns anos e uma dúzia de médicos descartados, a sorte nos fez topar com um sonho de profissional, o professor Pedro da Cunha e sua equipe. Este, depois de examinar a mamãe, pediu um hemograma completo, que veio a confirmar as suas suspeitas: mamãe sofria de leucemia, o número de células brancas em seu sangue era cem vezes superior ao que seria o normal. Começou, então, um tratamento com um remédio chamado Licor de Fowler, que era feito à base de arsênico, imaginem vocês. O fato é que ninguém tinha a menor ideia de como se poderia tratar a leucemia, não era culpa do professor Pedro da Cunha. Durante todo a evolução da doença, ele tratou a mamãe com o maior desvelo e carinho. Não lhe escapava nenhuma nova teoria ou pesquisa sobre o assunto. Só que os maiores especialistas também tateavam no escuro em assuntos referentes a esse mal. Chegaram a tratar mamãe com um remédio baseado em gás mostarda! Imaginem o absurdo! A quimioterapia que se aplica, hoje, em casos de câncer – e, afinal, a leucemia não deixa de ser um câncer do sangue – é café pequeno se comparada aos métodos de então.

Um milionário, dono do famoso iate Vendaval, ganhador de várias regatas Rio-Buenos Aires – ou vice-versa, não me lembro –, sofria do mesmo mal que a mamãe, na mesma época, e resolveu se tratar nos Estados Unidos. Morreu em pouco tempo. Mamãe sobreviveu à doença durante vários anos. Resumindo o cronograma, mamãe resistiu à leucemia por dez anos. Desses, quatro até obtermos o diagnóstico certo e seis sabendo do que se tratava e que não havia esperança de cura. Naturalmente, nós não contamos a verdade para a mamãe. Continuávamos a manter as feições serenas e, às vezes, até alegres, para não criar aquele clima lúgubre, entristecê-la e, eventualmente, fazê-la desconfiar. Chegamos a falsificar os exames de sangue que mostrávamos para ela, ajudados pelo dr. Paulo Rosa, da equipe do professor Pedro.

O dr. Paulo era hematologista e pediatra e trabalhava no Hospital dos Servidores do Estado. Quando nascia um bebê de pais com Rh incompatível, ele tinha que mudar todo o sangue do recém-nascido. Mas não se pode esvaziar o sangue velho totalmente para depois fazer uma transfusão do novo, porque o neném morreria, claro! Por isso, eles gastam quantidades espantosas de sangue. Para tratar de um único neném precisam, se não me falha a memória, de 36 litros. O mecanismo é assim: tiram o sangue velho de um lado, enquanto injetam o novo do outro, até não sobrar mais nenhum vestígio do antigo. Muitas vezes, para fabricar o soro, eles centrifugam o sangue, separando o soro de um lado e as hemácias do outro. Geralmente, essas células são descartadas, mas o dr. Paulo Rosa sabia o quão desesperadamente a mamãe precisava delas, pois as brancas, naquele número exorbitante, lhe destruíam as vermelhas. Por isso, logo ao retirar as células vermelhas da centrífuga, ele pegava um táxi e ia lá para casa injetá-las direto nas veias da mamãe. Às vezes, não tendo o sangue adequado, ele fazia uma transfusão direta ou do papai ou de mim para a mamãe, já que tínhamos O positivo e podíamos doar sangue a meio mundo, menos a indivíduos de sangue O negativo. Agora, saibam que o dr. Paulo fazia isso sem cobrar um tostão furado, nem ao menos o custo do táxi. O próprio professor Pedro nos cobrava suas consultas num preço ridiculamente barato, tendo em vista a sua competência e o seu renome.

Mesmo assim, ajudados de tudo quanto era lado, o dinheiro andava bem curto na nossa casa. Por pouco que fosse, no conjunto gastava-se muito. Num dos tratamentos tentados, aplicavam-se raios X na mamãe, mas, a essa altura, ela estava tão fraca que não podia se levantar da cama. Tínhamos que levá-la de ambulância numa clínica na rua Senador Vergueiro, no

Flamengo. E a ambulância era que nem táxi, tinha aquela tarifa e pronto. Outro vazadouro de dinheiro eram os remédios. Todos eles, de última geração, vinham dos Estados Unidos. Nós tínhamos que encomendá-los à Varig, e as comissárias de bordo nos traziam os pacotes. O frete era de graça, cortesia da companhia aérea, mas o preço dos remédios era muito alto e em dólar. Quando os pacotes chegavam, a Varig nos avisava e tínhamos que ir buscá-los no mesmo prédio, no aeroporto Santos Dumont, onde havíamos feito a encomenda. Esse serviço era muito bem organizado. Eles atendiam com presteza e boa vontade. Às vezes, formavam-se pequenas filas, de tanta gente que precisava de remédios importados, mas eles tratavam de nos atender o mais rápido possível. Fiquei com pena dessa companhia, anos mais tarde, quando acabaram com ela. Eu não conhecia todos os meandros econômico-financeiros por trás dessa falência, mas sempre tive a impressão de ter acontecido algo de não muito limpo, não exatamente correto. Achei tudo muito suspeito e muito injusto com a Varig. Enfim, mesmo ela não existindo mais, lhe sou grata até hoje.

Mamãe faleceu em 1950, ano da minha formatura na Faculdade de Arquitetura e Urbanismo da Universidade do Brasil, hoje Universidade Federal do Rio de Janeiro. Durante toda a sua doença, ela teve uma coragem e uma gana de viver incríveis. No início, ainda fazia sutiãs e cintas e tratava dos afazeres de casa, apesar de se sentir sempre muito cansada. Os médicos aconselharam que ela ficasse o máximo de tempo possível deitada, quietinha, descansando. Aí, passou a orientar a empregada a partir da cama. Por exemplo, ela pedia para fazer tal e tal prato e dava as instruções de como prepará-lo. Inspecionava, em seguida, cada etapa da execução. A empregada vinha perguntar se a quantidade de óleo na panela estava certa. Depois, se a cebola estava dourada no ponto. Depois, se a vagem estava bem limpa e cortada na forma e na medida certas e assim por diante, tudo, tudo. Ela também ensinava a moça como era que se limpava o castiçal de cobre e fazia questão de inspecionar a operação, etapa por etapa. Esse método, embora irritante, só funcionava porque as empregadas gostavam mesmo da mamãe e percebiam o quanto estava doente. Por fim, entendiam que poderiam aprender muito com ela; era só prestar atenção. Para nós, mamãe manteve a casa em ordem, comida nas horas certas e roupa lavada, permitindo assim que pudéssemos estudar, trabalhar e cada um correr atrás de seus afazeres.

MINHA MÃE

A leucemia foi diagnosticada em 1945. Nesse ano, eu já tinha parado com a venda de cremes de porta em porta e já estava há tempos trabalhando como desenhista de arquitetura, além de estudar de noite no Colégio Juruena, na praia de Botafogo, para concluir o meu ensino secundário. Embora eu tenha feito o terceiro ano científico na Itália, o Ministério da Educação, considerando que naquele país havia quatro anos de científico, determinou que eu repetisse aqui o terceiro ano, já que não havia quarto ano científico no Brasil. Tudo bem, eu já tinha enfrentado chateações maiores do que essa. E foi até bom aquele ano de estudo em uma escola brasileira, porque fiquei mais enfronhada na maneira de ensinar, de estudar e de se portar nas escolas daqui.

A primeira grande diferença que notei foi no modo como se relacionavam professores e alunos. Na Europa, os professores tinham uma aura e um prestígio inimagináveis para os padrões brasileiros. Os alunos tinham certo medo do professor e preferiam passar despercebidos por ele. Só em último caso, animavam-se a lhe dirigir a palavra. Nas universidades, falar com um professor era quase impossível. Quem tivesse alguma dúvida sobre a matéria em pauta tinha que procurar o terceiro assistente do professor. Caso ele não conseguisse dirimir suas dúvidas, você tinha que procurar o segundo. Caso este falhasse também, você procurava o primeiro assistente. No caso deste não resolver o problema, recorria-se ao livre docente adjunto do professor. Aí, vocês percebem que seria impossível tantos doutos mestres não conseguirem explicar alguma questão cabeluda que surgisse.

Isso significa que ninguém jamais entrava em contato imediato com o titular da matéria que cursava. Eu não frequentei nenhuma faculdade na Europa porque emigrei de lá muito nova, mas o meu pai frequentou, alguns tios e alguns primos também e sei dessas coisas contadas por eles. Pode ser que hoje esse clima já tenha mudado por lá também, afinal estou falando de costumes de oitenta, noventa anos atrás, mas os estava comparando com os brasileiros de setenta, oitenta anos atrás. E, mesmo naquela época, aqui havia um clima de amizade e de certa benevolência mútua entre aluno e professor.

Aliás, acho que, naquela época, talvez isso fosse mais comum do que hoje, considerando os vários casos de violência contra professores que a gente lê nos jornais. Outra coisa que observei: aqui, as exigências eram muito, mas muito mais brandas do que nas escolas da Europa. E não é que lá os professores fossem tão maravilhosos assim. Também havia péssimos professores, só que eles exigiam tanto quanto se tivessem sido ótimos; e os alunos que se virassem! E que remédio? Os alunos se viravam mesmo, pedindo explicações aqui e acolá, tentando estudar sozinhos, mas se viravam porque senão eram reprovados sem dó nem piedade.

De tudo isso, eu cheguei à conclusão de que as crianças e os adolescentes produzem tanto quanto se exige deles. Se você é leniente demais e não exige nada, eles ficam folgados e não produzem o esforço necessário para aprenderem o que devem. Eles só ficam sentados lá nos bancos e esperam que o professor faça uns passes de mágica que os transformem em gênios. Se os nossos alunos estão atrasados em relação aos de outros países, a culpa é sempre do professor, dos programas básicos das matérias exigidas, das próprias matérias que se exigem e assim por diante, mas nunca, nunquinha, nem por acaso é dos estudantes, que pelo próprio fato de serem jovens são inimputáveis, como bem demonstram os nossos códigos de leis. Deus me livre exigir de um aluno um esforço maior! Ele vai ficar complexado, desestimulado, humilhado, etc. Além disso, se reprovarmos muitas crianças, elas terão que repetir o ano e nós precisaremos providenciar mais salas de aula e professores, o que custaria mais dinheiro...

No entanto, se levássemos realmente a sério o ensino fundamental, nossas crianças se acostumariam ao nível de exigência e levariam o estudo a sério. No ensino médio, já não precisaríamos reprovar tanto e, no superior, receberíamos jovens com base adequada para enfrentarem o ensino universitário. E, principalmente, não teríamos tantos analfabetos funcionais entre a nossa população adulta. Não advogo tanta pressão sobre os nossos jovens a ponto de torná-los infelizes e deprimidos, mas há uma justa proporção. No Japão, onde o estudo e a pressão parecem ser levados ao extremo, o número de crianças suicidas é, ou pelo menos era, o maior do mundo. Mas que diabo! Nós também não precisamos ficar do lado oposto numa escala de exigências, não é?

MINHA MÃE

VIDA ESPORTIVA

Por volta de 1943, com a nossa vida já um pouco mais tranquila, depois de nossa traumática e intempestiva mudança do bairro do Flamengo para o Rio Comprido, começamos a sentir falta de praticar algum esporte, como sempre fizemos na Europa. Meu pai e Giorgio gostavam muito de esgrima e, por isso, nos inscrevemos no Clube Ginástico Português, no centro da cidade. Não é que nosso pai fosse esgrimir de novo – já se considerava velho demais para esse esporte, ou qualquer outro –, mas ele achava ótimo seus filhos praticarem esse esporte específico. Começamos a frequentar, portanto, as aulas do professor Jaime – se bem me lembro do nome. Escolhemos o horário noturno, que era o tempo de que dispúnhamos depois dos estudos e do trabalho.

Giorgio fazia sabre e eu comecei a me empenhar nas técnicas do florete. As aulas eram ótimas, empolgantes até, já que eu cheguei às séries de assalto. Mas havia uns pequenos senões. O plastron era todo forrado, que nem um edredom, para que ninguém fosse ferido pelo florete de um adversário. Pelo mesmo motivo, tínhamos que usar um capacete cuja frente, em rede metálica, cobria o rosto inteiro. Puxa, não há cristão que aguente! Eu continuei firme na esgrima por mais um tempo, só que a temporada de calor começou a incomodar demais. Quanto ao Giorgio, ele fez amizade com um grupo de rapazes que praticavam voleibol e que o aliciaram para fazer parte do time do clube. Aí, ele largou a esgrima para jogar voleibol.

Era justamente por causa do calor que, no fim das aulas, todos nós (os alunos) nos mandávamos para a piscina no terraço do clube. Era uma boa piscina, com raias de 25 metros, dois trampolins de um metro e até um de três metros. Mas aqui havia outro empecilho: o horário de fechamento coincidia precisamente com o término da nossa aula de esgrima. Então, nós passamos uma boa conversa na dona Augusta, a guarda-roupeira – penso que dessa vez tenha me lembrado bem do nome. Caso contrário, seria uma ingratidão, pois ela era um amor de pessoa, que além das chaves do vestiário tinhas as do terraço. Depois de mandar embora todo mundo, ela facilitava o nosso acesso e nos permitia ficar por lá uma horinha. Às vezes, até por mais tempo.

Eu nadava feliz da vida, para cá e para lá, e as luzes das janelas dos edifícios em volta, filtradas através das gotículas de água nos meus olhos, pareciam estrelas multicoloridas. Esses momentos eram realmente mágicos. Enquanto isso, um colega nosso, Eduardo Guidão da Cruz, excelente saltador, exibia-se no trampolim de três metros. Por momentos, eu parava minha natação para admirar algum salto particularmente complicado e bonito. Comecei a me interessar por essa modalidade de esporte, tanto mais que me lembrei de uma temporada em Budapeste, quando frequentávamos a grande piscina pública coberta da ilha Margarida, no rio Danúbio. Nessa piscina, havia uma bateria de plataformas, sendo a mais alta a de dez metros de altura. Eu ficava sempre entre a criançada que subia e pulava de lá. Subia e pulava sem parar. Certa vez, o treinador de saltos veio falar com a minha mãe que, se ela me deixasse treinar com a equipe, eu poderia me tornar campeã olímpica no futuro. Mamãe agradeceu os elogios à minha coragem e à minha habilidade, mas explicou que nós voltaríamos em breve para a Itália e, assim, eu não poderia continuar os meus treinos:

– Pois é uma pena – disse o homem ao se despedir –, porque a menina leva um jeito fora do comum para os saltos ornamentais.

Nunca mais falamos nem pensamos no assunto. Desta vez, no entanto, passado mais de um decênio, estava se apresentando a possibilidade de, finalmente, eu aprender esse esporte tão divertido:

– Senhor Guidão – é assim que o chamavam os colegas –, como é que se faz esse salto? – eu perguntava. E ele me explicava, mas eu tentava e caía que nem um saco de batatas atirado na água. – Mas não é assim, sua boba! – exasperava-se o Guidão. – Eu já disse: vire a cabeça num ângulo aproximado de 50° para a direita, enquanto força o seu braço esquerdo esticado e o ombro para a esquerda, deixando as pernas bem juntinhas e esticadas, tá? – E eu dava outro salto tipo saco de batata, e o Guidão ficava ainda mais zangado.

De tanto "virar vaca", como se chamavam os saltos malsucedidos no jargão de saltadores, eu fiquei com o corpo cheio de equimoses, mas finalmente aprendi a droga do salto. Foi assim com todos os outros. Guidão, como em geral todo treinador, era ranzinza e resmungão, mas continuava me treinando – apenas para honrar a minha coragem, como dizia. Nunca me elogiou, ou melhor, nunca na minha frente. Pelas minhas costas, sim, e tinha um ciúme tremendo de mim.

VIDA ESPORTIVA

O Cachimbau, treinador do Fluminense, inscreveu-me algumas vezes como reserva nas provas de natação. Mas ele brigou, dizendo que não se podia fazer a sério dois esportes ao mesmo tempo, e mandou eu parar com "aquilo". Ah, esqueci-me de dizer que eu, de livre e espontânea vontade, abandonei a esgrima, porque realmente não tinha tanto tempo disponível para treinar esgrima e saltos a sério todo dia. Como o Guidão era do Fluminense, me pediu que competisse por aquele clube. Tá, mas eu, como mulher, não podia ser sócia, nem sócia atleta de lá. Inscreveram, então, o Giorgio como sócio atleta e a mim como "familiar de sócio". Pois é!

Mais tarde, o Guidão pediu ao professor Colombo, treinador de ginástica, que me treinasse um pouco na rotação dos saltos mortais, pois a minha era muito lenta, e na altura dos meus pulos. O professor Colombo me perguntou se eu não queria treinar ginástica olímpica, por acaso. Aí, o Guidão discutiu com o professor Colombo, achou que ginástica olímpica e saltos ornamentais juntos era demais, que ele me descobriu primeiro e que eu, novamente, devia "parar com aquilo".

O último ataque de ciúmes foi quando, ainda com o professor Colombo, eu estava no estádio do Fluminense treinando os saltos mortais. Do outro lado do estádio, havia uns caras treinando atletismo. Uma lançadora de peso jogou o tal peso, que veio cair quase nos meus pés. Automaticamente, peguei o peso e o joguei de volta para ela. Daí a pouco, veio o treinador de atletismo e perguntou se eu não queria, "por acaso", treinar com eles. Agradeci, mas recusei a oferta. O professor Colombo contou ao Guidão, que foi discutir com o professor de atletismo.

Na verdade, eu acho que entre todas essas modalidades de esporte eu levava mais jeito mesmo era nos saltos ornamentais. Não apenas levava mais jeito, mas a minha constituição corporal era mais adequada para esse tipo de esporte. Como diz o francês, eu tinha o *physique du rôle*. Pena que comecei a saltar muito tarde, aos vinte anos. Já não dava para conseguir grandes resultados. Mesmo assim, fui nove anos seguidos campeã carioca de trampolim e de plataforma, uma vez campeã brasileira de plataforma e uma vez vice-campeã sul-americana de trampolim e de plataforma. Eu fiquei satisfeita com isso. Nunca fiz questão de ser a rainha da cocada preta. Mas, em uma ocasião, fiquei deveras triste: a preparação para as Olimpíadas de Londres, em 1948, coincidiu com o período das provas parciais na Faculdade de Arquitetura, onde eu já cursava o terceiro ano.

Se naquela época houvesse cursos por semestre, eu até que arriscaria perder um deles para poder me preparar melhor nos saltos e atingir o índice olímpico. Eu sabia perfeitamente que não poderia aspirar a ser medalhista, mas queria o que todo atleta no íntimo deseja: ter a glória de participar de uma Olimpíada. Só que perder um ano inteiro na faculdade estava fora de cogitação. Estudei e treinei que nem uma condenada... Falhei por décimos de pontos. Isso em provas que não se medem no cronômetro, mas em notas dadas por sete juízes, desbastadas da mais baixa e da mais alta. Tira-se a média das cinco restantes e multiplica-se pelos índices de dificuldade atribuídos a cada salto. Agora, me digam se é possível matar o sonho de uma atleta, aplicada, disciplinada e com certo futuro ainda pela frente, por causa de DÉCIMOS de pontos assim calculados?

Na época, toda a imprensa desportiva ficou pleiteando que me dessem uma nova chance. "Não podemos abrir semelhante precedente" foi a resposta, e me explicaram que havia número exíguo e contado de vagas na equipe. Na hora da partida, a gente viu que foram paredros e mais paredros, mulheres de paredros, filhos de paredros, babás dos filhos dos paredros... Uma multidão!

Mesmo não tendo ido às Olimpíadas de Londres, considero esse acontecimento uma vitória. Uma vitória meio dolorida, mas que me dá orgulho, pelo seguinte: eu tenho uma Olimpíada particular à qual não fui. Claro, não fui a todas as outras também, mas nelas não tinha chances, já na de Londres, sim. Há bilhões de seres humanos no mundo que não foram às Olimpíadas.

Para não falar apenas de coisas tristes, registro com orgulho que, em meados de julho de 1948, recebi a cidadania brasileira com dispensa do prazo legal, pleiteada pela Confederação Brasileira de Desportos, sem que eu tivesse que mexer nem uma palha. Isso, para que eu pudesse representar o Brasil no campeonato sul-americano de 1949 em Montevidéu. Desse campeonato, guardo várias lindas lembranças e também uma um pouco melancólica. Logo que chegamos em Montevidéu, acho que no dia seguinte, fui procurada, no hotel, por um senhor de idade, muito educado e simpático, pediu desculpas por me incomodar e disse que, ao ler nos jornais que uma atleta de nome Tausz viria ao certame, ficou com a esperança de que talvez eu fosse filha de um grande amigo de infância dele, chamado Tausig, e que talvez os jornais tivessem publicado com erro o meu nome. O amigo dele fora deportado durante perseguições na Europa e ele nunca

VIDA ESPORTIVA

Nora no Clube Ginástico Português, Rio de Janeiro, 1942-1943.

mais tivera notícias a seu respeito. Se eu fosse filha desse amigo, significaria que o homem sobrevivera ao campo de concentração.

Vi os olhos do visitante na expectativa, quase me suplicando – "por favor, seja filha do meu amigo Tausig!" – e tive tanta vontade de poder confirmar: "Sim, realmente erraram o meu nome." Teria sido tão bom para ele e, de alguma forma, para mim também, pois teria ganho um amigo paternal naquela cidade em que me via tão sozinha de novo, meio estrangeira, entre colegas de equipe, em sua maioria bem mais novos do que eu, e sentindo já saudades lá de casa, dos meus pais e do meu irmão. Mas, claro, não pude falar isso. Tive que dizer que eu era Tausz mesmo. O homem ficou arrasado. Continuamos um pouquinho a conversa, contei-lhe de onde e em que condições tínhamos vindo e convidei-o a voltar caso sentisse necessidade ou vontade. Um pouco refeito, ele agradeceu e foi embora. Não o vi mais. Até hoje sinto pena dele e de mim mesma, quando penso nisso.

OS TEMPOS DE ESCOLA

Ao lado da minha vida desportiva, havia a minha vida acadêmica. Tomadas todas as providências para legalizar nossos documentos escolares da Hungria e da Itália, pude me inscrever no terceiro ano científico do Colégio Juruena, onde me puseram em uma turma mista. Uma dúzia de alunos de científico e uns vinte alunos de clássico. Parece que éramos uns remanescentes para os quais não havia como organizar turmas inteiras. Resolveram a situação separando-nos apenas em algumas aulas específicas de cada curso. Assim, por exemplo, enquanto eles tinham aulas de latim, nós tínhamos extensões das aulas de matemática. Enquanto nós recebíamos reforços em biologia, química e física, eles tinham reforço em português. O nível de preparo e mesmo o nível intelectual de ambas as metades da turma me pareceram desesperadoramente baixos. "Meu Deus", pensei, "estou no deserto! Não há sinal de vida inteligente por aqui!"

Para minha sorte, num dos intervalos para cafezinho conheci na cantina um colega da semiturma do clássico – quem diria? – inteligente e muito culto. "Ah, um oásis", pensei aliviada. Soube mais tarde que ele pensou a mesma coisa ao me conhecer. O rapaz estava querendo entrar para alguma faculdade de Direito. Chamava-se Elias Lipner. Ele me indicou muitas leituras interessantes. Foi por indicação dele que li Alexandre Herculano, autor que teria sido uma pena ignorar. Anos depois, ele virou um advogado muito conceituado em São Paulo e em Israel também. Estou pressentindo que algum de vocês estará com a pulga atrás da orelha, por isso esclareço logo: sim, o Elias tinha certa queda por mim e eu teria correspondido, não fosse por divergências profundas entre nós a respeito de religião. Ele, fortemente religioso, achava que só a religião, com todos os seus gestos simbólicos – que, às vezes, me pareciam ridículos no século XX –, era o que mantinha a identidade do povo judeu, cuja maioria ainda vivia na diáspora. Eu, agnóstica convicta, tendendo ao ateísmo, não me via capaz de, no futuro, dar uma de religiosa: acender velas nas sextas-feiras, cozinhar de acordo com preceitos religiosos cujos intuitos sanitários ou de higiene remontam a quase seis mil anos atrás, frequentar diligentemente a Sinagoga.

Como para mim namoro é preâmbulo de noivado, que, por sua vez, conduz ao casamento, eu não via futuro em um eventual namoro entre nós dois. Por isso, nunca o encorajei. Ficamos amigos. Tempos depois, em companhia do meu marido, cheguei a visitá-lo em São Paulo. Estava casado e com três ou quatro filhos, se não me falha a memória.

Só para concluir, devo dizer que não tenho certeza de que eu esteja com a razão. Esse assunto é muito complicado e eu não tenho talento para a filosofia. Apenas sei que, durante toda a minha vida, mal consegui entender minha própria identidade, que dirá se eu tivesse que batalhar pela identidade de um povo inteiro. Meus pais me contaram que a mãe da minha bisavó Tereza era calvinista e se tornou judia particularmente devota ao se casar com o meu trisavô. Evidentemente, o temperamento dela devia ser bem diferente do meu, não é?

Bem, voltando aos meus estudos, por sorte, as exigências na escola eram mínimas. Isso me permitiu continuar a trabalhar, aceitar encomendas extras e, mesmo assim, acabar como primeira aluna da turma. No fim do ano, encontrei na rua o professor de Biologia, que me disse:

– Então, eu te vejo no vestibular de Medicina, não é?
– Não, professor, eu vou fazer vestibular na Faculdade de Arquitetura – respondi.

– Como assim? Arquitetura! Então, por que você estudou tanto Biologia?

– Porque estava no programa, professor, e eu achei que era para estudar, ou não era? – aí, o professor tentou me convencer a entrar para a Faculdade de Medicina. Disse que ele estaria na banca, que eu entraria com um pé nas costas e que a faculdade precisava de alunos excelentes como eu tinha sido, etc. Foi difícil explicar-lhe que eu poderia ser – e provavelmente seria – uma boa aluna, mas daria uma péssima médica.

Na Faculdade de Arquitetura e Urbanismo da Universidade do Brasil, no entanto, o vestibular não correu tão bem. Não entrei com um pé nas costas. Eu explico: durante o ano inteiro, o Alcebíades Monteiro Filho, meu colega de seção técnica muito, mas muito mais talentoso e experiente do que eu, ficou me ensinando desenho à mão livre, uma das matérias perigosas, pelo menos para mim, exigidas no vestibular. Em geral as pessoas faziam cursinhos para enfrentar esse exame. Eu não fiz. Em parte, porque não sabia da importância desse costume. Achava que a conclusão do científico deveria ser mais do que suficiente para passar. E, por outra, também não nadava em dinheiro para desperdiçá-lo em cursinhos. Mas, Monteiro Filho sabia em que eu poderia falhar, então me treinava e dava palpites sobre essa arte: como se centra o modelo, como se marcam as dimensões e proporções, como se executam os claros e escuros e assim por diante.

Eu entrei na sala da prova confiante. Claro que saberia me desincumbir dessa tarefa também, uma vez que já tinha enfrentado com sucesso as provas de matemática, física e geometria descritiva. No centro da sala, havia um busto em gesso de um patrício romano, Menênio Agripa. Em volta, uma porção de cavaletes, já prontos para receber os papéis de desenho. Cada um de nós vestibulandos escolheu um cavalete, recebeu seu papel timbrado assinado por algum membro da banca e se pôs a desenhar. Até aqui, tudo bem, eu fiz o mesmo. Só que esse busto estava surgindo a partir de uma base tipo coluna, que me pareceu muito feia. Resolvi desenhar apenas o busto e ignorar a base. Nós tínhamos quatro horas para executar o desenho. Eu caprichava deveras!

Enquanto isso, um professor, fiscal da prova, passeava para cá e para lá, entre os desenhistas. Quando já haviam se passado três horas do tempo concedido, ele me disse que eu seria reprovada, porque havia cortado fora

OS TEMPOS DE ESCOLA

o pedestal. Eu deveria ter desenhado o conjunto por inteiro. Ora, por que diabo esse homem não me avisou antes? Eu fiquei apavorada. Apaguei o desenho e recomecei. Apagar era fácil, pois estávamos usando fusain, mas recomeçar a marcação com a mão trêmula de nervoso, chorando e com o papel todo sujo de fusain foi outra coisa.

A nota mínima para passar seria quatro. Eu tirei três. Desenho à mão livre era matéria vocacional. Uma reprovação nessa disciplina eliminava o candidato definitivamente. Fiquei arrasada! Ao sair o resultado, verificou-se que eu tivera a média geral mais alta entre todos, apesar da minha nota três em Desenho. Os professores de matemática, física e geometria descritiva ficaram umas araras com o professor Bracet, o tal que me avisou no último momento e me reprovou. Por sorte, abriram novo vestibular dali a duas semanas, pois tantos foram reprovados nas matérias dos outros professores que não deu para preencher as vagas disponíveis. No entretempo, soube que em todos os vestibulares da faculdade caía o busto de Menênio Agripa. Por isso, nos tais cursinhos que eu havia desprezado, desenhava-se ele sem parar. Não faz mal, agora eu já estava escolada. Fiquei desenhando aquele busto, completo, com o horrendo pedestal, cheia de cuidado.

Nessa prova, aconteceu uma coisa curiosa. Antes de eu entrar, vários professores vieram falar comigo me desejando boa sorte. Um deles, se bem me lembro, o professor Melo e Souza, o "Malba Tahan", de matemática, perguntou-me jocosamente se eu era amiga do Menênio Agripa porque "nesta casa, só passam amigos do Menênio Agripa". Todos torciam por mim e estavam enfezados com o professor Bracet, mas, dessa vez, tirei nota sete em Desenho – nunca fui grande coisa nessa matéria.

Desenhava "direitinho", mas não mais que isso. E, novamente, obtive a média mais alta dentre todos os candidatos. Pensando bem, essa reprovação inicial talvez tenha sido benéfica, pois chamou a atenção dos demais professores e lhes angariou a simpatia e a boa vontade a meu respeito. Passado o vestibular, veio o famoso trote. O nosso não foi particularmente violento, mas eu o achei humilhante demais. Nos tocaram que nem gado para uma sala onde nos pintaram a cara. Até aí tudo bem, mas, ao meu lado, havia uma menina tremendo de medo:

– O que vão fazer conosco? Será que vão querer que a gente saia para a rua desse jeito?

– Tomara que eles queiram isso, porque, uma vez na rua, eu vou dar o fora. – respondi baixinho, pois estávamos trancados na sala. "Trancados" e não "trancadas", porque a maioria de nós era composta por rapazes. Até então, ninguém podia sair e havia uma porção de veteranos a nos vigiar.

– Posso ir com você?

– Claro, caso eu consiga fugir.

De fato, dali a pouco, nos tocaram para a rua. Alinharam-nos na calçada e um veterano escolheu alguns de nós para imitarem estátuas, parados dentro de uns nichos que havia na fachada da escola. Por sorte, não me escolheram.

– Bem, obrigada, tudo isso foi muito bonitinho – eu disse –, mas agora tenho que ir. Até a vista! – peguei a menina pela mão e fiz menção de sair da fila.

– O que você está pensando, que acabou? Estamos apenas começando! – disse o veterano que me parecia o líder do evento. – Agora, vocês vão desfilar pela cidade.

– Me desculpe amigo, mas eu sou trabalhadora, não posso faltar assim, sem justa causa. Eu realmente preciso ir – tentei, ainda em tom amistoso e com voz baixa, saindo da fila, sempre com a menina grudada ao meu lado.

O veterano tentou me segurar.

– Tire as patas de cima de mim! – falei bem alto – Ou vai querer encarar uma briga aqui no meio da rua?

Eu tinha certeza de que ganharia a parada porque o rapaz não parecia tão musculoso assim e, principalmente, porque meu pai me deu aulas de defesa pessoal logo que entrei para o curso noturno do terceiro ano científico. Ele não queria que eu ficasse completamente vulnerável quando voltasse para casa a altas horas da noite. Eu sabia, portanto, para onde endereçar minhas joelhadas, como desferir socos e como me defender de pontapés e socos alheios. O veterano olhou em volta e viu um grupo de curiosos já se formando e antegozando uma provável exibição de luta

OS TEMPOS DE ESCOLA

35

livre. Quer fosse vencedor ou derrotado, ele não iria sair bem no filme. "Vejam só, um marmanjo desse tamanho batendo numa pobre menininha!", diriam. Pois, embora eu fosse forte, tinha uma aparência delicada. Caso ele perdesse a luta, iriam acrescentar: "E, ainda por cima, apanhou dela!" O rapaz não era bobo. Deu de ombros e foi magnânimo:

– Então vá! – e eu fui embora com a menina sempre grudada em mim.

Perto da avenida Rio Branco, havia um Palácio do Café, Casa do Café ou algo parecido. Ali serviam-se cafés realmente maravilhosos! Que eu saiba, foi a primeira casa a servir milk-shakes de café, cafés vienenses, cappuccinos incrementados, sorvetes de café e outras especialidades, todas à base de café. Mas a principal atração desse lugar era o luxo com o qual fora construído e decorado. Havia ali um toalete feminino como nunca mais encontrei em estabelecimento comercial nenhum. Além de espelhos e mármores em profusão, havia sabonetes finos, toalhas de papel, toalhinhas de mão e água de colônia.

Pois, foi a esse Palácio do Café que nós nos dirigimos. No banheiro charmoso, lavamos e esfregamos o rosto até parecermos gente normal outra vez. Enquanto isso, ficamos conversando. Após as apresentações, a menina, Fádua Naked, me contou que era de Campos, interior do estado. Viera ao Rio estudar arquitetura para poder ajudar seu pobre pai, velho e doente. Fiquei com pena dela e de seu pai e decidi ajudá-la no que pudesse. De fato, eu pude ajudá-la muito. Primeiro, porque já era desenhista de arquitetura há quatro anos quando entrei na faculdade, enquanto os meus colegas entraram sem a mínima noção do que fosse uma planta, um corte, um detalhe, nada! Assim, pois, não só a Fádua, mas vários colegas meus, vinham frequentemente tirar dúvidas comigo. Segundo, porque suspeitando que a garota estivesse passando fome, sempre dava um jeito de dividir o meu sanduíche com ela ou convidá-la para almoçar comigo e me apressava a pagar esses almoços que, naquela época, ainda se limitavam a um ovo quente, uma torrada e um copo de leite gelado, consumidos numa leitaria situada num edifício que foi demolido, mais tarde, dando lugar ao edifício Avenida Central.

Essa rotina perdurou cerca de um mês e meio, até que, um dia, Fádua me chamou para desta vez eu ser sua convidada, uma vez que eu já a havia paparicado tantas vezes. Não havia como recusar, e lá fomos nós. Mas em vez de se dirigir à nossa leitaria, ela me levou a um restaurante bem chique, na sobreloja de um edifício onde funcionava um cinema, se bem me lembro de nome Trianon, que na hora do almoço exibia filmes de noticiário.

– Não, Fádua, não! – falei apavorada. – Esse restaurante deve ser muito caro, não vamos entrar.

– Deixa comigo – disse ela, e me puxou pelo braço adentrando decididamente o recinto.

"*Male me la vedo!*", pensei com os meus botões. "Vamos ter que lavar pratos aqui até ficarmos verdes e de cabelos brancos." Fui acordada desses pensamentos terrificantes pela voz da Fádua me propondo os pratos que devíamos pedir:

– Primeiro, um peixe, talvez esse cherne à la blá-blá-blá...

Eu, quase desmaiando, só queria um buraco para me enfiar e sumir, antes do desfecho trágico que previa.

– Depois, cairia bem um filé mignon à la blá-blá-blá... E, como sobremesa...

– Fádua, pelo amor de Deus, acorda! Isso vai custar uma nota preta! Nós não vamos poder pagar a conta e com que cara vamos ficar, então?

– Não se preocupe, Norinha, eu tenho dinheiro e talão de cheques!

Foi aí que descobri o mal-entendido. O "pobre" papai da Fádua investia seu dinheiro em conjuntos habitacionais e incorporações em geral. Na verdade, ele era velho e doente, mas aquele "pobre" tinha sido apenas expressão da pena que a filha sentia por ele. Assim, como alguém diz "coitadinho" ou "pobrezinho".

Resolvida a questão do pagamento, ainda assim restava o fato de que aquela quantidade de alimentos me parecia excessiva para nós duas. Mas aí também meu julgamento se revelou equivocado. Fádua era capaz de bater qualquer quantidade de comida.

Havia uma história de amor muito trágica envolvendo essa minha amiga. Diziam que ela estivera, loucamente e sem esperança, apaixonada por um primo. Finalmente, quando logrou conquistar-lhe o coração e já estavam pensando no casamento, o rapaz morreu.

Outro protegido meu era o Walter Salim Farah, mas este era protegido também pelas minhas colegas Maria Laura Pinheiro, Alda Rabelo Cunha e Betina Kaisermann – éramos as únicas moças numa turma com 68 rapazes. Protegíamos o Farah porque ele era tremendamente ingênuo e meio perdido naquela faculdade, razão pela qual foi escolhido como alvo para *bullying* pelo nosso colega Ulisses Petrônio de Burlamaqui.

Nas provas, por exemplo, nas quais sempre havia um tempo limite de entrega, Ulisses, quase no fim do prazo, passava pela prancheta do Farah, curvado sobre seu desenho e suando sua alma fora, e dava um soco forte nela, de baixo para cima, gritando: "Não vai dar tempo Farah!". A prancheta dava um pulo devido à ação do soco e Farah errava, naturalmente, o traçado. Mas, aí não dava mais tempo para corrigir o desenho, pois já era hora de entregar as provas. Farah era grande e forte. Se quisesse, poderia fazer picadinho do Ulisses, mas nunca reagia. Nós, meninas, ficávamos indignadas, enquanto o resto da turma se divertia com essa crueldade.

Uma vez, quando Ulisses fez isso de novo, uma garrafinha de nanquim entornou seu conteúdo em cima da prova do coitado do Farah, manchando o desenho todinho. Ele perderia a nota correspondente àquele trabalho se o professor não lhe tivesse concedido segunda chamada. Nunca compreendi por que aquele homenzarrão do Farah não pulava em cima do Ulisses e o sufocava, apertando-lhe o gasganete ou, pelo menos, não lhe mordia a jugular, como eu faria certamente. Em algum dos anos subsequentes, Fádua foi reprovada, ficando atrasada em relação a nossa turma. Assim, pois, perdi-a de vista, mas guardo um carinho por ela até hoje.

ESTUDANTE DE ARQUITETURA

Durante todos os anos de faculdade, meu pai foi um dos meus maiores torcedores. Vinha frequentemente me buscar para almoçarmos ou para irmos para casa juntos. Nessas ocasiões, ele batia largos papos em alemão com o meu professor de arquitetura analítica, Lucas Mayerhofer, excelente aquarelista. O professor Mayerhofer gostava realmente de mim e sempre me elogiava, o que enchia seu interlocutor de orgulho e prazer. Com o professor Mayerhofer me aconteceu um caso engraçado: logo no início do segundo ano, ele ainda não me conhecia muito bem, só simpatizava comigo devido àquela história do vestibular. Pois havia um dever de casa que deveria ser entregue, sem falta, num determinado prazo. Era um detalhe do Partenon, que devíamos reproduzir minuciosamente e, por isso, era bem complicado e trabalhoso. Eu gostava desse tipo de desenho e caprichei bastante na execução a lápis. Só estava faltando eu dar uma bela aguada sépia para a obra ficar, a meu ver, maravilhosa. Fui dormir feliz da vida, antevendo o prazer de acabar, à sépia, aquela pequena obra de arte pregada na minha prancheta no dia seguinte. Qual não foi o meu espanto ao acordar de manhã, e descobrir que nosso gato, o Cicuka, tinha arranhado o meu desenho de alto a baixo! Agora, não poderia mais dar aquela aguada porque o líquido se concentraria nas ranhuras e o papel sairia manchado. Em menos de 24 horas, deveria entregar meu trabalho ao professor Mayerhofer. Isso seria impossível!

Assim pois, chegada a minha vez, eu lhe disse que não havia trazido o trabalho porque o gato... etcétera e tal. O professor não quis acreditar no que estava ouvindo:

– Eu já escutei todo tipo de desculpa dos alunos, as mais dotadas de imaginação, mas uma desculpa tão criativa, como essa, ainda não me apareceu por aqui! – exclamou. – Saiba você que, aconteça o que acontecer, tem de entregar seus trabalhos no prazo certo. Nem que esteja morrendo, terá de vir se arrastando até aqui e me jogar, se for o caso, o trabalho pela janela – a sala dele era no térreo, mas bem alto – aí poderá morrer sossegada.

Depois de perspectivas tão tétricas exprimidas com tanta dramaticidade, tive de tomar providências. Disse que, se ele quisesse, eu poderia ir para casa de táxi e lhe trazer o trabalho no estado em que se encontrava, mas que preferia ter a oportunidade de repeti-lo e finalizá-lo com a aguada que pretendia fazer.

– Não. – disse ele. – Não pode. Vá para casa e me traga o seu desenho, sem falta, mas se apresse, pois o tempo está se esgotando.

Naturalmente, eu fiz o que o professor mandou. Fui para casa de táxi, mandei o motorista me esperar, subi as escadas saltando de dois em dois os degraus, desprendi o papel grampeado da prancheta, desci pulando degraus novamente e mandei o homem voltar voando para a cidade. Quando mostrei o meu trabalho ao professor, ele ficou boquiaberto:

– Mas não é que a menina disse a verdade? E olhem que desenho bem feito, que precisão de traços! – e ficou me elogiando longamente.

Ao acabar os elogios, concedeu-me mais duas semanas para refazer, caso quisesse, meu dever de casa. Mesmo entregando-o todo arranhado como estava, eu ganharia "uma boa nota". Mas eu não queria "uma boa nota", eu queria dez. Isso porque nas suas conversas com meu pai, o professor Mayerhofer disse que eu era uma aluna brilhante e que, se continuasse assim, no fim do curso, poderia ganhar a medalha de ouro da Congregação,* o que possibilitaria me candidatar ao prêmio Caminhoá, prêmio esse que me concederia três anos de permanência na Europa com bolsa de estudo. Papai ficou todo feliz e contou essa conversa para a mamãe, que também vibrou com a notícia. Agora cabia a mim tornar tudo isso realidade.

Eu não fazia a menor questão de ganhar medalha de ouro, isso e aquilo, mas meus pais tiveram uma vida tão difícil, tão sofrida... E acrescia que agora mamãe estava doente. Mereciam ter finalmente alguma alegria. Nós éramos pobres, lutávamos com toda sorte de dificuldades, que mais eu lhes poderia oferecer? Ganhar a medalha de ouro da Congregação seria a maior e a melhor satisfação que eu poderia lhes proporcionar. Então, decidi que me esforçaria ao máximo para tirar dez em todas as matérias e – vejam – quase consegui. Formei-me primeira aluna da turma com média geral 9,56 e 9,83 nas matérias vocacionais. Mas, àquela altura, a

---

* Congregação era o conjunto dos professores catedráticos.

medalha de ouro e o Prêmio Caminhoá não mais existiam. Parece que a verba sumiu, tragada pela inflação.

Mesmo assim, o meu esforço valeu a pena. Logo no primeiro ano, fui convidada para ser monitora de geometria descritiva, o que, aos poucos, me levaria a seguir a vida acadêmica. No segundo ano, houve um campeonato universitário. O esporte, nas várias faculdades, era tão incipiente que quase não existiam estudantes atletas. Nossa faculdade teve que convocar atletas improvisados, que, por uma gentileza especial, foram treinados pelo Cachimbau, do Fluminense.

Meu colega Gustavo Gama e eu, nos saltos ornamentais, éramos os únicos a ter alguma experiência. Os outros cinco – sim, toda a nossa equipe aquática tinha sete componentes – eram completamente novos na natação e apenas não morreriam afogados se fossem jogados na água. Assim mesmo, conseguimos o terceiro lugar entre todas as outras faculdades, que provavelmente conseguiram atletas do mesmo jeito que nós. Giorgio nadou peito pela escola de química, mas creio que por lá também não havia muitos outros nadadores experientes.

Em toda essa história, houve um caso divertido: os rapazes da Federação Aquática Estudantil não queriam deixar eu me inscrever nas provas de saltos ornamentais, alegando que não haveria adversários para mim e, por isso, eu ganharia na certa.

– Não faz mal – disse eu – vou competir com os marmanjos.

Discute daqui, discute dali e, finalmente, deixaram-me participar das provas, que eu ganhei, mesmo competindo em igualdade de condições com eles. Vejam vocês, a situação do nosso esporte em 1947: exceto o futebol, todos os outros esportes estavam passando pela mesma coisa. E depois ainda queríamos ganhar medalhas nas Olimpíadas! Esporte se começa a ensinar e incentivar no Ensino Fundamental. E sabem o que mais? Fazendo isso, ainda melhoraria a aprendizagem da gurizada nas outras disciplinas. Eu aposto com vocês.

Mas cá estou eu, de novo, falando de esporte! Desculpem-me, mas é que esporte é a minha principal diversão. E, já que estamos nas desculpas, de repente me dei conta de que estou escrevendo talvez demais sobre os campeonatos que ganhei, sobre as notas que obtive na faculdade e daí parece que estou me gabando, que me acho, mas não é bem isso. Acontece

Nora e o time de saltadores do Fluminense Football Club, Rio de Janeiro, 1946.

que, tendo de escrever a minha história e as minhas lembranças, não posso deixar de mencionar essas coisas que, afinal, fazem parte da minha vida. É natural que me orgulhe delas, mas só um pouquinho. No terceiro ano, tomei parte num concurso de Planejamento Urbano e ganhei menção honrosa. No fim do ano, os ganhadores do concurso e os de menção honrosa fomos premiados com uma viagem a Buenos Aires, acompanhados por um professor. Levamos uma exposição dos nossos trabalhos para a Faculdade de Arquitetura de lá, com a finalidade de estreitarmos os laços de amizade com os portenhos e de estabelecermos uma colaboração de fato entre as duas escolas. Essa viagem é uma das lembranças que me alegram sempre que penso nelas.

Os colegas de lá nos levaram para uma churrascaria, La Cabaña, se não me engano. Na entrada, havia uma galeria comprida, que levava aos salões do estabelecimento. As paredes dessa galeria exibiam uns cartazes, cada qual com a foto de uma vaca condecorada, na lateral do pescoço, com uma roseta, adaptada, naturalmente, à corpulência do animal. Essas rosetas estavam presas a umas fitas largas, nas quais lia-se, em letras douradas, "*Campeona de 1940*" ou "*Campeona de 1938*" e assim por diante. De fato, eram belíssimos exemplares de gado. Embaixo das fotos, vinham o nome da vaca, o ano do certame, etc. Pena que todas essas "*campeonas*" devem ter sido devoradas em churrascadas pantagruélicas. Aí os meus colegas gozadores começaram a me advertir:

– Olha aqui, Nora, cuidado, este lugar é perigoso para *las campeonas!*
– Puxa, Nora, se eu fosse você, dava o fora daqui antes que seja tarde!
– Olha o que eles fazem com as *campeonas* – e assim por diante. Mas achei divertido.

O jantar foi muito gostoso, de fato, e teve outra coisa notável: serviram um vinho tinto de que gostei de verdade, eu que nunca gosto de bebidas alcoólicas. Este chamava-se Mariquita Thompson e nem parecia ter álcool, mas me avisaram que era facílimo se embriagar com ele. Ainda bem que me avisaram porque, senão, eu certamente teria ficado bêbada. Seria capaz de enxugar sozinha uma garrafa inteira! Mesmo só tendo bebido umas duas taças daquelas pequenas de vinho, eu me senti meio tonta. Outra vez, de noite, nossos colegas argentinos nos levaram a um passeio no porto, como curiosidade folclórica. Fazia um frio de rachar e tudo ao redor era escuro. Sei que sou friorenta, mas meus colegas também estavam tiritando enregelados. Aí, de repente, avistamos uma luzinha alaranjada promissora e convidativa no meio da neblina. Ao nos aproximarmos, percebemos que se tratava apenas de um aquecedor elétrico no interior de uma vitrine. Mas, além da vitrine, havia mesas postas e garçons. Era, evidentemente, um pequeno restaurante: "Ah, que bom! Vamos entrar!", pensamos todos – e já estávamos lá dentro.

Lá dentro, no entanto, fazia tão frio ou mais do que fora. E não havia alma viva, além dos garçons, no local. Sentamo-nos, mesmo assim. Nosso grupo, relativamente pequeno, ocupou quase o estabelecimento inteiro. Até parecia que tínhamos fechado o restaurante só para nós. Muito chique! Mas continuávamos com um frio insuportável. Pedi, então, ao *maître* que nos arranjasse um aquecedor. Não podia, porque não tinha nenhum. Mas e aquele da vitrine? Ah, aquele não podia ser retirado porque era o chamariz. Se ele o tirasse de lá, ninguém mais entraria no bistrô.

Vocês acreditam que, mesmo tendo padecido aquele frio insano, mesmo a comida – que nem lembro o que era – não tendo sido nada de especial, mesmo assim, lembro-me toda feliz dessa aventura? Essa viagem a Buenos Aires, bem como a do sul-americano de Montevidéu, em 1949, sobre a qual já escrevi,* me deixam particularmente saudosa. Embora tenha viajado bastante pelo mundo posteriormente, nunca mais me senti tão jovem, tão poderosa, quanto naquelas ocasiões. Claro, nas viagens posteriores, já estava com mais idade e era natural que não me sentisse mais criança. Só que, além disso, havia algo mais sutil, difícil de definir. Eu chamaria de "sensação de liberdade", leveza. Era a primeira vez que viajava sozinha, sem meus pais ou meu irmão. Os companheiros da faculdade ou meus colegas de equipe de saltos estavam na mesma posição hierárquica do que eu, isto é, não tínhamos nenhuma autoridade uns sobre os outros. Os poucos treinadores ou paredros da equipe de natação, ou único professor acompanhante da turma de estudantes, viam suas autoridades fortemente diluídas perante rebanhos tão numerosos.

Por isso, eu não estava sentindo pressão nenhuma sobre mim. Parecia que não devia responsabilidade para ninguém, que poderia fazer o que quisesse. Não que eu desejasse fazer grandes estripulias, mas, só a noção

---

* Neste livro e também no livro anterior, *Memórias de um lugar chamado onde*.

de que se é livre, nos torna mais soltos, mais leves. Poderia, por exemplo, ir dormir à hora que quisesse, sem que alguém me mandasse apagar a luz e dormir, de cinco em cinco minutos. Quando não é o caso de botar uniforme, ninguém vai perguntar: "Você vai sair com essa roupa?" Ou, quando você está doida para fazer algo perigoso – e a mamãe certamente iria ficar brava – longe da família você vai e faz mesmo, e fica superfeliz de ter feito algo proibido.

Já em Montevidéu, a equipe tinha comissão técnica, nutricionista e médico. Essa turma decidia o que a gente tinha que comer, o que não devia comer, a que horas tinha que se deitar e, entre outras prescrições do gênero, mandaram que todo mundo descansasse uma hora depois do almoço. Havia, por lá, inúmeras casas de sucos. Vendiam sucos de tudo quanto é fruta imaginável, do mundo inteiro, numa época em que, aqui no Rio, só conhecíamos suco de laranja e refrescos de caju, abacaxi ou limão. Nós ficávamos alucinados com toda aquela fartura, quase inalcançável para nós, porque não tínhamos tempo livre para ir à cidade e comprar os sucos. Estávamos nos nossos quartos, obrigados a dormir na única horinha em que poderíamos passear. Não havia como sair do hotel, porque, no hall, estavam sempre reunidas as autoridades.

Por sorte, havia um condutor de águas do telhado, junto à nossa janela, que nós franqueamos a quem mais quisesse se servir dele. Assim, pois, vários de nós saíamos pela janela e descíamos escorregando, agarrados ao tubo. Íamos à cidade e era aquela farra! Bebíamos tantos sucos quantos coubessem em nosso estômago. A volta ao hotel era fácil. Entrávamos abertamente pela porta, porque a turma do controle já tinha saído com antecedência para os locais das provas. O curioso é que sentimos esse alívio por uns dias ou uma semana, mas, em seguida, começamos a sentir falta da pressão familiar e das limitações, que, de alguma forma, nos dão substância, força e equilíbrio. Então, quando bate a saudade, já é hora de parar e ficamos felizes de novo com a volta, a recepção calorosa da família e a oportunidade de lhe contar as aventuras da viagem, inclusive confessar as eventuais traquinices cometidas.

Em casa, o clima estava pesado devido ao estado de saúde da mamãe, que piorava em ritmo agora mais acelerado. Era difícil a gente se comportar como se nada estivesse acontecendo. Minha chegada de Montevidéu trouxe algum alívio nessa tristeza. Além do meu relato da nossa aventura vitoriosa no sul-americano – sim, nós ganhamos dos argentinos, os únicos rivais que poderiam ameaçar o nosso título. E todas as outras equipes, peruanos, venezuelanos, uruguaios, etc., torceram firmes por nós! –, eu trouxe um caixote cheio de frutas, daquelas europeias que, desde a vinda para o Brasil, nunca mais saboreamos, porque não existiam por aqui: ameixas, uvas, peras, morangos, framboesas, melões e cerejas de várias qualidades, uma melhor do que a outra.

Era um caixote bem grande e eu só pude trazê-lo porque fomos levados e trazidos de graça pela Força Aérea Brasileira em aviões, nos quais os assentos eram uns bancos de metal laterais que se estendiam ao longo da aeronave, de um lado e de outro. No meio, um grande espaço vazio, no qual eu pude acomodar o caixote, aos meus pés. Ao descermos, tivemos que passar pela alfândega. Isso porque, quando estávamos quase chegando, houve uma pane no sistema de freios e o comandante desviou o avião para a pista de aeronáutica, feita só de areia ou seixos e que, pelo que nos explicaram, ajudaria a frear o bicho.

Mesmo que eu tivesse que pagar pela importação, o faria de bom grado, já que sobravam tão poucos prazeres e alegrias que eu pudesse oferecer à mamãe. E, de fato, ela ficou tão contente com aquele montão de frutas! Querem saber qual foi a primeira coisa que ela fez? Telefonou para a tia Valéria, avisando que eu tinha trazido umas frutas e que ela iria reservar a metade para ela, pedindo que mandasse buscar o caixote. Eu fiquei mortificada! Dar-me àquele trabalho de, na última hora antes do embarque, procurar e comprar todas aquelas frutas, levá-las com grande esforço até o aeroporto, descer com elas e arranjar condução apropriada para trazê-las para minha mãe, e aí vai ela e dá de presente a metade para a irmã! Pode? Eu queria que a mamãe tivesse comido as frutas. Se fosse para a tia Valéria, por mais que eu gostasse dela, nunca teria feito tamanho esforço, nem físico, nem financeiro. A única coisa que me consolou foi pensar que, por outro lado, mamãe teve uma grande satisfação em poder oferecer aquele presente à irmã.

Nora no Campeonato Sul-Americano de Montevidéu, Uruguai, 1949.

O irmão Giorgio, 1943.

GIORGIO

Fora esse momento de alívio, nosso desalento crescia à medida que o estado de saúde dela piorava. Um dia eu estava ao telefone conversando com minha colega Alda, quando Giorgio veio se despedir de mim. Ele estava partindo para mais uma daquelas viagens de inspeção dos laboratórios de beneficiamento de mica. Fiz sinal para ele me esperar um minuto enquanto ia me despedir da Alda. Mas ele não quis esperar. Com gestos, jogou-me um beijo e foi embora.

Fiquei acabrunhada! Senti pena e algo mais, uma sensação estranha, pois nós nunca nos despedíamos assim, sem nos abraçarmos direito. Era uma tristeza que eu quase sentia no estômago. Papai também estava particularmente triste naquele dia. Para tentar animá-lo, propus irmos ao cinema. Aproveitamos a tarde, enquanto a empregada estava em casa, e assim mamãe não ficaria sozinha. Papai relutou um pouquinho antes de sairmos. Ele não gostava de cinema, mas o filme em questão era interpretado exclusivamente por passarinhos. Seria interessante conferir essa proeza de um domador de bichos.

Para dizer a verdade, não me lembro de absolutamente nada do enredo, nem do título do filme. Só sei que eu contava com um assunto alegrinho e anódino assim para nos desanuviar os ânimos. De fato, eu saí do cinema um pouco mais serena, mas papai não. Enquanto voltávamos para casa, ele se queixava da falta geral de perspectiva da vida, da dele em particular, na falta de esperança para a saúde da mamãe, da falta de estadistas de verdade no mundo inteiro, o que, segundo ele, levaria toda a humanidade à miséria moral e ao caos. Contra-argumentei que Giorgio já tinha concluído as últimas provas na faculdade, só faltando a cerimônia de formatura e o diploma, que eu iria me formar no ano seguinte e que a nossa vida ia melhorar. Disse ainda que a ciência poderia, eventualmente, inventar a cura para a leucemia da mamãe e que a gente não devia ser tão pessimista assim.

Quando chegamos em casa, a empregada estava esperando com uma expressão assustada e toda trêmula. Chamou-me à parte, enquanto papai ia para o quarto falar com a mamãe. Contou-me que recebera um telefonema de Governador Valadares. Os companheiros de viagem de Giorgio avisaram que tinham sofrido um acidente. O carro capotou; o Giorgio foi cuspido do carro e caiu sobre uma tora de madeira. Com a força da queda, quebrou uma costela, que lhe furou o miocárdio e ele teve uma hemorragia interna. Os colegas não sofreram nada. Assim tiveram forças para carregá-lo até Valadares – o acidente aconteceu já nas cercanias da cidade. Levaram-no a um hospital novinho em folha, recém-inaugurado. Mas aí não o quiseram atender porque, embora dispusessem de vagas, ele não tinha a carteirinha do IAPI.* Ele pagava o instituto regularmente, apenas tinha esquecido a carteira em casa. Não adiantou argumentarem; o hospital não quis atendê-lo.

Os amigos levaram, então, meu irmão a um quarto de hotel, e uma enfermeira que se condoeu com o caso foi tratar do Giorgio nesse quarto, mas não pôde fazer nada a não ser aliviar-lhe o sofrimento. Meu irmão viveu ainda por quatro horas nesse quarto de hotel até morrer dessangrado. Seus colegas deixaram um contato, pedindo instruções nossas quanto à remoção e ao enterro do corpo. A empregada não quis falar com mamãe – e fez bem –, tampouco com meu pai. Achou que eu poderia dar essa notícia com mais jeito e cuidado.

E agora Norinha? Cadê coragem? Eu não devia, não podia perder a calma. Disse, primeiro, que tinha havido aquele acidente com o jipe do Giorgio e que ele estava em estado grave no hotel. Meu pai percebeu logo que algo estava mal contado. Pegou o telefone e discou para os meninos que lhe contaram tudo com detalhes. Papai ficou furioso como nunca vi ficar, nem antes, nem depois dessa tragédia. Pegou sua arma, aliás, suas armas, uma espingarda e uma pistola, e me disse que ia para Governador Valadares. Mas, antes de tratar do enterro, ia exterminar todo mundo naquele hospital. Ele já tinha matado tanta gente inocente na Primeira Guerra, pessoas certamente melhores do que essa raça de médicos e enfermeiros. Poderiam, quem sabe, ter sido filhos únicos de mães viúvas, como ele mesmo, ou pais de família que nunca lhe fizeram mal algum. Era apenas uma guerra em que, por obrigação, matava-se ou morria. Não lhe custava nada, então, matar agora mais meia dúzia de criminosos que deixaram seu filho morrer sem nem ao menos ter tentado salvá-lo.

Fiquei em pânico. Se papai havia prometido, ele certamente cumpriria a ameaça. E, se ele lograsse o seu intento, certamente mataria inocentes que não tiveram nada a ver com o caso. Além disso, acabaria preso pelo resto da vida. Telefonei imediatamente para o nosso médico, dr. Paulo Munk, e pedi socorro. O dr. Munk veio num relâmpago! Primeiro, tentou

* Instituto de Aposentadoria e Pensões dos Industriários.

demover papai de suas ideias homicidas, mas não conseguiu. Então, pediu que papai, pelo menos, o deixasse administrar um calmante:

– Do jeito que você está, não terá firmeza nas mãos. Veja como estão tremendo! Não conseguirá sequer mirar e acertar com competência! – e com esse discurso conseguiu convencer papai a deixar que lhe desse uma injeção de calmante.

Assim que o dr. Munk acabou de aplicar o calmante, papai desmoronou e dormiu. Ficou apagado por um dia inteiro. Ao acordar, já tinha perdido a gana de matar todo mundo e teve força moral suficiente para providenciar o enterro do Giorgio, no Cemitério dos Ingleses, no Catumbi. Essa foi a última vez que mamãe se levantou da cama, com grande esforço, para acompanhar o funeral do seu filho.

Eu acompanhei todos esses acontecimentos num estado quase que de letargia, como se tivesse recebido uma paulada na cabeça. Cheguei a lamentar que mamãe não tivesse morrido uma semana antes. Para ela, que sofria tanto, seria um alívio não ficar sabendo da morte do Giorgio. Mas, por estranho que pareça, dentre nós três, foi ela que suportou com mais fortaleza esse golpe. Fiquei com a impressão de que ela já suspeitava que o dia de sua morte estava próximo e esperava encontrar o filho, em breve, em algum hipotético plano astral.

Quem ficou pior foi meu pai. Ele nunca mais se curou dessa ferida. Mesmo depois de eu ter casado e lhe dado umas netinhas fofas, se por acaso a morte do Giorgio viesse à baila, seus olhos enchiam-se logo de lágrimas. Nunca mais conseguiu falar do filho sem chorar. A atitude da turma do Giorgio foi algo incrível e comovedor. Todos os seus colegas prestaram solidariedade, mostrando o quanto ele era benquisto entre eles. Em particular, um de seus melhores amigos, Carlos Castelo Branco, estava namorando uma garota muito simpática, Heliete, que mais tarde viria a ser sua esposa. Os dois, em vez de procurarem ficar sozinhos, como costumavam fazer os namorados, vinham toda noite visitar meus pais. Ficavam lá em casa, longamente, contando as novidades da turma, relatando o assunto de eventuais filmes que haviam acabado de ver e, enfim, jogando conversa fora, só para entreter meus pais e não os deixar sozinhos com tantas lembranças tristes. Eles fizeram isso durante muito tempo. Só deixaram de nos visitar quando o Carlos arrumou um emprego em Volta Redonda e tiveram que se mudar para lá.

JOVEM ARQUITETA

Entrementes o tempo estava passando e, para mim, bem ou mal, a vida teve que continuar. Arranjei um emprego no Instituto de Aposentadoria e Pensões dos Industriários, localizado bem perto da faculdade. Ao mesmo tempo, era estagiária na construção do Clube de Engenharia, na avenida Rio Branco. O edifício era grande e precisava de fundações bem profundas. Creio que eram três subsolos. Mas o lençol freático atingiu quase a altura da rua, uma vez que a avenida Rio Branco fica quase no nível do mar. Em semelhantes condições, não adianta furar um poço e botar uma bomba para sugar a água e secar o terreno. Tiveram que circundar o local da construção com um sistema de canos de furinhos ligados a bombas poderosíssimas. Eu tinha a tarefa de cuidar desses canos. Enquanto durou a nossa obra, nenhuma outra, em um raio de um quilômetro, teve que fazer nada para secar o terreno. O nosso sistema secava tudo em volta justamente no círculo de um quilômetro de raio.

Além disso, havia um problema bastante desagradável: ladeando o nosso edifício havia uma casa bem antiga e estreita, em terreno de oito metros de testada. Nela funcionava uma loja, a Casa Arthur Napoleão, que vendia pianos e partituras. Se o seu dono fosse demolir aquela construção já tão decrépita, não poderia construir nada em seu lugar, pois já não mais eram permitidas edificações em terrenos tão exíguos. O Clube de Engenharia, antes de fazer seu projeto, tentou comprar a casa, porque aqueles oito metros de testada melhorariam muito as condições e as proporções do futuro edifício. O dono da casinha bem que sabia disso e, portanto, pediu um preço absurdo. Discute daqui, regateia dali e não conseguiram chegar a um acordo. Então, o clube desistiu e começou as escavações para os alicerces do seu edifício.

A areia do terreno que sustentava a casinha ao lado começou a escapar pelo lado do clube, de maneira que este último teve que escorar primeiro as fundações da Casa Arthur Napoleão. Mas o diabo da casinha começou a ostentar a cada dia uma nova rachadura nas suas paredes. Aí os construtores tiveram que amarrá-las com uns tirantes. Eu estava incumbida dessa tarefa também. Tinha que monitorar as rachaduras, medi-las com o micrômetro. Tínhamos um mapa de rachaduras, onde eu assinalava cada nova fenda que aparecesse.

Nesse mapa, observávamos para onde elas aumentavam e, de acordo com essas observações, aplicávamos os tirantes. Havia também outra estagiária. Era a Clara Steinberg, recém-formada em Engenharia Química, que queria iniciar uma pequena empresa de construção junto ao marido, Jacó, engenheiro civil interessado em adquirir alguma prática em construção. Éramos as únicas mulheres entre dezenas de operários. Nos aproximamos uma da outra, naturalmente, para almoçarmos juntas e bater altos papos nos momentos de folga, e assim ficamos amigas.

O estágio, a faculdade, os treinos de saltos ornamentais e o trabalho no IAPI me deixavam assoberbada a tal ponto que não sobrava tempo para pensar em nada. Foi assim que superei esses anos acabrunhantes da minha vida. O trabalho no IAPI era o que mais exigia de mim. Eu tinha uma prancheta, em uma sala onde havia mais quinze delas, todas sem dono. A única desenhista daquele ermo, naquele andar e aparentemente no Instituto inteiro, era eu. Mas trabalho havia de sobra! Justificaria a ocupação de pelo menos metade daquelas pranchetas. "Será que o IAPI é tão pobre que não consegue pagar mais alguns funcionários?", pensava com meus botões, enquanto dava um duro desgraçado.

Havia, em compensação, vários arquitetos e engenheiros, também no andar de cima, e todos apareciam com trabalhos superurgentes para eu fazer. O meu horário, se bem me lembro, era das 12h às 17h. Havia um relógio de ponto, no térreo, no qual eu devia marcar a hora de chegada e a de saída. Se chegasse com um minuto de atraso, o relógio marcaria a hora em vermelho, em vez do azul costumeiro, e eu seria descontada numa quantia significativa. Mas, na saída, mesmo que saísse quatro, cinco horas mais tarde, como frequentemente acontecia, o relógio marcava o azul de praxe, e eu não recebia nem um tostão de hora extra. Ora, muitas vezes eu era obrigada a atrasar cinco ou dez minutos em dias de prova. No entanto, apesar de ficar exausta de tanto trabalho, não era reconhecida nem remunerada por ele. Antes pelo contrário, eu tinha uma péssima ficha no Instituto, com tantos atrasos marcados em vermelho pelo relógio insensível.

Ah, e ainda vinha a minha amiga Clara, que me pedia, "por favor", uma planta para um terreninho que haviam comprado em algum lugar em Deus me livre. E eu fazia, de madrugada. Depois, ela me pedia os cortes; depois, a fachada e, eventualmente, uma "pequena" perspectiva para "poder vender melhor os apartamentos". E eu fazia porque sabia

JOVEM ARQUITETA

que a firma de construção deles era incipiente e que eles realmente não tinham dinheiro para me pagar. Eu admirava a coragem deles. Venderam o único pequeno apartamento que possuíam, e onde moravam, não me lembro se no Catete ou no Flamengo, para obter um dinheirinho com o qual começariam a firma. De mais a mais, se eu não fizesse o projeto, eles mesmos tentariam fazer, e sairia cada monstrengo que nem a cidade nem os cariocas mereciam. Um dia, ao sair da faculdade, encontrei um colega e parei rapidamente para bater um papo relâmpago, mas fui me despedindo logo porque iria chegar tarde ao meu trabalho. Ele foi me acompanhando, igualando o seu ao meu passo apressado e perguntou:

– Onde você trabalha?
– No IAPI – respondi.
– Curioso, eu também.
– Em que andar, que eu nunca te vi por lá?
– Em nenhum. Lá não precisa trabalhar, é só pagar um jabá para o porteiro que ele bate pontualmente o cartão por você.
– E você faz isso?
– Não só eu, meu irmão também e mais uma dúzia de colegas nossos.

Fiquei boquiaberta.

– Poxa, Nora, você é otária mesmo! E incurável!

Com isso, despediu-se e foi embora. Eu não sabia se sentia raiva ou vergonha. Então, aquelas pranchetas todas tinham donos, e eles todos tinham fichas de funcionários impecáveis enquanto eu... Mas eu era otária deveras! O meu colega tinha razão! "Amanhã mesmo, começo a procurar outro emprego", pensei, "e, hoje, não fico nem um minuto a mais do que o horário oficial. Que se danem!" E pensei outras coisas mais, mas que não posso escrever aqui porque, afinal, sou educada. Não se passou uma semana após esse encontro e me aparece a Clara:

– Olha, Nora, eu preciso de um projeto urgente para um terreno legal que estamos negociando no Andaraí, mas me sinto constrangida de te pedir essas coisas sempre de graça. Será que você não viria trabalhar conosco?
– Depende – respondi e expliquei que eu precisava do salário que recebia no IAPI e, portanto, não poderia largar o meu emprego.

Ela me disse que, inicialmente, me pagariam a mesma coisa que o instituto, mas, à medida que a firma se tornasse mais lucrativa, iriam melhorar os meus proventos também e, quem sabe, no futuro, eu poderia me tornar sócia deles. Aceitei. Claro que aceitei, mas não lhe contei o que descobrira a respeito do IAPI, porque não queria que ela soubesse o quão otária eu tinha sido. Já se passaram cerca de setenta anos e ainda me envergonho da minha ingenuidade, mas não ia deixar de contar isso aqui porque talvez alerte os netos, as netas, enfim, as futuras gerações sobre como é que a banda toca por aqui. Bom, foi assim que me tornei arquiteta da firma Servenco (Serviços de Engenharia Continental Ltda.).

Não pensem, porém, que eu aprendi com caso do IAPI. Não, não; uma vez otária, sempre otária! Trabalhei na Servenco uns vinte anos, sempre esperando ser promovida ou ser convidada a me tornar sócia da firma. Enquanto isso, vários parentes do casal Jacob e Clara foram se formando arquitetos e entrando na firma em condições muito melhores do que as que eu desfrutava. Pior, meu nome nem saia nos projetos que eu desenhava com tanto capricho. Pois é, estão vendo? Levei esses anos todos para me dar conta da iniquidade daquela situação e pedir demissão da Servenco. Para compensar a perda financeira que nós teríamos com isso, arranjei um cargo de professora de desenho do Colégio Pedro II. Lá, trabalhei por mais uns dezoito anos, até que passei a cumprir o regime de dedicação exclusiva na UFRJ.

Repensando aqui todo o caso IAPI, me ocorre que o fenômeno "prancheta vazia" vinha acontecendo desde a faculdade. A sala do professor Arquimedes Memória era no último andar e nela havia uma porção de pranchetas. Estudávamos grandes composições de arquitetura, mas, na verdade, nunca vi colega meu trabalhando naquela sala deserta. Só havia ali o próprio professor Memória e eu. Ele gostava muito de mim. A toda hora encomendava um cafezinho ao bedel, seu Coelho:

– Traga um cafezinho para mim e para a Nora também!

O problema era que ele bebia dez, quinze cafezinhos por dia e eu, boba mesmo, ficava constrangida de recusar. Uma vez, lá estava eu trabalhando quando irromperam sala adentro várias pessoas, dentre as quais só reconheci o próprio professor e o diretor. Os dois ciceroneavam o resto da comitiva e me pareciam muito solícitos. O professor Memória os conduziu

Nora (a segunda da esquerda para direita) em sua formatura, no Teatro Municipal, 1950.

à minha prancheta e disse: "Aqui, temos justamente uma aluna ultimando o seu projeto, os outros alunos já acabaram e saíram da sala." O professor me contou que tinha sido o ministro da Educação, o reitor e mais várias autoridades e que eu tinha salvado a situação. E ficou tão grato que logo encomendou um cafezinho caprichado ao *seu* Coelho:

– Mas traga ele para a Nora na minha xícara. – que era a maior de todas e ele dá-la para mim era sinal de muito apreço.

O ano rumava para o fim e a formatura excitava os colegas mais animados. Onde será a missa? E a própria cerimônia? E o baile? Questão de dinheiro. Discutiam, elogiavam a comissão de formatura e cobravam, sem parar, as cotas devidas para o aluguel do salão de baile do Fluminense; do Teatro Municipal, para a cerimônia, e da igreja, para a missa. Enquanto isso, eu ficava cada vez mais deprimida. O professor Pedro da Cunha disse que, com relação à mamãe, tínhamos chegado ao fim da linha. Não havia mais nada a fazer. Devíamos parar com as transfusões inúteis de sangue, com as injeções e as bateladas de remédios e deixá-la morrer em paz.

Toda e qualquer ulterior tentativa de cura não faria sentido, significaria apenas torturá-la inutilmente. Mas a gente não se conformava. O pai da minha colega Betina Kaisermann sofria de câncer na mesma época. Ela veio me contar que descobriram um médico fabuloso. Este teria operado milagres com o pai dela, que teve uma melhora repentina inacreditável. Chamamos então esse tal médico fabuloso. Ele apareceu todo pomposo, com três assistentes, e logo deu uma injeção para a mamãe e depois de cobrar uma fortuna, prescreveu vários remédios caríssimos. Nós fizemos tudo que ele mandou. Mamãe morreu dali a uma semana, quase simultaneamente à morte do pai da Betina. Papai e eu ficamos acabrunhados, envergonhados e penalizados. Fizemos mamãe sofrer à toa confiando naquele charlatão duma figa e não quisemos dar ouvido ao professor Pedro da Cunha, que tratou dela com tanto desvelo e competência. Eu me consolava pensando que, pelo menos, mamãe soube que, de fato, eu conseguira acabar a faculdade como primeira aluna da turma. Pouco tempo antes, eu tinha recebido de meus pais um anel de formatura de ouro com uma safira azul-escuro. Em seus últimos dias, ela, volta e meia, pegava o anel, o qual guardava na mesa de cabeceira, e o revirava em suas mãos com visível satisfação, como se fosse um amuleto.

Mas não havia consolo que funcionasse com o papai. Coitado, ficou tão deprimido, que eu não sabia mais o que fazer para tirá-lo da fossa. É que, inexperiente como eu era, não compreendia que não podia fazer nada. Qualquer coisa seria inútil naquela hora. O que eu podia fazer era dar-lhe muito carinho – o que fiz – e continuar existindo, pois foi a minha mera existência que o salvou. Tenho certeza de que se eu não existisse, ele teria se matado ou simplesmente teria morrido de desgosto.

Nora vestida para um jantar na embaixada da França, década de 1950.

UM BOM NEGÓCIO

Logo que me formei, a professora Maria Adelaide Rabelo Albano Pires, responsável pela cadeira de geometria descritiva, convidou-me a ser sua assistente. O contrato inicial seria de auxiliar de ensino, mas, em seguida, eu poderia progredir, seguindo as etapas oficiais, para assistente de verdade. Aceitei com muita alegria porque só precisaria dar doze horas de aula semanais. O resto – preparação das aulas, correção das épuras, etc. – poderia ser feito em casa. Assim não precisei renunciar ao meu emprego na Servenco, bastou ajeitar o meu horário para torná-lo compatível com o da faculdade. O emprego de assistente, de fato, evoluiu, com o tempo, pelas várias fases de praxe até chegar a de professora adjunta, o que me ajudou a dispensar o emprego na Servenco, que pagava mal e onde eu me sentia explorada.

Outra vantagem era que os locais dessas duas atividades eram quase vizinhos, na Esplanada do Castelo. E, finalmente – isso aconteceu alguns meses mais tarde –, o meu novo emprego, tendo melhorado significativamente a minha situação financeira e sendo público, me facultou comprar um apartamento num edifício que a Servenco estava construindo na rua Décio Vilares, no Bairro Peixoto, em Copacabana. Esse feito extraordinário aconteceu assim: Jacó Steinberg me contou que um grupo de incorporadores havia comprado um terreno no Bairro Peixoto, e, tendo aprovado um projeto e contraído um empréstimo com o IPASE (Instituto de Pensões e Aposentadoria dos Servidores do Estado), queria agora executar o projeto aprovado, um edifício de três pavimentos com dois apartamentos por andar. Os apartamentos já estavam todos vendidos a funcionários públicos, que aguardavam ansiosos o início das obras.

Havia, no entanto, um porém: nenhuma firma construtora queria assumir a obra. A estrutura era pesada e cara, com todos aqueles ângulos, reentrâncias, corredores, além de ter orçamento reduzido. Os incorporadores, depois de ver a sua proposta recusada por bem uma dúzia de construtoras, em desespero de causa, procuraram a desconhecida e incipiente Servenco. Agora o Jacó me perguntava se eu poderia, mantendo apenas os limites externos do edifício e os do orçamento, refazer o projeto de maneira viável. Seria uma mão na roda para a nossa firma, para os incorporadores e para os coitados dos compradores, que já tinham pagado uma pequena entrada e tinham pressa de receber seus apartamentos prontos. "Vou tentar", respondi. E pus mãos à obra.

Tive sorte. Encontrei uma solução que diminuía muito o peso da estrutura e aumentava bastante a área útil de cada apartamento, deixando o orçamento dentro dos limites preestabelecidos. Havia duas condôminas, duas senhorinhas, que, cansadas de esperar, queriam porque queriam vender o seu apartamento no térreo. Eu tentei demovê-las desse intento. Expliquei que, dessa vez, o prédio seria construído mesmo. E bem! Acrescentei que a nossa firma era superidônea e que o apartamento que compraram tinha um financiamento que só a mãe da gente nos concederia, portanto elas estavam querendo desistir de um grande negócio. Não houve jeito, elas resolveram vendê-lo e, com o dinheiro, fazer uma viagem à Europa. "Sendo assim, eu fico com o apartamento de vocês", falei, sem saber ainda como haveria de arranjar a quantia ridícula de baixa para pagar a entrada no negócio que elas pretendiam recuperar.

Nora em seu apartamento do Bairro Peixoto, Copacabana, anos 1960.

Não poderia deixar escapar uma oportunidade dessas: financiamento total do IPASE, mas só para funcionários públicos – e eu era funcionária pública, ha ha! Os 30% dos meus modestos proventos na faculdade eram suficientes para permitirem assumir as prestações mensais previstas. Mesmo assim, não pretendia ficar com o apartamento para morar e sim para negociá-lo mais tarde, e com o lucro pagar a entrada de algum apartamento menor. Esse era de uma sala e três quartos, enquanto eu, sozinha com meu pai viúvo, só precisaria de um apartamento com uma sala e dois quartos.

A minha tia já nos decepcionara em questões de dinheiro inúmeras vezes, mas agora era diferente. Não estaria pedindo um tostão para mim, mas propondo-lhe um negócio daqueles, superlucrativo. Fui falar com ela. E finalmente, depois de se certificar direitinho de todos os pormenores, ela aceitou entrar na transação. Vejam vocês, às vezes a gente sonha e espera por uma oportunidade dessas, mas não aparece nada.

Não é que, mal passados uns dois meses, ofereceram-me um lindo apartamento de sala e dois quartos, em início de construção, na rua Presidente Carlos de Campos, em Laranjeiras, perto do consulado alemão? A área do apartamento era praticamente igual à do de três quartos que acabara de comprar, mas a distribuição e o tamanho dos cômodos eram bem melhores. E não é de se admirar, pois o arquiteto que projetou o apartamento de dois quartos tinha o terreno todo livre sem restrições, o orçamento também e, finalmente, forçoso é dizê-lo, era um senhor arquiteto. As condições para a compra eram semelhantes às do meu imóvel, só que a entrada deveria ser maior e os juros, um pouco mais puxados.

– Eis o apartamento que eu compraria para morar, mesmo. Cômodo, bem distribuído, boa localização, enfim perfeito para nós dois. Pena ter aquela entrada tão grande – comentei com papai.

– Pois é. – falou ele, e a conversa ficou por aí, ponto.

Mas o assunto não saía da minha cabeça, era uma pena não ter sido eu a autora daquele projeto. O apartamento era bom e bonito demais. Os vendedores sentiram o quanto fiquei tentada e, a toda hora, voltavam à carga:

– Olhe, a obra está apenas sendo lançada, você não precisa pagar já a entrada. Com um sinal ínfimo você assegura o direito de comprar seu imóvel. Como ainda está na planta e você é uma das primeiras interessadas, ainda tem a vantagem de poder escolher a sua unidade...

Aos meus argumentos de que eu não teria o dinheiro da entrada nem dali a um ano e acabaria perdendo o sinal, eles responderam que aquele prédio, com a obra já um pouco avançada, certamente iria valorizar muito e eu poderia vender o meu direito à compra e ainda obter um bom lucro.

Era arriscado, e eu sabia disso, mas também havia boa chance de tudo dar certo – *audaces fortuna juvat*, isto é, a sorte ajuda os corajosos –, portanto fechei o negócio, assinei um contrato de promessa de compra e venda, mas não falei disso a ninguém, nem mesmo ao papai. Não queria que se preocupasse com o dinheiro. Também não contei para a minha tia, que certamente haveria de me julgar irresponsável, e não sem razão. Mas eu não era tão irresponsável assim. Eu sabia que, dentro de meio ano mais ou menos, já poderia vender o apartamento da Décio Vilares. Com o lucro, pagaria à tia e ainda sobraria uma bolada. Se eu fosse prudente e até lá fizesse o máximo possível de economias, talvez até conseguisse ficar com o apartamento dos meus sonhos. Mas supondo que não, mesmo assim, certamente ainda lucraria algum trocado ao vender este último e pronto! Já teria uma boa soma para dar de entrada num eventual terceiro apartamento. E, se esse ainda não fosse o definitivo... Bem, aí parei meus devaneios e pus mãos à obra: trabalho, mais trabalho e, poupança e mais poupança.

O ENCONTRO DEFINITIVO

Papai pensava que eu trabalhava que nem uma louca para poder esquecer as perdas que havíamos sofrido no último ano. Em parte, ele estava certo, mas o motivo principal foi evitar que algum desses meus dois negócios desse chabu. Quem não se conformava com o meu sumiço da vida social – não mais encontrava o grupinho costumeiro de amigos e nem telefonava mais a ninguém – era a minha amiga Judite Grunfeld. Eu explicava para ela em particular, pois tínhamos essa intimidade, que precisava arranjar dinheiro, muito dinheiro. Então, ou trabalhava que nem um camelo ou assaltava um banco. Não tendo prática de assalto a bancos, só me restava a primeira opção.

Mas a Judite não se dava por vencida. Argumentava que o descanso aumentaria a minha produtividade e que pelo menos um fim de semana por mês deveria ser dedicado ao lazer. "O próximo domingo, que tal?" Ela iria com os pais à Ilha do Governador, onde as praias eram menos frequentadas e mais limpas, e já havia convidado o meu pai, que topou. Eu estava absolutamente intimada a acompanhá-los. Que remédio?

Então, lá fui eu com a Judite, os seus pais e papai à Ilha do Governador. Achei que, afinal, para meu pai seria uma boa distração. Levaria a máquina fotográfica, tiraria algumas fotos e isso seria benéfico, o animaria um pouco. O tempo estava maravilhoso e, já nas barcas, sentindo a brisa do mar, eu mesma fiquei animada. Descemos das barcas e íamos nos dirigindo à tal praia cuja excelência a Judite havia cantado em prosa e verso, quando começou uma ventania incrivelmente forte. Paramos desacorçoados. Com essa ventania não teríamos como manter as esteiras esticadas na areia. Mas a coisa não parou por aí. Em poucos minutos –, sim realmente em poucos minutos! – o céu ficou escuro, como se fosse de noite, e cabrum! Começou a cair raio e chuva. Cada pingo grosso de se ver! E agora, o que fazer? Ninguém ali estava preparado para um dilúvio:

– Vamos rápido para a casa do Paulinho! – sugeriu dona Rosa, mãe da Judite.

– Paulinho? Que Paulinho? – perguntei.

– O Paulinho Rónai, naturalmente – responderam os Grunfeld em uníssono.

Eu não conhecia pessoalmente o Paulo Rónai, só havia lido artigos dele no jornal. Uma vez, até cheguei a comentar com papai que Rónai devia ser filho de húngaros, com esse nome. Nunca suspeitei que, escrevendo tão bem em português, fosse húngaro de verdade. De qualquer maneira, não tinha qualquer intimidade com ele para, de repente, irromper na sua casa sem mais nem menos. Os pais da Judite, porém, afirmaram conhecê-lo muito bem e disseram que não haveria nada demais em pedirmos asilo em sua casa, tendo em vista a tempestade que estávamos enfrentando. Convencida mais pela chuva do que por eles, acompanhei-os correndo à casa do "Paulinho". Quando lá chegamos, todo mundo já estava bastante molhado. A casa tinha um jardim espaçoso na frente e, no meio dele, um caramanchão. Recebidos pela mãe do professor, o casal Grunfeld e meu pai correram até a casa, enquanto Judite e eu nos refugiamos no caramanchão, onde topamos com o dono da casa, sentado diante de uma mesa cheia de papeis, provas de seus alunos, que ele estava corrigindo até ser surpreendido pela ventania. Tentava segurar os papéis ameaçados pelas rajadas de vento, mas vários já tinham voado e nós o ajudamos, recolhendo e segurando os fujões.

Uma vez dominada a situação, nos apresentamos e pedimos desculpas pela invasão. Mas nem precisaríamos dar muitas explicações porque nossas roupas e nossos cabelos molhados, a ventania, as trovoadas, os relâmpagos e o martelar da chuva no telhado já diziam tudo. A chuva apertou ainda mais e agora lá estávamos os três, ilhados no caramanchão sem coragem de correr até a casa, tanto mais que deveríamos carregar conosco aquele monte de papéis. O remédio foi ter paciência. Sentamo-nos e começamos a conversar. O professor perguntou o que fazíamos, quais eram nossos planos para o futuro e assim por diante, a clássica conversa entre adultos com mais idade e jovens em início de carreira. Depois, comentamos várias obras de arquitetura recentes e, finalmente, algo sobre as igrejas barrocas da cidade.

Vocês não estranharam que eu me lembre até das conversas que rolaram numa visita rápida e fortuita há quase 70 anos, quando volta e meia esqueço o papo de ontem? Acontece, porém, que essa visita, rápida e fortuita, teve consequências extremamente impactantes para o resto da minha vida. Eu me dei conta dessa importância cerca de um mês depois e, a partir daí, fomos rememorando e comentando, meu pai e eu, tudo o que tinha acontecido naquele dia. Com isso, a minha memória recebeu um baita reforço, a tal ponto que nunca mais esqueci nem a roupa que o dono da casa envergava.

Voltando à nossa visita, quando, finalmente, a chuva deu uma trégua, conseguimos ir até a casa, onde, no entretempo, as irmãs do professor tinham improvisado alguns sanduíches e a conversa passou a ser sobre cachorros – havia uma porção deles por lá. Então, nos despedimos, pedindo desculpas de novo, e agradecendo a acolhida. Mal se passaram dois dias e toca o telefone lá de casa. Era o Paulo Rónai desejando retribuir a visita. Combinamos um dia, ainda naquela semana:

– Taí, um verdadeiro *gentleman*! – comentei com papai. – Não esperou nem os três dias de praxe e já agendou a visita para retribuir a nossa. E eu que estou devendo visitas de cortesia a meio mundo e não consigo me desincumbir dessas obrigações! No entanto, acredito que esse homem esteja, pelo menos, tão ocupado quanto eu. Nem sei como é que ele consegue, coitado. Agora se eles vêm, temos que recebê-los condignamente, não é? Eles foram tão gentis conosco.

Decidimos, papai e eu, servir sanduichinhos abertos bem caprichados com um chá, já que viriam à tarde. Serviríamos, depois, bastante purê de castanhas com creme chantilly. Os húngaros gostam desse prato e era bom aproveitar que, aproximando-se da véspera de Natal, havia castanha em abundância nos mercados por preço acessível. Restava apenas definir a quantidade de comida que serviríamos. E essa era a dificuldade. Nossa visita tinha sido tão rápida e confusa, que a gente não se lembrava exatamente de quantas pessoas moravam naquela casa. Havia a mãe do professor, disso tínhamos certeza, depois havia algumas irmãs com os respectivos maridos, mas aí também não sabíamos se todas estariam casadas. Então, calculando o máximo, daria: três casais, igual a seis pessoas; mais o Paulo e sua mãe, oito; e mais nós dois, dez pessoas no total. Decidimos, portanto, preparar comida para dez pessoas. Deu trabalho, mas eles mereciam.

Chegou o dia aprazado. Toca a campainha, papai vai abrir a porta e lá estava sozinho o professor Paulo. Depois dos cumprimentos de praxe, a primeira coisa que fez, foi examinar, com bastante atenção, nossa estante de livros. Achei engraçado: "Será que passamos na avaliação?", pensei

O ENCONTRO DEFINITIVO

com meus botões. Durante o chá, conversa vai, conversa vem – mormente com meu pai –, ele me perguntou se eu ilustraria um livro didático de francês que estava escrevendo. Topei, naturalmente, embora não fosse ilustradora. Como precisava muito do dinheiro aceitei a incumbência, não sem antes avisá-lo que ilustrar livros não era a minha profissão. Ao nos despedirmos – só um parêntese, rapidinho! Papai e eu comemos os sanduichinhos abertos e o purê de castanhas que sobraram durante uma semana! Fecha o parênteses –, combinamos que nos encontraríamos sempre na biblioteca da Associação Brasileira de Imprensa (ABI), situada na Esplanada do Castelo, perto do trabalho dele e também do meu, para decidirmos sobre os desenhos, eu mostrar os que tivesse acabado e, eventualmente, corrigir um ou outro que não fosse do agrado do autor. Foi assim que fizemos e a combinação resultou muito boa e agradável. O Paulo era claro ao estabelecer o que queria em cada desenho e não era muito crítico quanto ao meu desempenho.

Durante esse período, ele também foi lá para casa, uma ou duas vezes, mas eu achava que era mais para visitar meu pai, com quem gostava de bater uns papos bem interessantes. Eu assistia mais como ouvinte e só raramente metia o bedelho em algum assunto. O último desenho que entreguei foi o da capa, que, modéstia à parte, ficou muito bom. Usei as cores da bandeira francesa: azul (um azul Savoia um pouco mais escuro), vermelho e branco. O Paulo ficou muito contente com o meu trabalho e a pontualidade com a qual entregara. Aí ele me perguntou se eu não gostaria de colaborar com ele para sempre. Respondi que com muito prazer, desde que não me aparecesse algum projeto de arquitetura, que rende mais do que a ilustração de livros. Nesse caso, só poderia atendê-lo depois de acabar o projeto em questão.

– Não, você não me compreendeu – veio a réplica. – Eu quis dizer colaborar em tudo, para o resto da vida!

– Será que este cara está me pedindo em casamento? – pensei. Mas e se não for? Que mico federal eu pagaria!

Decidi fazer de conta que ainda não tinha entendido direito e pedi que se explicasse melhor. Foi aí que esse homem que nunca havia dado o mínimo sinal de gostar de mim, que nunca havia sequer me tocado, nem ao menos fingindo ter sido sem querer, pegou da minha mão, acariciou-a e falou:

– Você quer casar comigo?

Bingo! Eu tinha acertado, ele estava me pedindo de verdade em casamento. Agora, isso era para lá de surpreendente. Nós nos havíamos conhecido há um mês, se tanto. Eu tinha alguma ideia de como ele poderia ser, por ter lido artigos dele. Mas ele não me conhecia nem um pouco. No mínimo, estava sendo ousado e impulsivo. Dizem que as pessoas, antes de morrer, às vezes veem a lembrança de toda a sua vida desenrolar-se em coisa de segundos. Pois eu, antes de responder, vi a probabilidade de toda a minha vida futura delinear-se em alguns segundos. Pensei: ele tem dezessete anos a mais que eu. Sendo mulher, terei a chance estatística de sobreviver sete anos a mais que um homem da minha idade. 17+7= 24. Pelos cálculos frios e objetivos, eu terei que viver sozinha por 24 anos, justamente quando eu mesma já estiver velhinha, carente e necessitada de amparo emocional.

Além disso, eu nem sei direito o que a gente deve sentir quando está apaixonada, pois nunca namorei ninguém, nunca tive tempo para isso. Vai daí que eu nem sei se o amo. Por outro lado, simpatizo muito com esse cara! Gosto quando ele está por perto, admiro-o, coisas que não posso afirmar a respeito dos meus colegas de faculdade, de trabalho ou do esporte. Todos me parecem infantis demais ou, para não exagerar ou ser politicamente incorreta, eu que sou adulta demais para eles. Em conclusão: ou me caso agora com este pretendente e vivo feliz com ele pelo período de tempo que nos for dado pelo destino, aceitando a solidão subsequente, ou não me caso e viverei a vida toda sozinha, já que eu e esses rapazolas imaturos somos totalmente incompatíveis.

Talvez tenha sido o efeito surpresa que derrubou a minha costumeira prudência, mas, de chofre, disse "sim". Vocês não podem imaginar a felicidade do Paulo naquele instante. E, como comentou em seguida e repetiu inúmeras vezes depois de casado, ficou particularmente grato por eu ter dito sim na mesma hora, sem pedir prazo para pensar, sem titubear, enfim, sem me fazer de rogada. Decidimos ir para casa imediatamente para que o Paulo pudesse me pedir em casamento oficialmente ao meu pai. Ah, mas aí ele cometeu uma pequena gafe: em vez de dizer "tenho a honra de lhe pedir a mão de sua filha, etc. e tal", disse: "Estou muito, muito feliz, porque a Nora e eu decidimos nos casar." Note-se que, a essa altura, eu estava com 27, quase 28 anos de idade, e ele com quase 45. Papai nos deu os parabéns, disse que estava muito contente e nos desejava felicidade. Mas, quando Paulo foi embora, me repreendeu:

– Como assim, minha filha? Vocês decidiram? Não se pede mais o consentimento do pai?

Tive que suar para explicar que o "decidimos" era apenas força de expressão e que eu jamais casaria com alguém que não fosse do seu agrado, mas que eu via como os dois se davam bem e isso foi uma das causas principais que me moveram a dizer "sim" de imediato sem o seu consentimento formal! Convencido nesse ponto, ele me falou sobre sua preocupação a respeito do meu futuro acadêmico:

– Agora vocês se casam, vão ter filhos logo e você não vai mais fazer o doutorado!

Tive que dar a minha palavra de honra que faria, sim, o doutorado de qualquer maneira. Só então meu pai teve tranquilidade para se alegrar de verdade com a notícia. Paulo, ao contrário, ficou numa azáfama enorme. Impulsivo como era, queria se casar imediatamente, a jato, ontem! Eu colaborei ao máximo para arranjar rapidamente os papéis necessários ao casamento. Finalmente, este foi marcado para o dia 26 de janeiro de 1952 – estávamos em dezembro de 1951.

Mas a nossa alegria durou pouco. Logo viemos a saber que não poderíamos nos casar tão cedo. O cartório implicou com os papéis do Paulo. Vou tentar explicar o porquê, já que o negócio era tão absurdo que um jovem de hoje teria dificuldade de entender. Quando Paulo veio embora da Hungria, deixou para trás sua noiva Magda Péter, com o intuito de, ao chegar aqui, arranjar os vistos para ela e sua mãe. De fato, ele se desdobrou para conseguir os vistos, mas os processos se arrastavam e a situação na Hungria piorava cada vez mais.

O máximo que conseguiu foi pôr sua noiva e sua futura sogra na "Casa Protegida de Portugal", que, além dos portugueses, tomava conta dos brasileiros também. No entretempo, ele soube que jamais conseguiria o visto para a noiva, a não ser que ela se tornasse sua esposa. Casou-se então, urgentemente, por procuração, mas aí já era tarde. Os nazistas invadiram a Casa Protegida de Portugal, prenderam todos os judeus que lá se encontravam e os levaram à beira do Danúbio, onde os metralharam junto com outros milhares de judeus presos no país afora. Os corpos iam caindo no rio e sumindo, carregados pela correnteza. Como não havia corpos, não foi possível obter atestado de óbito. Paulo requereu, então, ao tribunal de Budapeste que declarasse oficialmente mortas Magda e sua mãe.

Depois de um processo de seis meses, com ela sendo intimada, via rádios e jornais de todo o país, a comparecer, não tendo dado sinal de vida, lavrou-se uma sentença declarando-a morta. Ao dar entrada nos papéis para o nosso casamento, o Paulo apresentou essa sentença para demonstrar que de fato era viúvo e não estaria cometendo bigamia. Agora vem a parte curiosa do problema. Naquela época, não existia divórcio aqui no Brasil, mas, por lei, você não pode firmar um contrato irrevogável. Se essa cláusula constar do contrato, torna-o nulo de saída. Então, como se firma um casamento que seja indissolúvel, isso é irrevogável? Fazendo com que ele não seja um contrato, e sim um processo judicial, com juiz, promotor e tudo que tem direito. Sendo que, no final, o juiz te condena ao casamento, como diz o italiano, *"vita natural durante"* – isto é, para toda vida. Então, no nosso caso, o promotor recusou a sentença do tribunal de Budapeste, porque, se a aceitasse, dizia ele, – "feriria a soberania do Brasil". Esse documento, lavrado por um tribunal estrangeiro, precisava, primeiro, ser homologado no Supremo Tribunal Federal.

– Tá. – concordou o meu futuro esposo, super ansioso – E quanto tempo levará isso?

– Uns dez anos, no mínimo – disseram, uma vez que havia dezenas de milhares de processos semelhantes aguardando solução.

O que fazer agora? O conselho unânime dos nossos amigos foi: vocês juntam seus trapinhos e aguardam casar na prática. Quando saírem os documentos, vocês casam no legal também. Fácil né? Mas não com a filha de Edoardo Tausz. Meu pai não admitia uma solução dessas, e eu não iria magoá-lo por nada nesse mundo. Então, o Paulo, desesperado, começou a pedir ajuda para tudo o que era amigo influente ou que eventualmente pudesse convencer o promotor a não ser tão inflexível ou o juiz a desconsiderar as objeções do promotor. O Paulo, que nunca pediu nada aos seus amigos, não querendo importuná-los, agora estava fazendo tudo isso por mim!

Falou com o acadêmico Álvaro Lins, que infelizmente não conseguiu nada. Aproveitou uma vez que o Arnon de Mello – amigo do seu amigo Aurélio Buarque de Holanda Ferreira e então governador de Alagoas – passou pelo Rio e foi procurá-lo no hotel Copacabana Palace.

– Fácil! – disse o Arnon – Vocês vão pra Maceió casam lá e passam a lua de mel no palácio do governo.

– E se o juiz de lá também não quiser casar a gente? – perguntou Paulo meio pensativo.

– Besteira! Lá o juiz vai querer o que eu quiser! – foi a resposta.

Bem, já foi um alívio, porque, no pior dos casos, poderíamos adotar essa solução. Mas o papai achava que, sendo nossos amigos e conhecidos todos do Rio, casar em Alagoas soava como aqueles casamentos no México, que pessoas separadas querendo casar de novo realizavam para dar alguma satisfação à sociedade. Ele achou que deveríamos tentar mais um pouco, quem sabe conseguiríamos uma solução melhor. Decidimos pedir conselho ao editor José Olympio:

– Tentem falar com a Dinah Silveira de Queiroz – aconselhou. – Ela está casada com o desembargador Narcélio de Queiroz. Se há alguém capaz de resolver essa parada é ele.

A Dinah gostava muito do Paulo, sempre o chamava de "São Paulo Rónai" aludindo à sua gentileza e bondade. Ela e o marido moravam em Petrópolis naquele tempo. Subimos a serra, portanto, e, enquanto o Paulo ia até a casa, eu fiquei na rua torcendo para que tudo desse certo. A Dinah ficou bem contente com a visita que chegara e recebeu Paulo com demonstrações de alegria e carinho. Ele, então, começou dizendo que tinha ido para lhe pedir proteção junto ao marido para uma causa difícil, mas que mexia demais com seu coração. O semblante de Dinah se tornou severo, instantaneamente, e ela disse:

– Eu tenho um trato com o Narcélio: ele não se mete no meu trabalho e eu não me meto no dele, – entretanto, ao ver a cara desolada do amigo, acrescentou – mas de que se trata?

Aí o Paulo contou a ela que estava apaixonado por uma jovem e queria casar com ela, só que as autoridades... Explicou direitinho todo o causo.

A medida que ele falava, a face de Dinah se iluminava novamente e no final, disse comovida:

– Que lindo! – e chamou: – Narcélio!

E ela mesma explicou o problema ao marido. Depois de se informar dos nomes do juiz e do promotor, o Narcélio disse que tinha sido professor daquele juiz e até poderia falar com ele, só havia um perigo: esses juízes de casamento, em geral, eram frustrados por não terem logrado carreira mais brilhante em suas profissões. Então, poderia acontecer que esse "rapaz", em vez de o atender, endurecesse ainda mais sua posição só para ter a sensação de poderio. Aí, ninguém mais conseguiria demovê-lo. Paulo pediu que Narcélio tentasse de qualquer modo, porque a situação, caso o juiz empacasse, continuaria sendo a mesma. Por outro lado, se o juiz acedesse ao pedido do desembargador, resolveria perfeitamente o nosso caso. Quando Paulo veio me encontrar na rua, tinha um sorriso estampado no rosto, que ia de orelha a orelha. Narcélio telefonou para aquele ex-aluno dele e lhe sugeriu que nos casasse, desconsiderando o arrazoado do promotor:

– O senhor pedindo, eu lhe faço a vontade, professor, mas o senhor está ciente, não é? Esse casamento não vai ter valor legal nenhum, será nulo pelo defeito no procedimento.

– Não se incomode, meu filho. Faça esse casamento e terá feito uma boa ação.

E foi assim que nos casamos, no dia 9 de fevereiro de 1952, exatamente duas semanas depois da data que havíamos marcado inicialmente. Agora uma pausa na cronologia, e pulemos exatos 25 anos. Ao festejarmos as nossas bodas de prata, compramos uma garrafa de champanhe e a levamos para o José Olympio como agradecimento pela ajuda que nos deu com seu conselho. Também lhe dissemos que desde então vivíamos muito felizes e, portanto, o cuidado dele conosco valera a pena. Para a Dinah, mandamos uma cesta de flores com uma cartinha, agradecendo também e dizendo como éramos felizes. Tivemos que fazer assim porque, a essa altura, Dinah já morava em Brasília e nós não poderíamos viajar para lá. Ambos ficaram extremamente comovidos e alegres com nossa lembrança.

Voltando ao nosso casamento, enquanto esperávamos impacientemente

O ENCONTRO DEFINITIVO

as poucas semanas que faltavam para o casório, aproveitamos para apresentar os nossos futuros cônjuges aos amigos mais chegados. Paulo me levou para visitar Aurélio Buarque de Holanda Ferreira, que, por acaso, estava viajando, mas a Marina, sua mulher, estava em casa e me recebeu calorosamente. No meio da conversa perguntou:

– Disseram-me que você fala húngaro, é verdade?

Eu tendo confirmado, ela continuou:

– O que significa "*butaság*" em húngaro?
– Tolice, bobagem...
– Ah, é? Rónai, seu miserável, safado! Então, eu falo bobagem?

Dirigia-se ao Paulo e, diante da minha cara desconcertada, ambos, rindo, me explicaram: Catarina, irmã caçula do Paulo, tendo sido a última a chegar no Brasil, ainda não entendia as conversas rápidas demais e cheias de referências locais dos amigos, frequentemente ali reunidos. Então, perguntava sem parar ao Paulo, em húngaro:

– O quê? O que foi que ela disse?

Mas, se o irmão parasse a toda hora para traduzir e explicar-lhe os assuntos, ele mesmo acabaria perdendo o fio da meada e, aí, seriam os dois que ficariam por fora das conversas. Então, Paulo, para se desincumbir desse papel de intérprete o mais rapidamente possível, só dizia "*butaság*", como para indicar que aquilo não tinha a mínima importância. Ainda bem que os dois estavam rindo; assim, compreendi que, afinal, não havia cometido nenhuma indiscrição realmente grave.

Quanto à cerimônia do casamento, quisemos que fosse o mais simples possível. O Paulo porque, já viúvo e quase coroa, não achava apropriado aquele oba-oba em que jovens casaizinhos costumam transformar suas bodas. Eu tampouco estava com ânimo festeiro. Meus lutos pelo Giorgio e pela mamãe eram recentes demais e, além disso, nenhum de nós tinha recursos financeiros para bancar uma grande festa. Resolvemos nos casar no cartório e convidar somente as famílias e os amigos mais íntimos.

Papai e eu convidamos os Grunfeld, naturalmente, pois, se eles não tivessem me apresentado ao Paulo, talvez nunca teríamos nos conhecido – mesmo porque, como mais tarde descobrimos, nos primórdios da nossa chegada ao Brasil, Paulo e eu moramos um tempo bem perto um do outro, devemos ter passado na mesma rua inúmeras vezes, e nem eu reparei que aquele moço que passou por mim seria o meu futuro marido, nem o Paulo percebeu que aquela garota apressada seria a sua futura mulher. De mais a mais, a Judite me asseverou que eles nos apresentaram de propósito, porque, desde o início, achavam que o Paulo e eu éramos feitos um para o outro e que, com ou sem chuva, eles, os Grunfelds, teriam dado um jeito de visitar os Rónai conosco naquela tarde. Fosse como fosse, a Judite era a minha melhor amiga, tinha que estar presente no dia mais importante da minha vida. O Paulo convidou o Aurélio e a Marina, seus melhores amigos, e também o Mauricio Rosenblat e a Luisa, sua mulher.

Acabada a brevíssima cerimônia do casamento, nos despedimos e fomos para a casa da tia Valéria, que havia preparado um almoço para toda a família. Depois, pegamos uma kombi que fazia o trajeto Rio-Petrópolis e fomos passar a nossa lua de mel bem curtinha, de apenas três dias, no hotel Quitandinha. Paulo havia reprovado alguns alunos e agora tinha que submetê-los à prova de segunda época. Por outro lado, eu fazia parte da banca de vestibular, que começaria justamente dentro de quatro dias. Quando chegamos ao hotel e fomos fazer o *check-in* no balcão da portaria, Paulo encontrou um conhecido com quem começou a conversar em francês. Ao nos apresentar um ao outro, disse ao moço:

– *Ma femme.*

Foi aí que me caiu a ficha: eu estava casada! E foi aí também que eu me lembrei da questão dos apartamentos. Eu tinha proposto à tia Valéria vender com um bom lucro o de sala e três quartos do Bairro Peixoto, em Copacabana, e ficar com o de sala e dois quartos. Mas, agora, teria que mudar esse arranjo. Teria que vender, mesmo que fosse com menor lucro, o apartamento de dois quartos e ficar com o de três, porque o Paulo tinha uma biblioteca que, por si só, ocupava um quarto, sem contar espaço embaixo das camas e em cima dos armários, e ainda precisaríamos de outro para nós dois e mais um para o papai. Era evidente que a minha tia não ia gostar nada disso:

– Como assim, ganhar menos? – iria questionar.

Ah, mas eu iria me preocupar com isso dali a uma semana. Agora, era só curtirmos um ao outro.

Nora no dia de seu casamento, de braços dados com o pai, Edoardo, e com o marido, Paulo Rónai, 1952.

Esse hotel, Quitandinha, havia sido construído com a finalidade de ser também um cassino, como aliás funcionou durante algum tempo. A decoração ficou por conta da famosa decoradora americana Dorothy Draper, ostentando luxo e riqueza, mas de gosto duvidoso. Conheci várias pessoas que colaboraram na construção e todas se divertiam contando anedotas referentes ao dono, que, aparentemente, gozava de escassa cultura. Dizem que tentou, diversas vezes, pôr cisnes e patos na frente do hotel, mas, devido ao clima frio, todas essas aves acabavam morrendo. Aí, querendo dar uma festa muito importante, chamou um decorador, que sugeriu uma "noite veneziana":

– Usaremos lampiões multicoloridos e, no lago, poderíamos pôr umas gôndolas...
– Não adianta! – interrompeu o dono. – Já experimentei, mas morrem todas.

A decoração do hotel, naquele momento e naquelas condições,

funcionava bem, porque evocava um certo ar de irrealidade, de fábula. A mim me dava a impressão de que estava sonhando. Seus maiores atrativos eram, na verdade, o jardim e o ar limpo, fresquinho e perfumado. Especialmente à noitinha, com a bruma tornando imprecisas as formas da vegetação, tudo parecia um tanto irreal.

PAULO, O TRABALHADOR

Mas chegou a hora em que tivemos que voltar ao Rio e à realidade, isto é, ao ramerrão do dia a dia. Foi justamente nessa rotina que, aos poucos, vim a conhecer e admirar o Paulo. Por exemplo, a sua capacidade de trabalho nem pode ser chamada de capacidade, melhor caberia dizer mania ou obsessão por trabalho. Vinha à mesa do café da manhã sobraçando uns livros e papéis e, enquanto tomava café, já ia lendo e anotando suas observações nos papéis.

Depois das abluções matinais, enfurnava-se na sua biblioteca e, na hora do almoço, tínhamos que chamá-lo várias vezes até que prestasse atenção ao chamado, de tão concentrado nos afazeres. Isso, naturalmente, quando se encontrava em casa, pois, na maioria das vezes, estava lecionando em algum colégio. Mas, estando em casa e atendendo ao nosso aviso de que o almoço estava na mesa, ele vinha de novo com seus livros e papéis e ficava trabalhando entre uma garfada e outra. Essa mesma rotina ia se repetindo, dia após dia, até que resolvi reclamar.

Expliquei que eu não tinha casado para ter direito ao título de "madame" nem para ser sustentada, que disto não precisava, uma vez que conseguia me sustentar sozinha. Tampouco procurei um admirador que cantasse serenatas toda noite na minha janela. Mas casei, isso sim, para ter um amigo, um companheiro, com quem pudesse dividir a minha vida, o que implicava um mínimo de comunicação, pelo menos de vez em quando, pelo menos durante as refeições, se consumidas em companhia um do outro. O Paulo me deu razão – essa era outra grande qualidade dele: convencido por argumentos lógicos, reconhecia quando o interlocutor tinha razão e até pedia desculpas. Combinou comigo que não mais traria trabalho à mesa na hora das refeições, o que cumpriu à risca. Continuou, porém, a estudar, ler, escrever, enfim, trabalhar sem parar em cada momento da sua vida: no ônibus, ao ir e vir do colégio, na sala de espera do consultório médico, na fila do banco ou de qualquer repartição pública e assim por diante. Quando o via assim, ocupado, me lembrava um monge medieval, sempre absorto em seu breviário e sentia uma ternura muito grande por ele.

Para mim era evidente que Paulo procurava, no trabalho, algum alívio ou refúgio de suas lembranças. Outros refugiam-se nas drogas, talvez no suicídio. Mas tenho que dizer, com certo orgulho, que, ao meu lado, ele melhorou muito. Não que tenha deixado de trabalhar – tirando as horas das refeições, quando passou a comer e conversar normalmente –, mas melhorou em outro costume que ainda não mencionei.

Desde a nossa lua de mel, observei que ele tomava um comprimido toda noite. Os primeiros dias, vá lá, semanas, me pareceu normal. Talvez fosse contra um resfriado. Mas, depois, acabei perguntando:

– Vem cá, que remédio é esse que você anda tomando toda noite?

– Ah, esse remédio é contra uma dor de cabeça persistente e contínua que me atormenta sem parar, dia e noite, desde a Hungria. Foi ainda em Budapeste que me prescreveram isso. – olhei o remédio, era algo a base de brometo de qualquer coisa.

– Mas se você não tem mais aquela dor de cabeça, por que não para de tomar isso?

– Porque, se eu parar, a dor volta.

– Você já tentou parar alguma vez?

– Já, e voltou e também não consegui dormir.

– Quando?

– Há uns seis ou sete anos.

– Bem, já é hora de fazer uma segunda tentativa. Jogue isso fora!

– Não, não tenho coragem. Aí não vou conseguir dormir.

– Não faz mal. Aí você vai me namorar enquanto não dorme.

Conversa daqui, conversa dali e eu fiz ele jogar fora o tal do remédio. E não é que ele dormiu igual a um anjinho? E não teve a tal dor de cabeça nunca mais.

Mas estou me desviando outra vez do assunto. Contava como consegui que Paulo deixasse de trabalhar pelo menos nas horas das refeições.

Então, desde que consegui retomar a interlocução com ele, começamos a ponderar a questão de ter ou não ter filhos. Paulo disse que eu deveria decidir, uma vez que seria eu quem teria o maior trabalho, para tê-los e para criá-los. Mas aí é que está. Eu não conseguia decidir. Achava injusto trazer seres absolutamente puros e inocentes para um mundo tão violento e ameaçador. Quantas vezes eu mesma teria preferido não ter nascido? Por outro lado, sabia o quanto a dona Gisela, minha sogra, sonhava com netos. Mas o pior era eu não saber o que Paulo desejava de verdade. Afinal, queria ou não ter filhos? E nem a fórceps conseguia extrair dele essa simples informação. Resolvi, então, consultar meu pai:

– Olha, minha filha, quando eu nasci, em 1891, minha mãe tinha a ilusão e o direito de esperar o melhor dos mundos para mim: época de profunda paz, estabilidade, sociedade cada vez mais esclarecida, progresso científico que deixava entrever a libertação do homem do trabalho pesado, que seria executado pelos robôs... No entanto, o que foi que herdei? Duas guerras mundiais, instabilidade política e econômica por toda parte, perseguições raciais e assim por diante, sem contar a Grande Depressão de 1929. Portanto, você vê, minha filha, o que parecia uma madrugada gloriosa, foi, na verdade, um dos crepúsculos mais horrendos. Quem sabe o que hoje te parece um crepúsculo ameaçador não seja, na verdade, uma madrugada? Nós não podemos pautar nossas vidas em pressuposições.

Não sei se esse discurso me convenceu plenamente, mas dele deduzi que meu pai também torcia para ter netos. Aí pensei: "meus futuros filhos que me perdoem essa barretada com chapéu alheio, mas uma vez que vai ter tanta gente feliz com a sua vinda, se eles vierem, serão bem recebidos".

Pensei em tanta gente porque, evidentemente, alguém como Paulo, com instinto paterno tão desenvolvido, que, com paciência e bondade, queria ensinar tudo o que sabia a todo mundo, certamente ficaria feliz em ensinar a seus próprios filhos. Sobravam as três irmãs dele e seus respectivos maridos, todos sem filhos – mas não por vontade e decisão deles –, decerto haveriam de curtir a criançada vindoura. Posto isso, não pensei mais no assunto. Mas, quando, um ano depois, me vi grávida, voltaram-me todas aquelas dúvidas a respeito da idoneidade deste mundo para receber algum descendente nosso. Valeria a pena expor um pobre ser inocente a esse incomodo que se chama vida? Mas aí a decisão já não cabia mais a mim. A neném – tratava-se de uma menina – estava a caminho. Desse ponto em diante, durante toda a gravidez, passei a ter sonhos horríveis de fim do mundo, com cenas de filme-calamidade.

Eu disse que se tratava de uma menina, mas durante toda a gravidez ninguém sabia de nada. Cada uma dava o seu palpite e a grande maioria pensava que seria um menino, tendo em vista a forma da minha barriga e outros sinais igualmente esotéricos. Se fosse menino, teria o nome de Manuel. Sendo menina, pensávamos em Beatriz, que achávamos lindo. Mas, pronunciando seguidas vezes com o sobrenome, Beatriz Rónai, começamos a achar que "ZRónai" soava um pouco áspero. Por isso, ficamos com a segunda opção, Cora.

(A vida é engraçada: a filha da Cora se chama Beatriz e seu nome profissional é justamente Beatriz Rónai! E, agora que ela existe, o nome me parece supernatural).

Embora não fôssemos religiosos, decidimos conferir o título de padrinho e madrinha aos amigos que convidamos para serem testemunhas no cartório do registro da Corinha. Aceitaram de bom grado. Assim, nossa primeira filha ganhou o Aurélio Buarque de Holanda de padrinho e a Cecília Meireles de madrinha.

No entretempo, o apartamento de sala e três quartos ficou pronto e, embora a tia Valéria, como eu previra, se mostrasse contrariada, nos mudamos para lá. Em poucas semanas, consegui vender o outro apartamento e devolvi para a tia o dinheiro dela acrescido de 38% de juros, o que, considerando-se o prazo de dez meses em que esteve em minhas mãos, era um lucro extraordinário, mesmo com a inflação daquela época. Ela, como eu já esperava, reclamou muito e disse que o genro teria feito melhor.

Nora e Paulo no Centro do Rio, década de 1950.

CORA E LAURA

O apartamentinho era muito acolhedor e bem do tamanho certo para nós três. Mas agora tínhamos uma neném, o que fazer? Por sorte, a sala acabava numa varanda envidraçada, bastante espaçosa, de uns dois metros por três. Tratei de instalar venezianas e, entre a varanda e a sala, coloquei uma cortina verde e lilás, de pano bem grosso, para poder isolar o quarto do neném, caso precisássemos receber visitas para o jantar. No início, como não tínhamos berço, arranjei uma cesta de vime bem grande, daquelas em que os padeiros punham os pãezinhos recém-tirados do forno. Forrei a cesta com uma flanela macia e pronto! Já possuíamos um berço, que serviu até a Cora completar nove meses. Nessa idade, ela começou a falar e dizia, principalmente e com ar muito decidido: "*Nem!*", que, em húngaro, significa "não". Ela se apoiava na borda da cesta e se levantava. Uma vez em pé, pronunciava verdadeiros discursos, com um misto de palavras reais e sílabas, tipo ga-ga-da-ba-ba, e gesticulava. Parecia direitinho um político em campanha eleitoral. Claro que de tanto gesticular, acabava perdendo o equilíbrio e emborcava a cesta em cima dela. Aí, não deu mais para usar a cesta. Tivemos que comprar um bercinho de verdade.

Como a varanda era bastante espaçosa, o bercinho coube perfeitamente, encostado em uma das paredes que eu enfeitei com desenho de bichinhos pintados à guache. Enquanto isso, a professora Maria Adelaide Rabelo Albano Pires, vulgo professora Mara, de quem eu era assistente, começou a me pressionar para que eu terminasse logo o doutorado. Isso porque, naquela época, havia prova oral no vestibular e só doutores podiam arguir. Ela já estava farta dessas provas e queria que eu a substituísse nesse mister.

Preparar uma tese e sua defesa já é complicado por si só. Agora, preparar a defesa de tese tomando conta de um pequeno azougue chamado Corinha ao mesmo tempo era quase impossível! Por sorte, todo mundo da família se dispôs a ajudar: papai; Paulo, que normalmente era super distraído, e, principalmente, minha cunhada Clara, a mais velha das três irmãs do Paulo. Clara se ofereceu para levar a Cora à pracinha toda tarde, por umas duas ou três horas, nas quais eu teria sossego para estudar. Ela fez isso durante dez meses, até eu concluir o doutorado. Durante esse tempo, aconteceu um fenômeno curioso. Minha cunhada começou a perder peso. Inicialmente, ficou até contente, pois, estando um pouco acima do que deveria pesar segundo a opinião dos médicos e as estatísticas, sentiu-se mais leve e mais elegante. Após dez meses, porém, e continuando a perder sempre mais peso, toda a família começou a se preocupar, pensando que, talvez, ela sofresse de alguma doença grave. Ela chegou a fazer alguns exames, mas não encontraram nada de anormal neles. Finalmente, quando a Clara me devolveu a Corinha para que eu voltasse a tomar conta da pequena e parou de frequentar a pracinha, começou, lentamente, a engordar, até que chegou ao seu peso antigo. Constatamos, assim, que ela perdeu esse peso todo correndo sem parar atrás da nossa pimpolha. Do mesmo jeito que a Corinha era irrequieta e rápida fisicamente, o era intelectualmente. Aprendeu muito cedo a falar em duas línguas: português e húngaro. Esta última é de difícil aprendizado para qualquer pessoa cuja língua materna pertença ao grupo indo-germânico. Pois a Cora falava húngaro como se tivesse nascido na Hungria e português como uma carioquinha autêntica.

A língua húngara é como um tipo de esqueleto sobre o qual você constrói à medida que fala; é muito flexível, favorece os trocadilhos que surgem quase que naturalmente e ama as aliterações. Por isso, Guimarães Rosa era tão fascinado por essa língua. O que ele tentou fazer com a língua brasileira, os húngaros fazem, naturalmente, quase desde o nascimento. Pois a Corinha fazia tudo isso e mais: citava trechos de poemas famosos da literatura húngara que, pela rima e pelo sentido, se encaixassem perfeitamente no discurso em questão. Inúmeros conhecidos nossos, húngaros, iam lá em casa só para ouvir a nossa filhinha. E pediam licença para levarem amigos deles para presenciarem aquele fenômeno. Infelizmente, porém, desde o primeiro dia em que foi ao jardim de infância, aos quatro anos, recusou-se terminantemente a falar húngaro, e não respondia caso lhe dirigíssemos a palavra nessa língua: "Quê? O que você disse? Fala isso em língua de gente, fala em português!", dizia. E não havia meio de fazê-la voltar ao bilinguismo. Claro que, em consequência disso, rapidamente esqueceu o tanto que sabia da língua magiar.

Cora tinha outra característica só dela: quer fosse em húngaro, quer em português, até os quatro anos só falava de si mesma na terceira pessoa: "ela quer água", "ela não quer dormir" ou "ela não quer colo"...

Aliás, ela nunca queria colo, era independente demais. Sempre tinha alguma coisa mais urgente para fazer: brincar, falar com o tio dela, chatear alguma coleguinha, etc. Uma vez João Guimarães Rosa veio nos visitar. Achou a Corinha muito bonitinha e divertida – o que ela era mesmo – e levantou-a num abraço, ao que ela avisou rapidamente:

– Não precisa levantar, ela é muito pesada!

Guimarães Rosa achou muita graça nessa frase e repetiu-a várias vezes em nossos encontros posteriores. Vejam só, eu falando da Corinha já com quatro anos e nada de mencionar a Laurinha! Mas aí é que está a dificuldade de repensar a nossa vida. Esta parece uma meada formada por vários fios. Você começa a seguir um deles e forçosamente deixa para trás outros tantos. Aí, volta e pega um outro fio e o segue até chegar onde largou o primeiro e assim por diante. Com paciência, vai reconstituindo a meada quase inteira.

Laura nasceu exatos dois anos e vinte e três dias depois da Cora. Outra vez, como aliás aconteceu no caso da Cora, eu só me dei conta de estar grávida já passando do quarto mês de gestação. Enquanto isso, continuava praticando saltos ornamentais de trampolim e plataforma. Só suspendi os treinos no finalzinho da gravidez e durante o tempo em que amamentava.

Já no caso da Laurinha, a última competição na qual me meti foi, se não me engano, o Troféu Walita, em São Paulo. Depois disso, parei com o esporte definitivamente. Também, já com 31 anos de idade, não haveria como enfrentar com sucesso as minhas adversárias, jovens atletas de 15 a 20 anos, sobretudo tendo que suspender os treinos durante o período de amamentação.

O meu ânimo foi inteiramente diferente nesta gravidez, comparado com a da Cora. É que, dessa vez, não me coube decidir nada. Já que tive uma filha, não ia deixá-la se criar sozinha, era preciso dar-lhe um irmão-zinho ou irmãzinha. Portanto, não mais tive aquele incômodo do senso de culpa que me assolou na primeira gravidez.

Diferentemente da Cora, que começou a falar muito cedo, Laura já estava com quase três anos e nada de falar. Muito preocupada, eu quis procurar um médico, mas meu pai opinou que, por todos os sinais corporais da neném, ela era normal.

Muito viva, olhava sempre na direção de onde vinha algum barulhinho. Era muito risonha e tinha uma mímica bem adequada ao momento e ao que ela queria exprimir. Podia-se deduzir daí que surda ela não era, nem muda, pois pronunciava muito bem as sílabas que nenéns produzem antes

Nora e as filhas Laura e Cora, na rua Décio Vilares, Bairro Peixoto, Rio de Janeiro, 1958.

de falar: ga-ga-da-da-bla-ga-ba, etc. Mesmo assim, eu, muito inquieta, estava a ponto de levá-la a um especialista, quando, uma noite, zangada comigo porque queria pô-la para dormir, botou as mãozinhas na cintura e disse:

– Sua feia, eu não faço mais panqueca para você!

Assim mesmo, uma frase inteira! Essas foram suas primeiras palavras. A empregada Raimunda, quando queria ralhar com ela ou com a irmã mais velha, lhe dizia isso. Laurinha pronunciou a frase com o máximo de indignação e precisão. Ah, eu fiquei tão, mas tão feliz! Desandei a rir e a cobrir de beijinhos a pequerrucha, que, a partir daquele momento, passou a falar tudo, bem articuladamente e com um vocabulário riquíssimo para a sua idade.

Essa frase pitoresca da Laura me lembra outra pronunciada pela Cora, quando Laura tinha uns seis meses de idade. A Raimunda fez um chuca-chuca com o cabelinho um tanto ralo da neném e, de algum modo, conseguiu prendê-lo com uma fitinha de cetim rosa. Satisfeita com sua obra-prima, começou a dar pulinhos e passos de dança pela casa, mostrando a todo mundo o novo penteado da Laurinha. Exibindo-o para a Cora, perguntou-lhe:

– Que tal o penteado da tua irmã?

Cora olhou a neném com atenção e sentenciou:

– Muito bonito! Assenta-lhe bem, rejuvenesce-a um bocado.

Não se assustem, não vou continuar contando as frases engraçadas das minhas bebês porque, assim, teria que escrever uma enciclopédia inteira. Prefiro contar, agora, a história do incrível concurso ganho pelo Paulo – e, por isso mesmo, incrível – para catedrático de francês do Colégio Pedro II.

CATEDRAL SEM PISTOLEIRO

A congregação do Colégio Pedro II tinha dois candidatos preferidos. Um era o professor Vieira, que, na verdade, era professor de Química, mas, como estudara um tempo na França, achavam que serviria para ensinar francês. Ele era um senhor gorducho e bonachão, muito amigo dos professores titulares da congregação. O outro era o professor Penido, sobrinho de um dignitário eclesiástico de alto coturno, pertencente a uma família poderosa e bem relacionada. Além desses, havia ainda um francês, Liger-Belair, ex-guerrilheiro do general De Gaulle, e o Paulo. Houve mais candidatos no início, mas a congregação, receosa de que o Paulo pudesse vencer o concurso, começou a manipular a banca examinadora para assegurar a vitória de seus dois candidatos preferidos. Uma vaga seria para o externato – a mais importante – e a outra para o internato. Tanto cabalaram para cá e para lá que o evento começou a tomar aspectos políticos. Quanto mais conspiravam, mais os intelectuais e os jornais se interessavam pelos desdobramentos do evento. Naquela época, concursos para professor do Colégio Pedro II eram acompanhados de perto pela sociedade.

Foram sete anos de manobras e subterfúgios, durante os quais mudaram várias vezes a banca examinadora e morreram tanto membros da banca quanto candidatos. Não! Pelo amor de Deus, não é o que vocês estão pensando! As mortes foram todas naturais – se é que se pode chamar de natural a morte de uma vítima atingida na cabeça por uma folha seca de palmeira imperial na avenida Presidente Vargas. Só que, toda vez que acontecia alguma coisa dessas, adiava-se de novo o começo do concurso e, com cada adiamento, crescia mais o interesse da opinião pública.

Na véspera do início das provas, o professor Penido foi pego em flagrante na casa de uma senhora pelo marido dela, oficial do Exército, às três horas da madrugada. Assustado, pulou da janela do segundo andar e quebrou a perna. Ele, depois, alegou que, sendo médico, estava atendendo a uma consulta. Só não soube explicar por que estava quase nu, trajando apenas uma cueca. Agora, para vocês sentirem o prestígio desse indivíduo, imaginem que o colégio adiou outra vez o início do bendito concurso, para que o candidato tivesse tempo de superar o trauma.

O ar estava impregnado de tensão. As fofocas iam e vinham de tal modo que a dona Gisela ficou apavorada. Aliás, tanto ela quanto as minhas cunhadas viviam em estado semiapavorado. Isso se explica por tudo o que passaram na Europa durante as perseguições. Pois dona Gisela queria que Paulo desistisse do concurso, temendo que aquela gente o acabasse assassinando.

– Mas, mamãe, eu não posso fazer isso agora, depois que todos os intelectuais e jornalistas se dispuseram a vigiar o concurso e brecar qualquer tentativa de maracutaia por parte do colégio. Seria uma covardia da minha parte! – disse o Paulo, e eu lhe dei toda a razão.

Assim, formou-se uma tensão até em família: dona Gisela implorando para que o filho desistisse e eu dando toda a força para que ele continuasse de qualquer jeito. Penido, refeito do susto, começou o concurso. Logo na prova escrita, reclamou, porque, quando pediu permissão para ir ao banheiro, foi acompanhado por um dos professores fiscais e achou isso ofensivo à sua honra. Aliás, esse episódio serviu de base para, mais tarde, ele impugnar o resultado, mas debalde, perdeu o processo; isso só atrasou a nomeação dos dois vencedores, mas não lhe valeu de nada.

Mas, esperem, tem mais: em sua defesa de tese, um dos membros da banca, o professor Farina, que os candidatos queridinhos dos titulares pensavam que iria se comportar bem, demonstrou que a tese do Penido tinha sido inteiramente plagiada de uma gramática francesa clássica, conhecida por milhares de franceses mundo afora: a de Claude Augé. E não só no conteúdo, mas também no tipo de letra, na distribuição do texto, enfim, plágio total. Ele ainda dedicou a tese ao próprio filho, para que o menino fosse capaz, no futuro, de "um esforço semelhante ao de seu pai". Que tal essa? Depois, veio a leitura das provas escritas. Cada candidato se sentou a uma mesinha, de frente para o público, concorridíssimo. Havia gente até sentada no chão para assisti-los. Nunca havia acontecido nada semelhante naquele colégio. Pois cada candidato se sentava em frente ao público e lia em voz alta sua prova, assistido nesse ato por outro concorrente. No caso do Paulo, foi o professor Vieira. Ao final da leitura, este lhe disse: "Sinto vergonha de sentar-me nesta cadeira e ler a minha prova depois da sua, tão magistral!" Vê-se daí que esse Vieira era um cara honesto. Só que, de fato, nem de longe tinha o preparo do Paulo para aquele cargo que pleiteava.

O quarto candidato, Liger-Belair, segundo aprovado no concurso, também protestou contra o resultado. Como é que um estrangeiro, que nem o Paulo Rónai, podia ganhar o primeiro lugar num concurso de professor de francês contra ele, um francês legítimo, condecorado pelo general De Gaulle? Esse protesto foi ignorado também e, assim, finalmente, Paulo pôde tomar posse como professor catedrático de francês do externato do Colégio Pedro II. A vitória foi bem festejada.

Paulo tinha um amigo chamado Lukács, um joalheiro austríaco. A mulher dele, senhora Angela, tinha sido uma beldade. Era alta e loura e, por ocasião das perseguições aos judeus na Áustria, vários oficiais nazistas apaixonados por ela a aconselharam a abandonar o marido. Assim, ela poderia ficar com a joalheria dele e continuar a viver numa boa na sua terra natal. Mas dona Angela preferiu acompanhar o marido judeu na emigração. Enfrentou com galhardia as dificuldades de um novo começo numa terra desconhecida. Por isso, ela teve sempre a nossa maior admiração. Pois, nessa ocasião, ao encontrar o Paulo, pouco tempo depois da conclusão do concurso, veio abraçá-lo cheia de entusiasmo:

– *Paras-béns* dr. Paulo, *paras-béns*! Soube que agora o senhor é catedral!

– O quê? – perguntou surpreso.

– Catedral! O senhor agora é catedral, não é? E sem pistoleiro! – acrescentou, toda orgulhosa do amigo.

Catedrático sem pistolão! Achamos a maior graça. A frase virou uma espécie de meme familiar. Sempre que alguém consegue uma grande vitória, alguém se lembra de repetir: – *paras-béns*! Você agora é catedral, sem pistoleiro! E falando nos Lukács, devo mencionar que esse joalheiro emprestou boa parte do dinheiro que permitiu com que Paulo pudesse trazer os sobreviventes de sua família para o Brasil. E olha que não foi pouca a quantia! Imaginem o que terá custado, naquela época, uma viagem, na segunda classe – e não no porão, como fora a nossa ao virmos para cá – de um navio francês para seis pessoas: dona Gisela, Clara e marido, Eva e marido e Catarina, que ainda era solteira. Só não vieram dois irmãos do Paulo.

O Feri (Francisco), irmão caçula, foi deportado pelos russos – dizem que para a Sibéria – e nunca mais se teve notícia dele. A pobre da dona Gisela achava que estaria vivo algures e, até o fim de sua vida, esperava revê-lo algum dia. O Jorge, mais novo do que o Paulo, mas mais velho do que todos os outros irmãos, vivia na Turquia, para onde fugiu durante as perseguições. Apaixonou-se por uma mulher casada, húngara também. Quando o Paulo o chamou para juntar-se ao resto da família, não quis vir. A mulher deu a entender que largaria o marido e se casaria com ele, mas isso nunca aconteceu.

Quando o casal decidiu emigrar para os Estados Unidos, Jorge também seguiu para lá. Paulo insistiu para que viesse para cá – Jorge era um excelente engenheiro, tinha chegado a fazer carreira na Turquia, onde foi diretor geral das ferrovias, e teria conseguido emprego no Brasil com facilidade. Paulo chegou a conseguir um contrato numa grande companhia construtora para o irmão, mas nem assim o Jorge quis se separar daquela mulher. Quando ela lhe disse, afinal, que havia decidido ficar com o marido, o coitado suicidou-se com um tiro na cabeça. Toda essa história era tão inverossímil que vários amigos do Jorge, no Canadá e nos Estados Unidos, pediram uma investigação policial do caso. Desconfiavam de um assassinato. A polícia investigou de verdade e constatou que foi mesmo suicídio.

A família de Paulo (mãe, irmãs e cunhados) já estava no Brasil quando nos casamos.

AS CRIANÇAS E AS FÉRIAS

Enquanto eram nenéns ou quase, nós botamos nossas filhas num jardim de infância bem perto de casa, no Bairro Peixoto, em Copacabana, na pracinha. Podiam ser conduzidas a pé na ida e na volta. Na primeira vez que levei a Cora, fui com o coração apertado. Preocupava-me deixá-la sozinha naquela casa que ela não conhecia. "Será que vai chorar quando eu for embora?", pensava, já com pena antecipada dela. Quando chegamos no portão, Cora olhou para dentro e viu, no jardim, uma porção de crianças brincando. Então exclamou em húngaro: "Puxa! Esses aí estão brincando! Cora vai ajudá-los!" Arrancou sua mãozinha da minha e, sem dizer nem tchau, sumiu portão adentro.

Aí, fui eu que fiquei meio carente, quase chorando. Com Laurinha, tudo correu mais tranquilo. Como ela entrou acompanhada pela irmã, não houve estresse para cá, nem para lá. Depois de alguns anos, já crescidinhas, tivemos que escolher uma escola onde pudessem estudar todas as séries até o vestibular. O ginásio Franco-Brasileiro nos ofereceu meia bolsa de estudos caso inscrevêssemos as meninas naquela escola. Era um excelente estabelecimento de ensino, onde Paulo tinha sido professor. Mas não queríamos criar duas francesinhas, nem ao menos duas brasileirinhas meio estrangeiras. Queríamos ter filhas inteiramente brasileiras; possivelmente, inteiramente cariocas.

Acabamos escolhendo o Colégio Brasileiro de Almeida, em cuja diretora, dona Edilia Coelho Garcia, confiávamos. Nesse colégio também recebemos meia bolsa, o que nos permitiu matricular as duas filhas. Se não fosse por isso - pagávamos pelas duas o que pagaríamos por uma só - não poderíamos ter escolhido essa escola, porque sairia cara demais para nós.

Mesmo sendo um bom colégio, em termos brasileiros, havia algumas falhas que tínhamos que remediar com aulas e atividades extracurriculares. Levei, por exemplo, as meninas ao Clube de Regatas Guanabara para que praticassem saltos ornamentais. As aulas de ginástica do colégio se resumiam a jogos praticados no terraço ao meio-dia, com o sol a pino. Não havia um ginásio esportivo naquela escola, falha essa que acontecia habitualmente nas outras escolas brasileiras. Também pusemos as garotas no IBEU para aprenderem de verdade inglês e arranjamos aulas particulares de desenho, escultura e música.

Vocês vão pensar que tudo isso foi um exagero, mas não foi. Nas escolas europeias, que – lamento dizê-los, mas é verdade –, em sua maioria, são melhores do que as daqui, há ou bandinha ou canto coral obrigatório. E e não é pela música em si, mas pelo fato corroborado inicialmente pela experiência e hoje em dia por estudos científicos, que a prática da música melhora a inteligência e o desempenho escolar dos alunos. Depois de tantas atividades durante o ano letivo, as crianças e – por que não o dizer? – nós também, precisávamos de férias de verdade. As nossas últimas férias tinham sido aqueles três dias de lua de mel em Petrópolis. Essa ideia de férias foi se solidificando aos poucos no nosso conceito. Logo no início do nosso casamento, decidimos que festejaríamos os aniversários das bodas sumindo de circulação. Iríamos a esmo a qualquer lugar e passaríamos um dia sozinhos e incógnitos em algum hotel, nem que fosse aqui mesmo, no Rio. Só meu pai saberia do nosso paradeiro, por motivos de segurança. Na primeira vez, escolhemos Cabo Frio. Felizes, juntinhos, fizemos o check-in prelibando as muitas travessuras que poderíamos fazer, uma vez que estávamos num lugar onde ninguém nos conhecia. Mandamos nossas maletas de mão para o nosso quarto e viramos em direção à saída para, antes do almoço, dar um passeio de exploração nas cercanias, quando:

– Rónai, que maravilha! Vocês por aqui? Vocês não vão ficar nesse hotel, venham lá para casa, o Pedro vai ficar superfeliz de vê-los. Vocês vão almoçar com a gente. Que coisa boa eu encontrar vocês aqui!

Era a Myriam Bloch, esposa do dramaturgo Pedro Bloch autor de *As mãos de Eurídice*. Eles eram grandes amigos nossos e tinham uma casa em Búzios. Entusiasmada com o encontro casual, ela queria porque queria que nós ficássemos com eles. Paulo argumentou que nosso quarto no hotel já estava pago, mas de nada adiantou. Myriam mandou que trouxessem de volta as nossas maletas e nos levou para a sua casa. Eles eram fofos, amigos do peito, mas, naquele dia específico, naquela hora, nós teríamos preferido ficar sozinhos. Até porque nós nunca, mas nunca, conseguíamos ficar sozinhos. Ou estávamos com a minha sogra, minhas cunhadas, concunhadas e os cachorrinhos, ou estávamos com meu pai, que, já com certa idade, viúvo e sofrendo de *angina pectoris,* eu não poderia deixar morar sozinho. Bem, desta vez, não foi, mas no ano que vem...

AS CRIANÇAS E AS FÉRIAS

No ano seguinte, então, fomos ao hotel Glória. "Que lindo! Paulinho, que boa ideia! Até piscina tem! Vamos à piscina?" Paulo não era de nadar, mas concordou em me acompanhar até lá e esperar enquanto eu nadava. Chegamos à piscina e:

– Rónai, você por aqui? Que ótimo! Há muito tempo eu queria bater um papo com você!

Era o escritor e político Afonso Arinos de Melo Franco. Eu assisti a alguns minutos de diálogo, mas, depois, pedi licença e fui dar a minha nadadela. Ao sair da água, ainda os encontrei em animada conversa. Bem, desta vez, nosso projeto gorou. Fomos reconhecidos. Mas no ano que vem... Sim, nós não desistimos!

O ano seguinte tentamos o Higino Palace Hotel, em Teresópolis. Lá, encontramos a Claire Fodor – uma senhora que pertencia à colônia húngara, amiga das irmãs do Paulo – e seu marido com todo um bando da colônia húngara. Me deu vontade de chorar. Algum tempo depois, Paulo chegou a comentar essas nossas desventuras com o Othon Moacir Garcia. Aí o Othon disse que ele tinha uma casinha em Teresópolis e a ofereceu para quando precisássemos de um pouco de privacidade. Nós aceitamos muito contentes! Havia, ainda por cima, mais uma vantagem: eles tinham uma empregada que ia lá, fazia a limpeza, fazia as camas e caso a gente quisesse, até cozinhava! Essa nossa estada em Teresópolis nos incentivou a, mais tarde, procurar alguma pensão em qualquer uma das cidades serranas. Ficamos tão felizes lá em Teresópolis...

O Paulo, só para me agradar, concordou em alugar uns cavalinhos. Um para ele e um para mim, para darmos um passeio. Tudo teria sido maravilhoso, não fosse pelo cavalo dele, que não queria andar de jeito nenhum. Parava para comer a graminha na beira da estrada e não havia força que o demovesse. Mesmo assim, foi divertido e eu fiquei comovida com o esforço que o meu Paulinho fez para me agradar. Sabia que ele não era de praticar coisa alguma que pudesse nem de longe se chamar de esporte, mas, mesmo assim, tentou.

Quando devolvemos as chaves para a Silvia, mulher do Othon, ela me contou que a empregada havia achado que nós estávamos em lua de mel. Só no fim da nossa estadia de três dias ela descobriu que nós já estávamos casados há alguns anos, quando lhe mostrei as fotos da Corinha. Mas isso

Nora e Paulo com as filhas Cora e Laura na Pensão Less, Nova Friburgo, 1959.

também demonstra o quão felizes nós estivemos naquela casinha. E essa permanência lá começou a gerar ideias e sonhos de construirmos nalgum lugar na serra uma casinha assim para nós. Teríamos a tal privacidade tão desejada e não haveria necessidade de procurar, toda vez, um novo lugarzinho legal, reservar quarto, etc. Se desse vontade, era só pegar o ônibus ou o trem e subir para a nossa casa. Mas aí eu, acordando do sonho, expliquei para o Paulo que isso, para gente na nossa situação econômica e financeira, não era possível.

Primeiro, gasta-se uma nota preta para construir a sua casinha, e ela, certamente, vai custar, no mínimo, o dobro do orçamento inicial. Se você pega essa pequena fortuna e a põe em um banco, nalgum fundo de confiança ou compra algumas ações tipo *blue chips* você recebe juros mensais. Mesmo que sejam minguados, você tem que levá-los em conta como se fossem um aluguel que você paga, mensalmente, pela casinha. Depois, você tem que pagar a alguma pessoa para tomar conta da casa, como o Othon pagava à empregada em Teresópolis. Juntando todas essas despesas mensais obrigatórias, teríamos mais do que o suficiente para pagar uma boa pensão ou um hotelzinho razoável durante as férias. E, nem mencionei os eventuais gastos para a manutenção da propriedade! E tem mais, veranear você vai quando pode. Eventualmente, se em um ano você está curto de dinheiro, fica em casa e pronto. Mas você tendo a sua casa própria, não se pode fugir das despesas que você terá que desembolsar mensalmente sem trégua nem piedade. Portanto, vamos esquecer isso, pois é apenas um sonho. O Paulo ficou convencido e, assim, paramos de sonhar com isso. Mas não paramos de sonhar com férias.

Ao aproximar-se o verão, começamos a procurar uma pensão viável na serra. Encontramos uma de um casal, creio que austríaco, de nome Less, na Ponte da Saudade, em Nova Friburgo. Infelizmente essa pensão não existe mais. Provavelmente, o casal, tendo envelhecido, resolveu se aposentar. Uma pena, porque a pensão era bem aconchegante, e a frequência era de europeus da Europa central, como nós mesmos. Encontramos até gente conhecida nossa, bons amigos: o Dawid Krakowski e a mulher Nicha. O Dawid era amigo do Paulo, e a Nicha foi colega de turma do meu irmão na faculdade de Química. O Dawid era o rei da simpatia. Poderia ter sido animador de auditório facilmente. Todo dia, durante o almoço, ele exercia esse seu dom e a pensão inteira rolava de tanto rir e se divertir.

O outro divertimento do distinto público eram os banhos diários que dávamos na Corinha no meio do jardim. De manhã, colocávamos uma tina de água para esquentar no sol. Quando a água ficava suficientemente morna, começava o espetáculo. Todos os clientes da pensão reuniam-se em volta da tina só para ver a alegria e as risadas da Corinha. Vocês vão argumentar que o nosso problema não havia sido resolvido, uma vez que não estávamos isolados do resto do mundo. Isso é verdade, mas, há tempos, tínhamos renunciado a isso. Constatamos que, perto do Rio, não conseguiríamos nos isolar. Sempre surgiria daqui ou dali algum conhecido, como foi sobejamente demonstrado durante os anos em que tentamos comemorar a sós os nossos aniversários de casamento.

Como a pensão Less era simpática, bem frequentada, e a comida caseira excelente, resolvemos fazer dela a nossa morada de verão. Durante anos, voltaríamos sempre à pensão Less nas férias. Enquanto isso, Cora e Laura iam crescendo e arranjando uns amiguinhos, companheiros nas brincadeiras. Havia uma senhora tcheca, chamada Matula, com dois meninos endiabrados cuja idade regulava com a das nossas meninas. Essa senhora se parecia bastante comigo. Tanto que, em várias ocasiões, donos de lojas me diziam: "Sua irmã acabou de passar por aqui!"

Mas a senhora Matula passava mesmo era pelo pronto-socorro, a toda hora. Seus filhos aprontavam sem parar, e um ou outro acabava seriamente machucado. Havia ainda uma senhora sueca de nome Solveig com sua filha Ana Maria, também da idade da Cora e também arteira para chuchu. E, finalmente, mas de maneira nenhuma menos importante, a Lilian, filha dos nossos amigos Nicha e Dawid Krakowski. Realço a importância dessa amizade porque ela dura até hoje, quando essa geração já é sessentona.

Às vezes, a senhora Matula e eu levávamos nossos filhos para a piscina do hotel Bucsky, não muito longe da pensão, e até acabávamos almoçando por lá para aliviar os velhinhos da pensão da algazarra das crianças. O filho mais velho da senhora Matula tinha um par de óculos de natação com os quais tirava muita onda e fazia inveja na criançada toda. A Corinha vivia pedindo-lhe os óculos emprestados, mas o garoto não os emprestava por nada nesse mundo.

Entre as outras atrações do hotel, havia também uma grande gaiola, não sei bem se de micos ou passarinhos, porque há tempos estava desabitada,

AS CRIANÇAS E AS FÉRIAS

ostentando apenas um pequeno tronco de árvore com vários galhos. Pois, um dia à tarde, soltamos as crianças para brincarem no jardim e nós, os adultos, continuamos no salão do hotel conversando um pouco. De repente, ouvimos uma grande algazarra vinda daquelas paragens. Risos misturavam-se a choros e gritos... Uma balbúrdia indecifrável. Fomos então verificar o que estava acontecendo. Encontramos a Corinha toda assustada encolhidinha, dentro da tal gaiola, com as perninhas e os bracinhos inexplicavelmente emaranhados entre os galhos daquele tronco. Ao lado da gaiola, um garçom tentava libertá-la daquela situação dando ordens:

– Retira o braço direito debaixo do galho superior e vê se torce um pouco o pé esquerdo para deixar o braço esquerdo puxar o braço direito e vê se você dobra um tiquinho mais o seu tronco, de maneira que o pé esquerdo possa... Fica calma menina, com calma e *blá-blá*...
– Mas o que houve?
– Foi o seguinte – nos explicaram –, Corinha apostou com o filho da senhora Matula que conseguiria entrar e caber naquela gaiola.

O menino apostou os seus óculos de natação que não conseguiria. Aí, como vocês veem, ela conseguiu entrar, só não conseguiu sair, e aí ficou muito assustada e, agora, seu Manolo, o garçom, tentava ajudá-la.

Eu já estava vendo que teríamos que chamar um ferreiro para desmontar aquela arapuca e, depois, montá-la de novo. Nos custaria um bom dinheiro, mas fazer o quê? Finalmente, com paciência e persistência o garçom conseguiu tirar a Cora daquele aperto. Quando ela foi cobrar os óculos ao amigo, ele se recusou a entregá-los. Cheguei a pensar que teríamos que comprar um par de óculos de natação para nossa filhinha, afinal não era justo deixá-la com um desapontamento daqueles depois de tanto esforço e tamanho susto. Mas a senhora Matula, ao presenciar a cena, obrigou o filho a entregar os óculos. Daquele dia em diante, quem tirava onda com eles era a Cora e o garoto os pedia emprestados, mas a heroína da gaiola de micos não os emprestava de jeito nenhum, só para se desforrar das vezes que os andou pedindo sem ser atendida.

A situação na pensão ficava cada vez mais difícil para nós, pais das crianças. É que, à medida que cresciam, iam ficando sempre mais agitadas e barulhentas, ainda por cima quando estavam em grupo. Ora, a maioria dos hóspedes da pensão era composta por gente de meia idade para cima.

Havia muitos velhinhos que, depois do almoço, pegavam uma espreguiçadeira e iam tirar uma soneca no jardim. Aí, vinham as crianças a brincar de pique-esconde e corriam para cá e para lá entre as espreguiçadeiras, segurando nelas, de vez em quando, para dar uma virada um pouco mais fechada e violenta. E tudo isso a altos brados. Nós, pais, tentávamos pôr ordem nessa pândega, mas também ficávamos com pena da criançada. Durante o ano letivo, tínhamos que mantê-las sob uma disciplina bem restrita. Agora, cortar-lhes as asas também nas férias? Por outro lado, não achávamos justo que os pobres velhinhos não pudessem ter um minuto de silêncio e paz, nem na hora da sesta.

Então, Paulo e eu decidimos que, dali em diante, procuraríamos alugar alguma casinha e começamos a nos informar, aqui e ali, sobre esse assunto. Tivemos sorte: Dora Bucheim, proprietária de um sítio bem perto da pensão, estava alugando uma casinha na entrada de sua propriedade. Precisando, alugaria até um ou dois quartos na casa principal. Parecia ótimo! A localização, perto da pensão, facilitaria as nossas refeições. A casinha, possivelmente, daria para nós dois e as crianças, e poderíamos ainda alugar um quarto na casa grande para o papai.

Fomos, imediatamente, conversar com dona Dora. Ela nos recebeu muito gentilmente e nos mostrou o sítio todo, no qual descobrimos mais uma "vantagem", ou o que, na hora, nos pareceu vantagem: havia uma piscina, cujo uso era facultado aos inquilinos. A piscina era grande, porém de forma oval e, por isso, não podia comportar raias para a natação. Mas para entreter a criançada seria excelente e era bem recôndita, com um barranco de um lado e vegetação do outro, tornando-a invisível para quem passasse pela entrada.

A casinha da entrada tinha uma sala e dois quartos: um para nós dois e um para as crianças. No pior dos casos, meu pai poderia até partilhar esse quarto com elas, porque espaço havia, mas a dona Dora disse que alugaria para ele um quarto de bom grado... Papai ainda era vistoso e dona Dora não era cega.

Além dessas vantagens, a casinha ainda tinha uma cozinha e um banheiro de serviço. Não tivemos mais dúvidas, fechamos negócio com dona Dora para as nossas férias do ano seguinte. De fato, para toda a família, essa solução revelou-se perfeita, inclusive para os familiares do Paulo, que podiam se hospedar na pensão Lesse e, assim, ficar perto da gente. Apenas para mim não era aquela maravilha.

AS CRIANÇAS E AS FÉRIAS

A casinha era mobiliada, mas não tinha roupa de cama e mesa. Eu tinha que levar tudo do Rio, inclusive panelas, porque, apesar de a pensão ser tão próxima, precisávamos cozinhar de vez em quando, principalmente nos dias de chuva, que, no verão da serra, nem são tão raros assim. Posto isso, imaginem fazer as malas para as crianças, para mim e para as guarnições da casa: lençóis, travesseiros com as respectivas fronhas, cobertores, talheres, pratos, alguns brinquedos para entreter as meninas, kit de primeiros socorros, livros, cadernos, lápis de cor, canetas...

Mesmo antes do começo das férias, mais ou menos um mês antes, eu tinha que começar a empacotar tudo isso, contando com, no mínimo, dois meses de permanência em Friburgo. Chegando lá, tinha que desempacotar e guardar a tralha toda. Quando faltavam umas duas semanas para a nossa volta, tinha que recomeçar os empacotamentos. A tarefa em Friburgo era mais simples porque já não precisava pensar se levava ou deixava de levar isto ou aquilo, simplesmente tinha que embrulhar tudo o que lá estava e pronto.

Garanto a vocês que, daí em diante, as férias passaram a ser mais cansativas para mim do que o resto do ano. Mesmo assim, era um cansaço gostoso. Dava uma satisfação tão grande ver a alegria, agora já não tão reprimida, das meninas e de seus amiguinhos! A algazarra deles na piscina... Ah, sim, a piscina... Pois é, *non ce perfetta letizia*.

Explico: nossa casinha constava de um pavimento térreo apenas. Mantendo as janelas abertas, quem passasse pelo jardim, tinha uma visão completa de todo o nosso quarto. Por outro lado, se você fechasse as janelas, ou melhor, as venezianas, o ar ficava abafado lá dentro, devido ao pé direito baixo e à umidade. O jeito que encontramos foi toldar a visão com uma cortina de *voile*. Acontece, porém, que havia vários conhecidos nossos – repito e insisto: apenas conhecidos – da pensão Less e da colônia húngara, que se achavam no direito de invadir o jardim, a caminho da piscina, a qual também se achavam no direito de frequentar às sete horas da manhã, falando e rindo alto. Às vezes, puxavam a cortina e nos davam um "bom dia amigos" bem ruidoso. Ainda tinham o desplante de nos pedir toalhas emprestadas!

Tínhamos que desapontá-los, um por um, sempre explicando que a responsável pela piscina era a dona Dora e ela não gostava de grandes aglomerações na sua casa. Mesmo assim, várias "visitas" resolviam ficar, "só por aquele dia", uma vez que já haviam se dado o trabalho de ir até a nossa casa. E acentuavam o "nossa casa" para nos visitar. Assim, ganhávamos mais alguns desafetos e perdíamos mais uma manhã na qual dormiríamos em paz, quem sabe até às dez horas, pois – que diabo! – estávamos de férias.

Mas o cúmulo da desfaçatez, a ideia platônica da desfaçatez, foi uma senhora húngara nossa conhecida. Um belo dia, ela me telefonou e, depois do "como vai e estão curtindo as férias?" de praxe, me anunciou que estava organizando uma colônia de férias para umas poucas crianças, coisa assim de umas vinte e tantas. Dei-lhe os parabéns sem atinar com que finalidade estaria me contando tudo isso. Ela continuou:

– Então, queridinha, resolvi levar a criançada para a sua piscina. Mas não se assuste: é por pouco tempo. Devo chegar aí por volta das sete da manhã e ficar, ao mais tardar, até às nove. Mesmo porque não é bom as crianças se exporem ao sol até mais tarde – concluiu.

– Não, minha senhora, a senhora não vai fazer nada disso! – respondi.

– Por que não, ora essa?

– Porque nós não queremos!

– Por que não querem? São poucas criancinhas!

– Porque nós queremos ter um pouco de paz, silêncio e privacidade nas nossas férias, madame!

– Mas como assim? Vocês dois são professores e odeiam tanto assim as crianças?

– Eu não disse que odiamos as crianças. Apenas, tendo que lidar com elas durante todo o ano letivo, precisamos das férias para repor as nossas energias.

– Eu não acredito que o seu marido também odeie tanto as crianças! Quero falar com ele. Chame-o!

– Vai ficar querendo, minha senhora, porque eu não vou chamá-lo! A senhora não vai perturbar o repouso dele também.

– Mas eu já botei o anúncio no jornal, oferecendo "colônia de férias com piscina"!

– Quem mandou? Desanuncie, então, e passe bem! – e desliguei o telefone.

Pois essa senhora ficou espalhando entre nossos conhecidos que nós odiávamos crianças. Pode? Também havia, no entanto, coisas divertidas em relação a essa bendita piscina. Dona Solveig, mãe da Ana Maria, amiguinha da Cora e da Laura, vinha sempre trazer a garota para brincar com nossas filhas. Essa moça tinha sido casada com um brasileiro lá na Suécia. Depois, se desentenderam, se divorciaram e, curiosamente, ela veio para o Brasil, onde foi amparada pela família dele, e ele ficou na Suécia. Dona Solveig tinha sido tratadora de cavalos do Exército sueco, onde tivera uma patente qualquer. Logo, calculo que tivesse também alguma aposentadoria. Outra coisa a saber é que ela era uma típica sueca: alta, loura, bem-apanhada e muito desinibida.

Toda manhã, ia tomar sol na piscina inteiramente nua. Como Paulo e meu pai não gostavam de piscina e nunca estavam lá, eu não me incomodei demais. Era só explicar para as crianças que isso, lá na Suécia, era bem comum e natural. Mas não conseguia dar a mesma explicação ao maquinista do trem que passava no alto do barranco, que ladeava a piscina, e sempre - ora, vejam - sempre empacava justamente nesse lugar. As janelas do trem se enchiam, cada vez mais, de passageiros, enquanto o maquinista e o ajudante desciam para examinar as rodas, nas quais batiam com uma barra de ferro. Depois de um tempo, o trem, milagrosamente consertado, seguia seu caminho, suponho que com grande pesar do distinto público.

Depois disso tudo que contei, talvez vocês compreendam porque, ao falar da piscina da casa, botei a palavra "vantagem" entre aspas. À parte essas perturbações ocasionais, porém, nossas férias em Nova Friburgo assim organizadas eram muito gostosas e tornaram-se habituais.

O SÍTIO, NOSSA CASA BRASILEIRA

Certo dia, Aurélio nos pediu que, uma vez na serra, fossemos nos informar sobre um terreno que ele tinha adquirido nas granjas Tingly. Quem lhe revendeu o lote foi um jovem poeta, cujo nome me escapa no momento. O rapaz precisava de dinheiro e Aurélio fez o negócio mais para ajudá-lo, mas não sabia agora, depois de tantos anos, em que pé que estava aquele loteamento; se cumpriram de verdade a promessa de calçar as ruas e dotá-las de água, esgoto e eletricidade.

Para atender ao pedido do nosso amigo, fomos procurar a imobiliária, que continuava vendendo terrenos no tal loteamento. Um corretor se ofereceu para nos levar até lá. Meu pai preferiu se sentar num banco da praça, ler o jornal e descansar um pouco. Então lá fomos nós para ver o lote do Aurélio. O loteamento era situado bem perto do centro da cidade, só que, para chegar a ele você tinha que subir horrores morro acima, no meio do maior mato. Não havia nenhuma rua calçada e nem sombra de água, esgoto ou luz. No caminho, perguntamos a um velhinho que capinava por lá se ele saberia, por acaso, onde era o terreno número tal da quadra tal:

– Ah, amigos, nesse matagal todo, tá difícil, né? Mas, por que vocês não compram um lote no Jardim Marajoi, em Conselheiro Paulino, que já está todo calçado, com água, esgoto, energia elétrica e registro na prefeitura?

Nós explicamos que só queríamos nos informar a pedido de um amigo nosso e não tínhamos a intenção de comprar coisa nenhuma. Mais tarde, procuramos nos informar com um transeunte, que demonstrou pessimismo quanto ao futuro do loteamento e perguntou:

– Por que vocês não compram algo no loteamento Jardim Marajoi, em Conselheiro Paulino? Este, sim, é loteamento! E já tem...

Desta vez, já sabendo o suficiente, pedimos ao corretor que nos levasse de volta para a praça. O homem, por sua vez, se ofereceu para nos levar até Conselheiro, "sem compromisso". Disse que eram eles que vendiam aqueles lotes também e que nós faríamos um excelente negócio comprando um deles. Ao nosso argumento que não tínhamos intenção de comprar nada e que meu pai estava nos esperando na praça, ele retorquiu que seriam só mais alguns minutos e que valia a pena ir até lá, mesmo que fosse só pelo passeio. Enfim, concordamos, deixando bem claro que não compraríamos nada, e lá fomos nós para Conselheiro Paulino. O loteamento, de fato, era um espetáculo! Por curiosidade, abrimos uma torneira no caminho e a água jorrava com uma pressão incrível. O corretor nos informou que ela era particular do loteamento e vinha canalizada de uma fonte a três quilômetros dali, situada num lugar chamado Invernada. Havia postes e fios elétricos e também uma rede de esgoto, mas, para ligar o esgoto de uma casa a essa rede, ele deveria passar antes por uma fossa séptica. Tudo parecia muito bem feito e, além disso, o lugar era lindo, com uma vista ampla e aprazível. Só por curiosidade, perguntei quanto custava um lote. Era surpreendentemente barato e ainda o financiavam em sete anos.

Para encurtar a história, sim, cedemos à tentação e compramos não um, mas três terrenos, pelo seguinte: cada lote media quinze metros de testada por duzentos e vinte e cinco de fundo. Comprando um só, ou se construía uma casa na beira da rua ou não haveria como chegar de carro para um eventual *plateau* mais em cima. Três lotes dariam uma proporção melhor ao terreno, facilitariam a eventual construção de uma casa ou até mesmo valorizariam o conjunto para uma futura revenda. A prestação mensal resultante dessa compra não desequilibraria o nosso orçamento de maneira nenhuma. Ao contrário, seria, no pior dos casos, uma pequena poupança forçada. Voltamos, pois, à sede da imobiliária e assinamos o contrato da compra. Só depois fomos buscar o papai na praça. Ao vê-lo, o corretor falou:

– Parabéns, os seus filhos acabam de comprar um belíssimo terreno!

Papai quase caiu do banco de tão surpreso. Ele sabia da minha opinião contrária à posse de uma casa de campo. Então, expliquei a ele que os terrenos seriam, por assim dizer, um ótimo investimento, como na realidade o foram, porque em seguida aconteceu uma inflação tão pronunciada que qualquer dívida com juros fixos, como era a nossa, tornou-se um negócio da China. Para terem uma ideia, nos anos finais, a prestação mensal que pagávamos mal daria para comprar uma passagem de ônibus intermunicipal. É lógico que não poderíamos e nem deveríamos ter sonhos tão impossíveis de alcançar, mas, uma vez que você tem um terreno tão maravilhoso, não deixa de, pelo menos, imaginar como seria construir uma casa, bem no meio daqueles lotes em aclive - principalmente sendo você uma arquiteta. A casa de campo passou a ser um assunto gostoso de conversas à noitinha, antes de dormir.

– A primeira coisa que eu faria seria uma pracinha cheia de balanços, gangorras, barras paralelas e...

– Deveria ter também uma caixa grande cheia de areia para elas brincarem com baldinho e forminhas, não acha?

– Acho. E deveria ter um escorrega – e assim ia a conversa até pegarmos no sono.

Para o Paulo e para meu pai, uma casa alugada ou própria daria na mesma. De qualquer jeito, teriam casa, comida e roupa lavada nas férias. Mas, para mim, a casa própria seria uma mão na roda. Não mais precisaria fazer aquelas verdadeiras mudanças de residência, levando roupa de cama para todo mundo, toalhas, panelas, pratos, copos, talheres, etc. Teria tudo já pronto, nos esperando nas férias. Aliás, todos aproveitaríamos mais uma casa própria, porque até em alguns feriados breves, de dois ou três dias, poderíamos subir para Friburgo, coisa que, com uma casa alugada por temporada, não podíamos fazer. O bom senso, porém, me acordava desses devaneios: "Calma aí Norinha! Vocês não têm capacidade econômica para enfrentar uma empreitada dessas. Você sabe que seria uma loucura!" É claro, seria não apenas uma loucura, seria uma irresponsabilidade!

Mas, por mera curiosidade, procurei a firma Spinelli, que naquela época era a melhor companhia construtora daquelas paragens e levava uma vantagem extra: também vendia material de construção. Por ter a possibilidade de lucrar, tanto no material quanto na mão de obra, ela estava em condições de oferecer preços mais vantajosos do que outras construtoras menos poderosas. Claro que, por mera prudência, levei comigo uns esboços da hipotética residência de veraneio. (Parem de sorrir tão ironicamente enquanto leem isto, se não fico encabulada e deixo de contar o resto!) Quem me recebeu foi o engenheiro dr. Villarinho. Logo ficamos amigos e eu confessei que grana, propriamente, eu não tinha. Mas, sonhos eu produzia de montão. Dr. Villarinho, então, argumentou que, se ao lado dos sonhos eu tivesse paciência também, poderia construir a casa por partes. Primeiro, contrataria as fundações. Depois que estivessem prontas e devidamente

Paulo e Nora, Nova Friburgo, 1959.

pagas, contrataria a alvenaria e o telhado. Feito isso, passaríamos às instalações elétricas e hidráulicas e assim por diante. Tudo isso demoraria anos e anos, mas possibilitaria que a Spinelli nos fizesse preços absolutamente especiais, baixíssimos. Aqui cabe uma explicação para os leigos: toda construtora de respeito possui um núcleo central de operários dos quais não se desfaz nunca, nem quando fica temporariamente sem trabalho. Esses constituem a melhor mão de obra que se possa encontrar no local e no momento. Ao correr dos anos, sempre se escolhem os melhores de cada obra e dispensam-se os de menos destaque. Quanto mais antiga a firma, tanto melhor será seu plantel de operários. Pois o que o dr. Villarinho me propôs foi eles construírem a nossa casa com esse núcleo de operários sempre que a firma não dispusesse de outra obra para tocar. Isso implicaria num ritmo de anda e para, anda e para, o que, por sua vez, tornaria imprevisível o término de nossa obra. Por outro lado, teríamos a vantagem de contar com uma mão de obra para lá de excelente. De lambuja, ainda nos daria mais folga nos pagamentos, sem termos que enfrentar os juros.

A proposta me pareceu razoável e até factível. Senti que teríamos anos de sacrifícios pela frente, mas, puxa, também teríamos um belíssimo sonho a acalentar enquanto produziríamos um real acréscimo ao nosso patrimônio! Fiquei de consultar o Paulo. Ele, como de costume, imerso em seu trabalho, ouviu-me só com meia atenção e disse que eu podia decidir como achasse conveniente. Voltei à Spinelli e fechei o negócio. Agora, podem rir à vontade. Eu mereço.

A casa demorou cinco anos para ficar pronta. O ano de 1962 foi o primeiro verão que passamos nela. Mesmo já morando lá, no entanto, tivemos mais uns dois anos de trabalho e despesas para incluir as chamadas "obras de arte" no terreno: cortinas de concreto em vários níveis do morro, atrás da casa; canaletas para conduzir as águas pluviais; bueiros e calçamento, do acesso de carro até os pilotis da casa, que serviriam de estacionamento para carros de visitantes, uma vez que nós não tínhamos automóvel.

Era chegado o momento de dar um nome ao nosso sítio. Pensamos, primeiro, em *"Quand même"*, que, em francês, significa algo como "apesar de tudo". Queríamos, com isso, nos referir às perseguições das quais conseguimos escapar na Europa e aos longos anos de trabalho e luta até termos conseguido a materialização de um sonho tão ousado: o nosso sítio. Seria um bom nome... na França. Mas nós estávamos no Brasil. De repente, como que sopesando a ideia, Paulo murmurou: pois é... Eu achei ótimo! Tudo aquilo que em *"Quand même"* estava explícito, no "Pois é" está subentendido.

Você dá uma parada para pensar no seu passado, nos perigos que correu, nos apertos que acabou superando e agora aqui se vê dono de um sitiozinho de sonho... É, a vida às vezes dá cada volta... Pois é! Pouco tempo depois de instalados no sítio, o dono da chácara vizinha, um inglês, mr. Vernon Smith, nos mandou de presente duas mudas de castanheiro, mudas essas dificílimas de obter. Praticamente só nascem aos pés do castanheiro e só onde e quando elas querem. Então, chegou à nossa casa o caseiro dele perguntou: "O dr. 'Pois é' está?" Ficamos muito contentes com as mudas e as plantamos na mesma hora. Hoje, elas são dois enormes castanheiros e dão castanhas bonitas e gostosas, só que em fevereiro e março. Aí, temos que limpá-las, congelá-las e só podemos usá-las no Natal seguinte ao do ano da colheita. Mas, não faz mal, são as *nossas castanhas!*

Tem mais uma vantagem do sítio que quase me esqueço de contar...

O SÍTIO, NOSSA CASA BRASILEIRA

Lembram daquele amigo fraternal do Giorgio, o Carlos Castelo Branco, que depois da morte do meu irmão vinha toda noite com a namorada, a Heliete, para dar uma força aos meus pais? Pois esse menino, agora já casado com a Heliete e com filhos, morava e trabalhava em São Paulo. Agora que tínhamos o nosso sítio, oferecemos o nosso apartamento do Rio para o Carlos e família passarem as férias deles. E assim fizemos todos os verões. Quando voltávamos das férias, já encontrávamos o apartamento vazio, porque o Carlos e família tinham que voltar para São Paulo mais cedo do que a gente voltaria para o Rio, mas sempre encontrávamos a mesa da saleta de almoço cheia de garrafas de conhaque, uísque e vinhos, tudo da mais alta qualidade.

Só que nem o Paulo nem eu gostávamos de beber essas coisas. O Paulo ainda chegava a tomar um copinho de vinho de vez em quando no almoço, dependendo da iguaria a ser acompanhada. Assim, pois, as variadas bebidas vinham se acumulando lá em casa e nós nem tínhamos mais lugar onde botá-las. Transferimos, então, grande parte para a casa de Nova Friburgo. Vai ver que o Carlinhos também não tinha mais lugar onde guardá-las, porque devido à posição dele em seu trabalho, volta e meia recebia esses presentes.

Bem, certa vez, um caseiro nosso, bastante tapado, depois de varrer as folhas secas, ateou-lhes fogo em vez de jogá-las na composteira. Era um dia de ventania, o que fez com que o fogo, num átimo, se alastrasse até a chácara do sr. Smith e lhe queimasse a metade do gramado, deixando-a com um triste aspecto preto. O Paulo e eu ficamos muito envergonhados com este fato. Tínhamos que visitar o pobre do nosso vizinho e pedir-lhe desculpas:

– Eis aí uma ótima ocasião para utilizarmos algumas daquelas bebidas que o Carlinhos nos deixa cada verão! – opinou o Paulo.

Então, lá fomos nós rumo ao *Sítio Bengalas* do nosso vizinho. Entramos muito constrangidos, pedindo desculpas, mas mr. Smith e sua filha, Dortegal, nos tranquilizaram. Disseram que a queimada não tinha sido grave, praticamente só queimou o capinzal que, normalmente, rebrota rápido. Então, tiramos as garrafas da sacola e as entregamos ao mr. Smith. Pai e filha olharam os presentes com enorme entusiasmo. Parece que aquilo tudo era papa fina de verdade. Abriram um largo sorriso e ele falou:

– Querem queimar mais um pouco? Disponham! Podem queimar tudo!

Nós todos caímos na risada. Dali em diante, ficamos muito amigos dos dois. Com a convivência, pudemos constatar que ambos gostavam mesmo de beber. Mr. Smith bebia conhaque; a filha, uísque. Bebiam de cambalear, mas, durante nossa convivência de décadas, nunca, nunca mesmo os vimos perder a linha. Era miraculoso! Meu pai não ficou admirado. Ele me disse que inglês é assim mesmo, que ele tinha visto, antigamente, muitos navios de guerra atracados, isto é, quase atracados no píer de Fiume. O "quase" vai por conta de uma distância de uns cinco a seis metros entre o navio e o píer, distância essa coberta por uma prancha estreita de uns quarenta centímetros de largura. Os marinheiros que voltavam de suas folgas deviam reentrar no navio ou no submarino por essa prancha. Geralmente, voltavam cantando e caindo de bêbados, mas, ao chegar, a alguns metros da fatídica travessia, aprumavam-se e, mirando bem fixo pela estreita passagem, desfilavam rígidos e seguros. Também, caso perdessem o equilíbrio e caíssem na água, pegavam uma ou duas semanas de prisão. Eram ingleses, é isso!

Mr. Smith nos contou que sua mulher vinha sofrendo, há tempos, de paralisia cerebral. Enquanto pôde, ele tratou dela, mas finalmente levou-a de volta para a Inglaterra, onde a deixou com suas duas irmãs solteiras, comprou uma casa para as três e instituiu um fundo com os juros do qual poderiam viver com decência. Assim, combinou os seus próprios interesses com os de suas cunhadas e se viu solteiro de novo. Mas não por muito tempo. Alguns meses depois, apareceu lá em casa com uma moça bem bonita, suíça, bem mais nova do que ele. Ao entrar, levantou os braços ao céu, que, naquela ocasião, era o teto da nossa sala, e declarou jubiloso:

– Dona Nora, agora vivo pecaminosamente com esta moça!

Foi assim que nos apresentou à sua nova mulher. O que acrescentava graça a essa cena era o tamanho do homem, além de sua voz grossa. Com seus braços erguidos, quase tocava o teto e parecia um bucaneiro. Toda vez que se entusiasmava, levantava seus braços daquela maneira e as nossas filhas achavam isso muito engraçado.

Outro vizinho fora do comum era também inglês. Tinha sido engenheiro da *Western Telegraph Co.* e tomara conta, durante décadas, de uma ilhota no meio do oceano pacífico, que servia de *relais* dos cabos telegráficos daquela companhia. Chamava-se George Mumphord e tinha oitenta anos. Sua mulher, dona Violet, tinha 83, mesma idade do caseiro deles. Tinham um cachorro grande e bastante velho que também, estranhamente, chamavam de George. Chamei-os de vizinhos, mas, naquela época, nosso loteamento não tinha ainda nenhum morador. Vivíamos literalmente no meio do mato. O sítio do mr. Mumphord, na verdade, se encontrava do outro lado do vale, em um lugar tão remoto e inalcançável pela vista que evocava a ilhota do Pacífico onde passou grande parte da sua vida.

Nesse sítio, eles eram admiravelmente autossuficientes. Tinham uma vaquinha, que lhes proporcionava o leite que bebiam e com o qual fabricavam sua própria manteiga, seus próprios queijos e ricotas. Tinham também abelhas e, por conseguinte o mel; galinhas e ovos; hortas e hortaliças. Possuiam um *Land Rover* – vejam bem, não era jipe, que esse seria americano. O deles era "inglês do bom". O senhor Mumphord tomava conta do seu carro, nunca precisando procurar um mecânico. O mecânico era ele mesmo, a tal ponto que chegava a fundir, no próprio sítio, as peças de que precisava nos consertos. Uma de que me lembro foi uma biela, feita na perfeição.

Tirando esses dois vizinhos, não havia ninguém nas redondezas, e essa era a graça, o encanto do Pois é. À noite, a nossa casa era o único ponto iluminado no loteamento e além. Essa luz atraía, à nossa janela, miríades de insetos de tudo quanto é forma, gênero, família, espécie e o que mais fosse. Para um entomólogo seria um excelente campo de estudo. Nós, mesmo não lhes conhecendo o pedigree, nos divertíamos a valer com aquela variedade e abundância de espécimes.

Agora, a principal beneficiária daquele fenômeno era uma perereca que vivia grudada no vidro da janela e consumia alentados banquetes de insetos que caçava por lá. Nós, e principalmente as crianças, ficávamos horas observando as suas manobras, pelo lado de dentro, naturalmente. Outro freguês era um sapo que, desde mocinho, se instalou na nossa varanda e se alimentava com os insetos que caçava no chão. Este ficou tanto tempo conosco que acabou se domesticando. De noite, quando o tempo permitia, conversávamos lá fora e o sapo, agora já bem gordo e atrevido, pulava entre as nossas pernas, parava na nossa frente e nos encarava tranquilo. Enfim, era uma espécie de bichinho de estimação; até nome lhe demos: Wladimir.

Essa vida idílica e calma haveria de acabar um dia, nós sabíamos disso, logo que o loteamento começasse a se povoar. Pois não é que a primeira construção apareceu no terreno pegado ao nosso, do lado esquerdo? O dono da futura casa veio conversar conosco. Apresentou-se e pediu se poderíamos lhe fornecer água para a construção enquanto não tivesse a água ligada no seu terreno. Claro que podíamos! Havia água à vontade só para nós fornecida por um sistema calculado para dezenas de moradores. Dali em diante, dr. Manolo (esse era seu nome) e sua mulher, dona Edilza, sempre que vinham inspecionar as obras, paravam lá em casa para um cafezinho e para bater um papo.

Tivemos sorte com esses vizinhos. Primeiro porque eram gente boa, informais e logo ficaram nossos amigos. Depois, porque tinham quatro filhos: Heloísa, Eliana, Sérgio e Ronaldo, todos da mesma faixa etária da Cora e da Laura. Tinham ainda por volta de uma dúzia de sobrinhos. Imaginem a farra que as crianças faziam nas férias! Brincava-se de tudo entre os dois sítios, o Pois é e o Cabubo. O nome deste último significava "casa de Friburgo" na linguagem desajeitada do Ronaldo quando era neném. Assim mesmo, engraçadinho: Cabubo.

Logo no início das obras do vizinho, mr. Mumphord se deu o trabalho de ir até lá para se solidarizar conosco e nos oferecer seus pêsames por alguém – de tantos lugares que poderia ter escolhido – haver se assentado logo ao nosso lado. Explicamos ao mr. Mumphord que, pelo contrário, isso foi uma sorte, porque, de todos os vizinhos que poderiam ter aparecido, nós conseguimos logo o mais adequado. É claro que mr. Mumphord só ficou mais ou menos tranquilizado com essa explicação. Para ele, acostumado à vasta solidão do Pacífico, já foi uma concessão viver na imperscrutável solidão da Mata Atlântica, onde sobravam cobras, lagartos, sapos, aves e de vez em quando umas jaguatiricas, ouriços, preás, gambás e uma multidão de insetos e bichos que eu nem consigo enumerar! Jamais o nosso amigo haveria de se acostumar a viver num loteamento que ia se povoando a passos largos, como o nosso.

O próximo vizinho foi um italiano, seu Germano Luccano. Era músico da orquestra do Teatro Municipal do Rio de Janeiro. Era a personificação do mito de Dr. Jeckyll e Mister Hyde, porque gostava muito de tomar umas e outras e, quando isso acontecia, ele ficava com ânimo agressivo e subia ao nosso sítio para brigar e reclamar de atos e ofensas que nunca havíamos

O SÍTIO, NOSSA CASA BRASILEIRA

cometido. E isso, em geral, por volta de uma ou duas horas da madrugada! Por outro lado, quando estava sóbrio ficava muito amistoso. Tendo eu nascido na Itália, em Fiume, e ele em Trieste, nos considerávamos patrícios. É como se, numa terra distante, um carioca encontrasse alguém de Teresópolis, digamos. É claro que ficariam logo amigos. De mais a mais, ele era dotado de vários talentos. Era um ourives habilidoso e construiu para si alguns telescópios cujas lentes ele próprio poliu. Costumava subir, à noitinha, na varanda do nosso sítio, onde instalava seu telescópio para observar as estrelas junto com meu pai, que também gostava de olhá-las. Conversavam animadamente bebericando um café ou um chocolate que eu servia para os dois com biscoitinhos.

De vez em quando, seu Germano aparecia, na hora do almoço, trazendo consigo um amigo que ele dizia ter sido funcionário do Teatro Municipal. Eu os convidava: "Estão servidos?" E estavam; sempre aceitavam. O tal amigo trazia de presente uns pães pretos, às vezes de centeio, mas eram sempre para lá de dormidos, quase secos. Pois uma vez, no Rio, desci para a feira que semanalmente acontecia na nossa rua. Levei comigo a Raimunda, nossa empregada, e as crianças. De repente, de longe, avistei um mendigo – e não era o tal amigo do seu Germano? Fiquei com um aperto no coração! Estanquei o passo, expliquei para as crianças que não convinha continuar até lá, pois o pobre homem poderia ficar muito constrangido. Mandei, porém, a Raimunda, que ele não conhecia, com uma boa soma de dinheiro, que lhe foi entregue.

Nosso vizinho tinha também uma filhinha da idade das crianças do Pois é e do Cabubo. A menina, Silvinha, logo se juntou à turma, e muitas vezes trazia consigo outra menina, uma ruivinha de idade semelhante, e que era sua prima, a Cecilinha. Ah, mas não, o plantel ainda não estava completo. Lembram-se da dona Solveig e de sua filha, Ana Maria? Pois descobrimos que elas alugaram uma casinha mais embaixo, perto do loteamento. Agora sim, a bagunça ficou completa e gostosa. A criançada gostava de brincar de teatro, no que eu as ajudava bastante, costurando as fantasias de papel crepom e emprestando lençóis para servirem de pano de boca. Enchiam a sala de cadeiras e convidavam a vizinhança toda, mas todo mundo tinha que pagar, inclusive eu.

Paulo gostou tanto de vê-las brincando assim que escreveu uma peça para poderem representá-la. Modéstia à parte, era ótima e fez muito sucesso. Chamava-se "A princesinha dengosa". O dr. Manolo, por sua vez, construiu uma casinha de bonecas de verdade, em um platô, um pouco mais acima do que as nossas casas. A casinha tinha até uma pequena cozinha, onde as crianças podiam cozinhar – e, muitas vezes, cozinhavam mesmo e comiam lá em cima, principalmente almoços, porque, à noite, ficava tudo escuro e frio. Usavam também a casa como cassino. As crianças possuíam vários baralhos e nós tínhamos uma roleta perfeita, grande, com a mesa estampada numa lona encerada. Coisa séria, vocês podem crer! E também tínhamos um bingo. Logo no início, porém, a Cora e o Sérgio, o mais velho da turma vizinha, foram postos para fora do cassino, porque foram pegos com uns ases e coringas debaixo das almofadas das suas cadeiras e dentro de suas mangas. Os dois alegaram que não sabiam como foi que aquelas cartas haviam parado ali...

No carnaval, o dr. Manolo levava todas as crianças aos bailes infantis do Clube de Xadrez. As crianças se divertiam para valer. Já o dr. Manolo, não sei, não... Ele se queixava principalmente da Laura, que, em vez de dançar e se divertir como todas as outras crianças, acocorava-se no chão e catava serpentinas e contas de colares partidos e outros lixos semelhantes. O nosso amigo temia, com razão, que, naquela confusão, alguém viesse a pisar os dedinhos dela. Nos anos seguintes, apareceu um doido varrido que, em vez do lança-perfume, usava um esguicho com ácido e chegou a cegar algumas pessoas na rua. Aí, tanto os nossos vizinhos quanto nós ficamos com medo de levar nossas crianças para essas aglomerações. Decidimos, então, organizar um baita carnaval lá em casa mesmo.

De início, as crianças não gostaram. Mas, quando eu disse que haveria Coca-Cola e guaraná à vontade, se animaram na mesma hora. Me ajudaram muito na decoração da sala, na confecção de guirlandas, correntes de papel, máscaras e enfeites semelhantes. Nós botamos a mesa de jantar na varanda, encostada à janela da sala, para serviço de bar; tiramos todas as cadeiras também e botamos na varanda, assim a sala se transformou em um belíssimo salão de danças. Os vizinhos trouxeram um toca-discos e os discos apropriados, com marchinhas e sambas excelentes. Tanto nós como eles preparamos sanduíches gostosos e o arrasta-pé foi um sucesso estrondoso: todo mundo aderiu às danças e até o Paulo ensaiou alguns passos de samba.

O SÍTIO, NOSSA CASA BRASILEIRA

Paulo e Nora, 1963.

IDAS E VINDAS

A nossa vida no Pois é era tão gostosa que acabamos nos transferindo para Nova Friburgo depois de aposentados. Mas esta nossa decisão teve outro motivo também, só que, para explicá-lo, devo voltar atrás no tempo, mais ou menos à época de 1958-60. As crianças estavam crescendo e os bercinhos, e também o espaço em volta, estavam ficando pequenos para elas. Aí apareceu um anúncio no jornal, de um apartamento bem maior do que o nosso, na rua Décio Vilares, a mesma rua onde morávamos, mesmo lado da rua, só um pouco mais perto da pracinha, e o preço era realmente moderado. Nos anúncios de hoje, diriam "preço convidativo".

Fomos ver o apartamento: ele tinha duas salas, uma ao lado da outra, visivelmente projetadas para servirem de sala de estar e sala de jantar, esta última comunicando com a cozinha. Havia mais uma saleta, tipo copa ou sala de almoço, três quartos e banheiro. Ainda tinha quarto e banheiro de empregada e garagem. A tal sala de jantar era bem mais espaçosa do que o quartinho em que Paulo tentava comprimir a sua biblioteca. Era só disfarçar um pouco a porta que dava para a cozinha para obter uma belíssima biblioteca para ele.

Em suma, o apartamento era ideal para nós, inclusive no que concernia ao preço e às condições, pois poderíamos fazer um empréstimo bem pequeno para pagar a entrada e o resto pagaríamos quando tivéssemos vendido o nosso apartamentinho. Fechamos o negócio e, em pouco tempo, já estávamos morando no novo apartamento, onde nossas meninas tinham um quarto de verdade só para elas.

A única coisa que o vendedor deixou de nos informar é que haviam descoberto uns recalques nos pilares das fundações, isto é, uns pilares nos fundos do prédio começaram a afundar paulatinamente no terreno que, antigamente, fora um brejo. Nas construções da época, usavam-se estacas, que iam a uma profundidade de 20 a 25 metros até encontrar terreno firme. Mas esse prédio era bem antigo, construído no capricho, só que numa época em que se tinham escassas noções de mecânica do solo.

Paciência. Mesmo que o indivíduo nos tivesse informado sobre isso, o que teria sido a atitude correta, talvez nós ainda tivéssemos comprado o imóvel. Isso porque, em se tratando de um prédio baixinho, de apenas três pavimentos, bem mais largo do que alto, não havia perigo de ele desmoronar. Só que tivemos que recorrer aos serviços de uma firma especializada em mecânica de solo para monitorar, constantemente, os pilares doentes e reforçá-los de vez em quando. Isto implicava uma despesa maior do que a habitual na manutenção do prédio. Essa despesa maior dava para nós enfrentarmos, enquanto o apartamento, adquirido com o dinheiro que podíamos gastar no momento, nos resolveu problema de espaço, que, de nenhuma outra forma, poderíamos ter solucionado. De fato, vivemos confortavelmente e felizes nesse apartamento por bem um quarto de século.

Durante esse tempo, os recalques jamais pararam e os pilares afundavam sempre mais. No final, havia uma diferença de meio metro entre o nível da sala e o dos quartos do fundo. Por causa disso, apareciam rachaduras nas paredes, a bomba d'água parava de funcionar a toda hora e as portas empenavam. Chegou um momento em que nossa permanência no prédio se tornou insustentável. O condomínio decidiu, então, vender o imóvel para ser demolido e, no lugar um novo condomínio, construir um novo prédio, desta vez, sobre estacas. Foi aí que nosso sítio veio a calhar: nos mudamos para lá de mala e cuia.

A essa altura, as crianças já tinham se tornado adultas. Cora, casada, vivia em Brasília e só raras vezes vinha nos visitar, mas sempre mandava nossos netos, Paulo e Bia, passarem as férias conosco. Laura, depois de se formar em música (flauta) aqui no Rio, arranjou uma bolsa de estudos e foi repetir os mesmos estudos básicos nos Estados Unidos, na Universidade do Estado de Nova York, em Purchase, e, mais tarde, fazer o curso de Mestrado na Universidade da Cidade de Nova York, onde – não resisto a contar isso porque me enche de orgulho – se formou ganhando o prêmio Rosa Riegelmann Heinz de melhor aluna daquela instituição, durante toda a duração do curso, dentre dezoito mil alunos vindos de países do mundo inteiro.

Em 1964, voltamos à Europa. Peço aos meus gentis leitores e amigos que relevem a quantidade de detalhes, nomes de pessoas e localidades que aparecerão na segunda parte deste livro. Isso será devido a dois fatores: primeiro, à grande importância moral emotiva que esse desagravo assumiu na nossa vida; segundo, ao fato de, felizmente, eu ter mantido um diário bem minucioso durante toda a nossa perambulação. Isso permitiu, mais de meio século depois, oferecer uma visão bastante precisa

O DESENHO DO TEMPO

do clima que ainda perdurava por lá, praticamente duas décadas após o fim da Segunda Guerra Mundial.

No fim dessa viagem, ficará o ponto final destas memórias. Verdade seja dita, tive muitas e muitas satisfações e alegrias também depois. Não nos faltaram outras viagens, tão prazerosas quanto aquela, para os Estados Unidos, para a Europa várias vezes, e até para o Japão. Como nadadora masters também acabei indo para muitos lugares surpreendentes. Talvez, algum dia ainda venha a contar tudo isso para vocês... ou não. Afinal, 96 anos não me permitem fazer grandes planos para o futuro.

Contudo, para não os deixar muito decepcionados ou frustrados, tentarei resumir em poucas palavras o grande intervalo no tempo. Paulo e eu continuamos vivendo muito felizes, nos amparando um ao outro em todas as dificuldades e eventuais dissabores que, naturalmente, ocorrem ao longo de uma vida inteira. Até que a morte nos separou, em 1992, quando ele veio a falecer. Conseguimos criar nossas duas filhas com sucesso. Realço esta última palavra com satisfação, porque ambas se tornaram mulheres talentosas e bem-sucedidas nas suas respectivas profissões. São inteligentes e trabalhadoras incansáveis (porque amam o que fazem e o fazem com o entusiasmo com que as crianças costumam brincar; o pai delas era assim).

Além disso, ou por causa disso, são competentes, generosas e – creio e assim espero – felizes. Cora, a jornalista, nos deu um neto e uma neta, enquanto Laura, a musicista, nos deu duas netas. Esses netos, por sua vez, fizeram a família desabrochar, com sete bisnetos, por enquanto: três meninos e quatro meninas. Falei em "meninos", mas, na verdade, entre eles já há gente adulta, tocando a vida na faculdade, dirigindo o avião do pai, andando de carro, enfim, divertindo-se com brinquedos de gente grande.

Estou no crepúsculo, mas esse crepúsculo promete ainda muitas madrugadas. As minhas filhas são amigas uma da outra, se amam e se respeitam, nunca estarão sozinhas. Os meus netos – parece-me – seguiram o exemplo das mães. Nas reuniões de família, em meio à balbúrdia geral – risos, conversas, choro de nenéns, correria e desordem de crianças – eu desligo e me entrego a uma doce paz interior.

Deixei tudo arrumado: posso morrer tranquila.

Nora e Paulo com Gisela Kannás (de casaco preto, em primeiro plano) e Otto Beöthy (de óculos, acima de Paulo), assistem a parada de 1º de maio em Budapeste, 1964.

EUROPA, UM REENCONTRO

Devo confessar que, em princípio, eu não gosto de viajar. O que eu gostava mesmo, nas viagens que fiz depois de casada, é que Paulo, longe de casa e de sua biblioteca, via-se, de alguma forma, desobrigado de trabalhar dia e noite e, assim, sobrava tempo para ele estar comigo, conversar e se divertir. E, por incrível que pareça, ele gostava disso: ficava mais tranquilo, mais feliz. Não que ele fosse infeliz normalmente, mas carregava dentro de si o luto pelo pai, pelos irmãos, pela noiva, pelos amigos e pela pátria perdidos, o que prestava uma sombra de tristeza ao seu temperamento. Já eu, embora tivesse passado na Europa por apertos semelhantes, não fiquei tão afetada por eles devido à pouca idade que tinha quando os vivi. Eu era adolescente naquela época e tinha uma sensação de onipotência ou de imortalidade que me tornava psicologicamente menos vulnerável. E ainda bem que assim fosse, porque imaginem dois macambúzios vivendo juntos! Não haveria poder que conseguisse nos tirar da fossa.

Nunca procuramos viajar de propósito, mas as viagens aconteciam, ou porque o Paulo ia proferir uma palestra em algum lugar, ou porque éramos convidados. Enfim, elas tinham isso de bom: às vezes o palestrante chegava a receber um bom dinheirinho de cachê e, assim, o périplo nos saía literalmente de graça, quando não lucrativo. A primeira grande viagem – e eu a considero a mais importante da nossa vida – aconteceu em 1964, vinte e três anos depois de termos abandonado a Europa. E foi exatamente para lá que voltamos, a convite do governo húngaro. O fato de ter sido convidado pelo governo húngaro teve um valor simbólico muito grande para o Paulo. Foi uma espécie de desagravo por tudo quanto lhe foi aprontado pelo outro governo, o dos anos 1940, reacionário, títere dos nazistas alemães: o campo de trabalho, as humilhações e o documento que teve que assinar antes de sair da Hungria, dizendo que jamais tentaria voltar a rever sua pátria. Assustado, meu marido procurou o seu velho professor para se aconselhar com ele: deveria ou não assinar semelhante declaração?

– Meu filho, assine o que quiserem, e fuja daqui, – recomendou o professor. – Enquanto esse governo que aqui está durar, você não há de querer voltar para cá; por outro lado, se eles perderem a guerra e forem varridos daqui, o próximo governo estenderá tapete vermelho só para tê-lo de volta.

E não deu outra. Cá estávamos nós, nos preparando para a viagem à Hungria, convidados pelo novo governo, que, realmente, fez todas as reverências ao Paulo, tanto mais que vários de seus membros tinham sido seus alunos.

Antes de viajarmos, tivemos que arranjar licenças para faltar nos nossos empregos. Ambos éramos funcionários públicos. E lembrem-se que estávamos em março de 1964; a situação política era delicada, diria mesmo explosiva. Com a Associação dos Marinheiros incitando os subalternos a se rebelarem contra os oficiais hierarquicamente superiores, estava na cara que as forças armadas constituídas não iam esperar de braços cruzados, deixando como estava para "ver como ficaria". E nós, os dois patetas das classes desarmadas, pedindo licença para viajar a convite de um país comunista. Como é que ia acabar isso?

O meu caso era mais fácil, porque eu era funcionária federal e a minha superior imediata, que, afinal, teria que opinar no assunto, era minha amiga e sabia que, ao voltar, eu iria repor as aulas. Mas Paulo era professor estadual, e o governador naquela ocasião era o Carlos Lacerda, famoso brigão, de quem diziam que, se não tivesse adversário para brigar, se postaria em frente ao espelho e brigaria consigo mesmo. Paulo sempre tivera um relacionamento cordial com ele, mas, pouco tempo antes da nossa viagem, aconteceu algo desagradável: o governador foi convidado a visitar a Palestina. Ele, que sempre escrevera artigos a favor de Israel, passou a escrever contra. O Paulo, então, redigiu um artigo em que dizia que Carlos Lacerda era uma mente tão brilhante, uma pena tão aguçada, que seria difícil argumentar contra um intelectual daquele quilate – para enfrentar uma polêmica contra Carlos Lacerda, só mesmo sendo o próprio Carlos Lacerda. E aí enfileirou vários argumentos contra a Palestina e a favor de Israel, citando, *ipsis litteris,* os artigos de Lacerda e mandou o seu escrito para o próprio Lacerda, dizendo que não queria surpreendê-lo e, por dever de lealdade, fazia questão de mostrá-lo ao amigo antes da publicação. Lacerda não respondeu nada, mas mandou um recado por um conhecido dos dois. Este disse que, se o Paulo desistisse da publicação do artigo, Lacerda desistiria de continuar publicando os seus dessa série. Assim, poderiam continuar amigos. Não valia a pena brigarem, uma vez que ele não mais estava interessado em todo esse assunto. Paulo concordou, não publicou o artigo, e Lacerda, de fato, deixou de atacar Israel. Mas, desde então, por acaso, não se encontraram mais, e ficamos sem saber se esse episódio não teria deixado o homem ouriçado contra o Paulo. Mesmo assim, entramos ambos com os requerimentos visando obter a licença para viajar. O governador aquiesceu na mesma hora, elogiando a competência e a seriedade do Paulo e acrescentando que era ótimo ele ir para a Hungria, onde poderia explicar ao povo de lá o quanto a democracia era melhor do que as tiranias que assolavam o Leste europeu. Imaginem se a gente iria fazer isso!

De qualquer maneira, o caminho estava aberto: licenças obtidas, malas feitas, embarcamos no sábado, 28 de março de 1964, num navio das linhas "C", o Giulio Cesare. Meu pai, Cora e Laura nos acompanharam até embarcarmos. Quando o navio zarpou, permaneceram no cais acenando para nós e nós para eles até nos perdermos de vista. Ficamos um pouco tristes, já com saudades do trio. Paulo chegou a chorar. Mas logo fomos envolvidos pelos afazeres: nos instalarmos na nossa cabine, almoço e, em seguida, sem nos dar trégua, exercícios de naufrágio e fogo simulado. À noite, jantar, coquetel e assim por diante. O pouco tempo que sobrava, nós aproveitávamos para burilar e rever as palestras que íamos proferir na Hungria. Logo ao embarcarmos, alugamos duas espreguiçadeiras no convés. Quando cansávamos das brincadeiras e do trabalho, descansávamos, deitados, olhando o mar, respirando a brisa gostosa com cheiro de maresia e conversando.

Conhecemos um senhor, Aldo, ítalo-brasileiro que fez amizade com um radiotelegrafista do navio. Era este senhor Aldo que nos trazia as notícias meio alarmantes dos acontecimentos no Brasil. Ele nos contou que Magalhães Pinto deu o grito do Ipiranga, ao que João Goulart mandou o primeiro Exército para Minas. Em compensação, Kruel* vinha com o segundo Exército de São Paulo para o Rio e o sindicato fizera greve geral e... Em suma, era de se perder a cabeça! Goulart teria renunciado, Ranieri Mazzilli teria assumido o governo. Paulo ouviu dois marinheiros que acabavam de comentar os acontecimentos e um concluiu: "Pelo menos o novo presidente é um italiano!"

---

* Amaury Kruel (1901-1996) foi um general brasileiro que, ao ir para a reserva, foi promovido a marechal. Kruel participou ativamente do golpe de Estado que instaurou a ditadura militar no Brasil em 1964.

Nora e Paulo com o comandante do navio Giulio Cesare, 1964.

Ficamos preocupados com meu pai e com as crianças. Em seguida, vieram notícias mais tranquilizadoras, só que nada era muito certo, nenhuma notícia precisa, tudo meio caótico, disparatado. Mesmo assim dava para perceber que não haveria nenhum perigo para os nossos familiares.

Continuamos, portanto, tranquilos, desfrutando o clima quase de férias durante a viagem. Havia várias pessoas que só estavam lá para entreter e divertir os passageiros. O chefe de cozinha era de primeira qualidade, tornando cada refeição um autêntico banquete... quanta diferença entre a viagem que nos trouxe ao Brasil e essa, que nos levava de volta à Europa! Mas foi exatamente por isso que eu finquei pé e não aceitei a viagem de avião, que nos ofereceram inicialmente. Se era para desagravar o Paulo pelos maus tratos da era nazista, tinham também que o desagravar pela droga de viagem à qual teve que se submeter ao fugir de lá. Além do valor simbólico, essa nossa permanência a bordo serviu também para nos descansar a mente e o espírito e prepará-los para enfrentar, com relativa tranquilidade, o impacto das emoções que, forçosamente, haveríamos de suportar nas nossas ex-pátrias.

Em 8 de abril, paramos pela primeira vez nessa viagem, em terra europeia. Foi em Barcelona, onde tínhamos que procurar o sr. Sérgio Nery, a quem deveríamos entregar um pacote com goiabada e outras guloseimas brasileiras que lhe mandara um amigo cujo nome não lembro mais (e que me esqueci de anotar no diário). Ele e a esposa foram extremamente gentis e nos levaram a um rápido *city tour* em seu carro, após o qual nos transportaram de volta ao navio que zarparia rumo a Cannes em seguida. Mesmo assim, eles subiram a bordo conosco para conversarmos enquanto o navio não se pusesse ao mar. O senhor Sérgio disse que não tinha notícias precisas do Brasil. Pelo que ele contava, teria havido 5 mil mortos no Rio Grande do Sul e teriam matado Francisco Julião, nosso amigo, líder dos camponeses, com cujas ideias nós nem sempre concordávamos, mas de quem gostávamos muito. Entrementes, o navio já apitara três vezes e o casal amigo teve que descer antes que fosse abduzido pelo Giulio Cesare.

Nesse mesmo dia 8 de abril, chegamos, finalmente, a Cannes. Mas o Giulio Cesare não entrou no porto, porque era grande demais. Foi uma barca, na qual entramos através dos porões do navio, que nos levou à terra. Mas chegando ao porto, na alfândega, já estavam procurando Monsieur Paulo Rónai com uma carta do professor Pierre Hawelka nos dando as boas-vindas à Europa. O Hawelka, quando era professor da USP, colaborou com Paulo naquela série de livros didáticos de francês (*Mon premier livre, Mon second livre*, etc.) para a qual fiz as ilustrações e que acabou dando em casamento.

Meu marido e Hawelka ficaram muito amigos durante essa colaboração, ainda que ela tenha sido inteiramente epistolar, já que Hawelka morava em São Paulo. Mesmo assim, houve ocasião para se encontrarem pessoalmente. Hawelka já estava bem dentro dos seus cinquenta anos e tinha um aspecto típico de professor: um pouco acima do peso, um tanto careca, óculos.

Depois dos usuais trâmites alfandegários, trâmites estes que, dessa vez, foram rapidíssimos porque os inspetores estavam em greve e não queriam saber de nada –, pegamos um táxi às duas horas e tanto da madrugada para procurarmos um hotel. Fomos esnobados no primeiro em que paramos, mas, no segundo, bem simpático, o Hotel des Orangers, encontramos um quarto onde, finalmente, pudemos nos deitar, cansados, mas felizes, às 3h15min da madrugada.

EUROPA, UM REENCONTRO

Ao abrir a janela, quando acordamos, constatamos que a vista era muito bonita. No jardim, havia macieiras em flor e, ao longe, avistava-se o mar. No preço do hotel estava incluído o almoço, mas não o jantar. De qualquer maneira, em relação aos preços da Europa, que eram muito, mas muito mais caros do que os do Brasil, pode-se dizer que a diária do nosso hotelzinho era até modesta. Passamos nele uma semana, durante a qual fizemos pequenas excursões às redondezas e aproveitamos também para tratar dos dentes, que – claro! –, como sempre acontece, tinham que dar defeito justamente quando estávamos viajando. Ao cabo dessa semana, no dia 15 de abril, embarcamos num trem rumo a Genebra, na Suíça, onde chegamos na manhã do dia 16 de abril.

O hotel Cornavin, onde tínhamos quarto reservado, era logo ao lado da estação de trem. Ao contrário do que costumam ser os hotéis próximos a estações ferroviárias ou rodoviárias, esse era de alto luxo. Tanto que até nos assustou. Como iríamos pagar as diárias que, evidentemente, não haviam sido talhadas para os nossos bolsos? Mas, como se tratava de estada curta, de uns dias apenas, pensamos: "Vá lá, que seja! Uma vez na vida a gente banca o milionário."

SUÍÇA

Nosso equívoco a respeito do hotel se explica, pois não fomos nós que o reservamos. Quando decidimos aceitar o convite do governo húngaro, Paulo escreveu para a Marta Marti, sua ex-namorada e, ainda e sempre, boa amiga, pedindo que nos encontrasse um hotel. A Marta vivia em La Chaux-de-Fonds, casada com um engenheiro relojoeiro chamado Fritz Marti, detentor da patente de um sistema antichoque para relógios utilizado no mundo inteiro – e, consequentemente, multi, super, hiper, megamilionário. Claro que, para a Marta, essas diárias devem ter parecido "baratinhas", mas, para a gente...! O nosso susto, porém, não durou muito tempo. Marta veio ao nosso encontro e almoçou conosco – pão, frios e leite: as nossas costumeiras refeições desde que havíamos aportado à Europa. Conversa vai, conversa vem, ela nos disse que, enquanto estivéssemos na Suíça, seríamos seus hóspedes e todas as despesas correriam por sua conta. Em compensação, dentro de alguns anos, ela e o marido viriam ao Brasil e, então, seriam nossos hóspedes.

Aqui, é preciso dizer que a Marta já havia estado no Brasil uma vez, nos visitando, sozinha. Quando ela escreveu que viria ao Rio, dona Gisela e as minhas cunhadas entraram em pânico.

– O que é que essa mulher vem fazer aqui? Isso vai dar confusão de novo! Por que é que ela não deixa o Paulo em paz?

– Calma, gente – eu as tranquilizei. – Sei que foram namorados, mas águas passadas não movem moinho.

Eu sabia de toda a história do namoro tempestuoso do Paulo com a Marta, sua aluna no Ginásio Israelita em Budapeste. Pelas próprias palavras do Paulo, este tinha sido o maior amor de sua vida até então, amor este que acabou sucumbindo à oposição de ambas as famílias. Vai ver, as famílias tinham razão, porque os pais da Marta eram riquíssimos e criaram a filha com grande luxo e a mimaram além da conta. Casando-se com um "reles" professor, ela teria que se adaptar a uma vida cheia de restrições ditadas pelas modestas condições financeiras do marido. A minha sogra e o meu sogro, por outro lado, temiam que aquela princesinha fosse infernizar a vida do Paulo com exigências descabidas, incompatíveis com os seus parcos proventos daquela época, que nada permitia supor que fossem melhorar significativamente no futuro.

O fato é que Marta acabou se casando com um homem rico, que, ainda por cima, era inteligente e boa praça, e Paulo acabou se casando comigo. Pela minha avaliação, tudo acabou bem. Das cinzas daquela grande paixão, sobrou uma grande e sólida amizade – olha eu aqui divagando de novo.

Depois do almoço, fomos ao endereço onde devia ser o Consulado do Brasil, mas a informação que tínhamos estava errada. Lá não era o Consulado, mas sim a Delegação do Brasil junto à ONU. O erro valeu porque, lá, encontramos, com surpresa, o János Lengyel, jornalista amigo do Paulo que era adido de imprensa, e, logo depois, o João Cabral de Melo Neto, poeta e também amigo do Paulo que era conselheiro da delegação. Tomamos um cafezinho brasileiro e conversamos um pouco com eles. O João Cabral estava muito alarmado e pessimista. Tinha receio por causa da nossa viagem à Hungria, mas, àquela altura, nós não podíamos fazer outra coisa a não ser viajar.

SUÍÇA

No dia 18 de abril, partimos no carro da Marta para La Chaux-de-Fonds. O carro, um Lincoln Continental, era um espetáculo: só faltava andar sozinho, sem motorista, porque, de resto, ele sabia tudo. Viajando nele, tínhamos a sensação de estar num barco, ou voando. A gente não ouvia o motor e o carro parecia deslizar e não rodar como os outros.

Almoçamos no caminho, em Ouchy, um subúrbio de Lausanne, e chegamos a La Chaux-de-Fonds por volta das cinco da tarde. Tínhamos um quarto reservado no hotel La Fleur de Lys. Marta foi para casa, e o senhor Marti veio nos buscar daí a uma hora para irmos jantar na casa deles.

E que casa, minha gente! La Chaux-de-Fonds era uma "pequena grande cidade". Tinha cerca de 40 mil habitantes, mas parecia bem maior. Era um caso parecido com o de Fiume, minha cidade natal, igualmente cosmopolita. Além disso, era a cidade mais alta da Suíça, com seus mil metros de altitude. Pois a casa da Marta, situada na encosta de uma colina, ficava ainda cem metros acima do nível da cidade. Superconfortável, bem decorada, a casa dos sonhos de qualquer cidadão. Nós ficamos felizes em constatar que nossos amigos viviam tão bem. Eles, por sua vez, foram amabilíssimos e nos cobriram de gentilezas. Durante toda a nossa permanência na Suíça, nos levaram para passear pelo país e nos fizeram conhecer não apenas as rotas turísticas, mas os lugares favoritos dos próprios suíços.

Assim é que fomos parar em Friburgo, de onde imigraram, no século XIX, as famílias que colonizaram a nossa Nova Friburgo. Essa cidade muito, mas muito bonita mesmo, tem uma parte alta e uma parte baixa, como Teresópolis. Paramos na estação da estrada de ferro, na parte alta, onde havia um ótimo restaurante. Terminado o almoço, Paulo chamou o gerente e explicou a ele que éramos de Nova Friburgo, do Brasil, que tínhamos vindo à Suíça especialmente para visitar a velha Friburgo e que, por isso, desejaríamos levar como lembrança um cinzeiro do restaurante e um cardápio assinado pelo proprietário e por ele. Naturalmente, nós pagaríamos por esses objetos. Mas o gerente ficou encantado por encontrar gente da cidade irmã e, além do cardápio e de alguns cinzeiros, ainda nos deu quatro toalhinhas de jogo americano, impressas com o mesmo motivo do cardápio. Dali a pouco, apareceu o proprietário em pessoa, que mandou nos oferecer licores e bateu um bom papo conosco.

No Brasil não haveria nada demais numa história dessas, porque brasileiros sempre conversam entre si e são naturalmente hospitaleiros, mas os suíços não apenas são mais retraídos, como não costumam ser conhecidos pela generosidade. Marta ficou pasma com o que lhe pareceu ser um verdadeiro milagre.

No dia seguinte, despedimo-nos da Marta e, como previsto, embarcamos, sem complicações ou atrasos, no famoso Arlberg Express. Por sorte, ficamos sozinhos no nosso compartimento. Aliás, estávamos quase sozinhos no trem inteiro. Dos mais de cem lugares do nosso vagão, só havia mais quatro ocupados. As paisagens sucediam-se maravilhosas. Durante a mesma viagem, chegamos a ver outono, inverno e primavera. O ponto culminante foi a passagem pelo Arlberg, onde, três dias antes, recomeçara a nevar, depois de a neve já ter derretido toda. Nós passamos no meio da neve. Em Sankt Anton, o trem parou o suficiente para descermos rapidamente e pegarmos a neve na mão: o Paulo fez uma bola de neve, jogou em mim e pulamos de volta para o vagão.

O destino nos concedeu três minutos para matarmos as saudades da neve, que não veríamos nunca mais.

Paulo no interior do Arlberg Express, 1964.

ÁUSTRIA

Chegamos em Viena. O Paulo escrevera ao Collegium Hungaricum, onde deveria pronunciar uma palestra, para caso quisessem nos esperar na estação, dizendo que poderiam nos identificar pelos seguintes sinais: ambos éramos baixinhos, sendo que ele traria uma maleta de mão azul e eu um guarda-chuva vermelho. Mas, logo que descemos do trem e carregamos as malas até plataforma, apareceu um carregador que, com a velocidade de um raio, pegou todos os nossos pertences e já tocou com eles para saída da estação. Quando nos demos conta, estávamos sem os sinais mais importantes de reconhecimento. Fomos então para a saída. Eu fiquei tomando conta da bagagem e Paulo foi procurar, num catálogo telefônico, o endereço do Collegium Hungaricum. Na sua ausência, dois cavalheiros começaram a me rondar, examinando-me com curiosidade. "Só me faltava essa!", pensei com os meus botões, "Esses caras querem mexer comigo e o Paulo não está aqui. Que chateação!" Dali a pouco, voltou o Paulo: "Já sei o endereço!" e chamou um táxi, quando um dos cavalheiros se aproximou e perguntou se, por acaso, ele não seria o professor Paulo Rónai. À resposta afirmativa, disse que vinha do Collegium Hungaricum e que já estava com um carro para nos levar ao Hotel Regina, onde o embaixador da Hungria mandara reservar um quarto para nós.

Nós subimos ao nosso quarto, que, já na entrada, era algo de imponente: tinha uma porta de 2 metros de largura por 3 metros de altura que se abria em duas folhas. E que quarto! Ele media 7,5 metros por 12 metros. Sei disso porque me dei ao trabalho de medi-lo cuidadosamente e desenhar sua a planta, porque, contando assim, ninguém acreditaria. O pé direito devia ter uns 5 metros e o teto era todo trabalhado com sancas e florões, em parte dourados. Havia duas camas de casal, uma ao lado da outra, que pareciam pequenininhas, perdidas no meio daquele quartão enorme. Ainda bem que, apesar do tamanho, o aquecimento dava conta do recado.

O nome da praça onde ficava o nosso hotel era praticamente um resumo da história recente. Ela se chamava agora Roosevelt Platz, mas antes havia sido Göring Platz e, antes disso, Freiheit Platz e, ainda antes, Wotiv Platz. Nela havia uma passagem subterrânea enorme, e havia de tudo lá embaixo: pequenas lojas, telefones públicos e uma série de máquinas automáticas onde se podia comprar sanduíches, bebidas, torradas quentes ou frias, sorvetes, frutas e leite, tudo, tudo. Escadas rolantes levavam a gente para baixo e para cima e havia algumas linhas de bondes também, cujo ponto era lá embaixo, de maneira que, volta e meia, aparecia ou sumia um bonde de baixo da terra. Nunca tínhamos visto nada parecido.

28 de abril de 1964, terça-feira: fazia exatamente um mês que tínhamos saído do Rio no dia em que chegaríamos a Budapeste. Paulo tinha dormido mal a noite inteira por causa da emoção e da expectativa. Eu dormi bem, obrigada. Acordamos cedinho e fomos de táxi para Kärtner Straße para fotografar a loja do senhor Lukács, nosso amigo joalheiro que emigrou para o Brasil fugindo do nazismo. A sua joalheria deveria se encontrar no número 28. Enquanto eu fotografava, Paulo tentaria obter informações nas lojas que ficavam ao redor mas ninguém se lembrava de mais nada. Em um dos locais em que Paulo perguntou, a moça perguntou há quanto tempo existira a tal joalheria. Ao ouvir a resposta, "há uns trinta anos", disse com um sorriso: "O senhor está me superestimando!"

É impressionante o súbito ataque de amnésia de que os europeus vieram a sofrer logo depois da guerra, em 1945. Ninguém mais se lembrava da família de judeus, moradora do apartamento ao lado durante trinta anos, que sumiu de repente. Tampouco se lembravam dos donos judeus das várias lojinhas, que também sumiram de repente. Não se lembravam dos companheiros de turma judeus, que se sentavam no banco ao lado deles durante anos e, de repente, desapareceram. Cheguei a desconfiar de que, de repente, a doença de Alzheimer fosse contagiosa e os europeus não estavam se dando conta da terrível epidemia que passaram a sofrer.

Voltamos ao hotel, pegamos as nossas malas e fomos para a estação, onde o trem já nos esperava. Tínhamos ainda uma meia hora antes da partida e ficamos olhando o movimento dos passageiros, nervosos, agitados, falando quase todos em húngaro. Na nossa cabine, subiu um casal idoso de Israel com quem Paulo fez camaradagem e com quem ficamos conversando por um tempo.

De repente, passamos pela fronteira húngara. Ela era marcada por uma cerca dupla de rede de arame, interrompida, volta e meia, por algumas torres de onde, com certeza, vigiavam as pessoas que queriam entrar ou sair sem permissão. No local em que o trem passava, havia um guarda tomando conta.

Curioso é que a gente não sentiu nada, diferença nenhuma na alma. Continuamos, no trem, a nos sentir exatamente como nos sentíamos um quilômetro antes, na Áustria.

HUNGRIA

Bem, como Deus quis e, com uma hora de atraso, chegamos ao Keleti Pályaudvar, a Estação do Leste, em Budapeste. Estavam nos esperando a senhora Székács, o senhor Paulo Nyíri e outra senhora cujo nome não me recordo. Foram muito amáveis e nos levaram ao hotel. Incumbiram-se de tirar do depósito, no dia seguinte, aquelas malas que havíamos remetido com antecedência. Disseram ainda que o diretor do Instituto de Relações Culturais (IRC), o dr. Beöthy, viria mais tarde nos visitar. Quando foram embora, subimos ao nosso quarto, onde encontramos um bonito ramo de cravos com um cartão do dr. Beöthy. Mal tivemos tempo de desfazer as malas e mudar de roupa, e o próprio chegou. Descemos ao saguão do hotel para tomarmos um cafezinho e conversarmos com ele.

Fomos visitar, em seguida, a tia Serena, irmã da dona Gisela. Ela e o Paulo choraram de alegria e se abraçaram no reencontro após vinte e três anos. Ela nos ofereceu biscoitinhos, que tinha comprado na confeitaria Gerbeaud, a mais famosa da cidade, especialmente para a ocasião. Mostramos a ela as fotos das crianças e da nossa casa. Ela, por sua vez, nos mostrou seus álbuns de família. Nesse ínterim, comecei a sentir muita dor de cabeça. Disfarcei enquanto pude, mas afinal pedi licença e me deitei no sofá enquanto Paulo e a tia conversavam baixinho trocando lembranças de parentes e amigos.

Para voltarmos ao hotel não encontramos táxi e eu mal conseguia ficar de pé. Tossia com engulhos a cada instante. Conseguimos, enfim, embarcar em um bonde e fomos até um lugar onde havia ponto de táxis. Paulo ainda me comprou um ramalhete de lírios do vale – os primeiros em mais de duas décadas! – e eu nem tive vontade de cheirá-los de tão mal que estava passando.

Pegamos o táxi e, finalmente, chegamos ao hotel. Mal deu tempo de subirmos ao quarto e eu já estava vomitando copiosamente no banheiro. Foi o que me adiantou, porque melhorei em seguida e consegui pegar no sono.

No dia seguinte fomos ao escritório do IRC, onde tínhamos encontro marcado com o senhor Nyíri, a senhora Székács e a outra senhora, que nos receberam na estação de trem, para combinarmos em linhas gerais os programas para nossa estadia de 20 dias. Antes de iniciarmos a conversa, o senhor Nyíri disse que poderíamos recusar qualquer programa

Paulo e Nora, em Budapeste, 1964.

de que não gostássemos e pedir qualquer coisa ou programa que quiséssemos especialmente. Eu pedi que me procurassem o tio Kovacsics, meu professor no quarto primário. Paulo também pediu notícias de alguns amigos e conhecidos dos quais nunca mais ouvira falar. O pessoal era extremamente gentil, discreto e generoso conosco. Só faltava mesmo nos carregar na palma da mão.

 À tarde fomos à universidade, onde Paulo fez uma palestra sobre a vida no Brasil para os alunos de italiano do seu amigo Tibor Moricz e, de lá, voltamos ao IRC, onde houve um coquetel e uma reunião dos alunos latino-americanos e dos de língua espanhola e italiana. No coquetel, encontramos três alunos brasileiros. E, por fim, veio conversar conosco uma garota bonitinha e simpática, filha de amigos de longa data do Paulo, que ficou muito feliz com o encontro.

 Como a casa da tia Serena era lá por perto, ainda fomos vê-la por um tempinho antes de voltar ao hotel. Ela ficou radiante! Deu-nos algumas fotos da família das quais tinha cópias e um bordado feito em 1871 pela mãe dela, avó do Paulo.

No dia seguinte, de manhã, fomos recebidos pelo decano da faculdade de Filosofia. No meio da conversa, ele descobriu que já conhecia Paulo de antigamente, quando trabalhava na revista do Arquivo Nacional, para a qual Paulo tinha feito uma tradução. Logo ficou muito animado e queria convidar o Paulo para uma temporada de seis meses, com o intuito de que implementasse um curso de português brasileiro na faculdade. Nem sei por que esse projeto não foi adiante, mas suponho que a causa mais provável tenha sido a incompatibilidade dos sistemas políticos vigentes nos dois países naquela época.

Fomos, em seguida, para a seção de Espanhol, onde o Paulo fez mais uma palestra sobre literatura brasileira, contando seus primeiros encontros com ela. Nesse contexto, mencionou seu livro *Brazilia uzen, Mensagem do Brasil* e lamentou não poder mostrá-lo, já que muito tempo havia se passado desde a sua primeira e única edição em número limitado de exemplares. Foi aí que uma das estudantes se levantou e exibiu o livro que o Paulo outrora havia dedicado à sua mãe. Foi um sucesso!

Entre o mundo de gente que acorreu para felicitá-lo depois, estavam velhos amigos de juventude, com quem marcamos jantar, e um senhor Sátor, que morava no Brasil e era dono de uma excelente confeitaria húngara em Laranjeiras. Naturalmente, tivemos que marcar encontro com ele também.

Estou contando tudo isso para vocês verem como as tarefas e obrigações sociais iam se avolumando a cada encontro. Parecia bola de neve. Almoços, jantares e recepções de todos os tipos se sucediam. Além delas, havia os pequenos transtornos comuns de viagens. O tal dente que incomodara o Paulo na França quebrou-se novamente e tivemos que incluir algumas horas com o dentista na agenda.

Onde podíamos, encaixávamos programas com os parentes que ainda viviam em Budapeste. Uma tarde, levamos os tios Alexandre e Irene e a tia Serena à opera, e fomos buscá-los de taxi. Tio Alexandre já nos esperava na porta. Ficamos felizes de nos revermos. Fomos entrando. O apartamento era um mimo, bem arrumadinho e decorado com gosto. Tia Irene me abraçou, parecia que não me largaria mais. Apesar de o táxi estar esperando, ela ainda trouxe cafezinho e biscoitinhos que havia feito. Depois, me ofereceram uma rosa de porcelana feita pela famosa fábrica de Herend. Tia Irene ainda embrulhou para nós vários biscoitinhos e só depois é que pudemos retornar ao nosso táxi. Os tios Déry e eu descemos na esquina do teatro e Paulo ainda foi buscar a tia Serena.

O programa daquela tarde constava de três peças de Bartók: dois balés magníficos e uma cantata que não me agradou tanto. Os cenários eram bons, mas a música, forte demais, não permitia ouvir bem o canto, de modo que nenhum de nós conseguiu entender o que estava acontecendo no palco.

Mais tarde, deixamos a tia Serena em casa e seguimos para um café, onde ficamos conversando até altas horas sobre a vida na Hungria e no Brasil e as nossas lembranças antigas. Também trocamos muitas piadas políticas.

REVENDO A FAMÍLIA

Dia primeiro de maio de 1964, sexta-feira: esse dia era normalmente festejado na Hungria, bem como nos outros países-satélites comunistas. Sei, sei que aqui no Brasil também, mas lá festejava-se com mais pompa e alarde. Pois fomos convidados a uma tribuna especial para assistir ao desfile. Esse não era militar, mas civil; os operários e operárias, mais os funcionários e famílias de todas as fábricas endomingavam-se, pegavam bandeirinhas, flores e enfeites alusivos à sua profissão. Desfilavam em grupos, na frente dos quais levavam cartazes explicando à qual fábrica pertenciam. Antes do desfile, os clubes esportivos fizeram demonstrações de ginástica em grupo. Do alto-falante, ouviu-se, primeiro, um discurso saudando os operários, depois, músicas que acompanhavam os exercícios e os desfiles.

O *speaker,* de vez em quando, explicava que o grupo que estava desfilando havia ganho tais e tais prêmios de produção e de qualidade. Muitíssima gente assistia à festa, acho que mais gente do que no Brasil no desfile de 7 de setembro. Antes de sair para o desfile, dr. Beöthy, que foi nos buscar, perguntou se nós não nos incomodaríamos caso ele trouxesse consigo uma amiga, esposa do poeta Alajos Kannás. Naturalmente, nós não nos incomodamos e, assim, viemos a conhecer uma moça extremamente simpática com quem fizemos grande camaradagem. Ao saímos do desfile, dr. Beöthy nos levou à confeitaria Vörösmarthy, a antiga Gerbeaud, que todo mundo continuava (e continua) a chamar de Gerbeaud mesmo. Boa comida, boa conversa e, no fim, quando íamos saindo, nos trouxeram ainda dez doces de presente. Levaram-nos depois à Citadella, forte antigo em cima de um morro. De lá, descortina-se uma vista muito bonita para toda Budapeste. É uma espécie de Corcovado de lá, um pouco mais baixo e um pouco mais perto da cidade. Em vez do Cristo Redentor, um monumento aos soldados russos que perderam a vida para libertar os húngaros do jugo alemão.

Depois de almoçarmos no hotel, vieram nos visitar meus tios Estevão e Elvira, irmã da mamãe. Eu achei meu tio mais parecido com o falecido pai dele do que com ele próprio, da maneira como sobrevivia na minha memória de quase trinta anos antes. A tia Elvira não mudara tanto assim. Estava, naturalmente, um pouco mais velha, e os cabelos de ambos já haviam ficado encanecidos. Estavam meio que ofendidos por eu não os ter procurado logo no primeiro dia de nossa chegada. Note-se que, naquele dia, chegamos de tarde, cansados da viagem. Telefonamos no segundo dia, mas o nosso programa já tinha sido elaborado pelos nossos anfitriões e com uma generosidade e uma dedicação tais, que não nos sentimos à vontade para recusar qualquer uma de suas iniciativas. E então, cá estávamos nós recebendo os tios com alegre antecipação desse encontro. Mas eles estavam magoados! Convivendo com senhoras da colônia húngara no Rio, percebi que isso, de se ofender por qualquer coisa, era uma maneira de convívio social. Levei anos da minha juventude me sentindo sempre culpada em relação a elas.

Mas agora eu também me tornara uma senhora. Nos meus cabelos já despontavam aqui e ali uns fios brancos. Fiquei fria, portanto, e expliquei, com jeito e carinho, a situação. Com a conversa, mais tarde, sentiram que não éramos tão ruins assim e parece-me que nos perdoaram. Ficaram bem amigos do Paulo, mas cá entre nós, quem não ficaria?

Jantamos no hotel com a nossa nova amiga Gisela Kannás e, depois, fomos à casa do Carlinhos, primo do Paulo. Ele e sua mulher, Magda, receberam-nos com carinho e simpatia, o que, confesso, não esperava, dado que eles nunca nos haviam escrito cartas. Parece, porém, que estavam realmente tão ocupados, trabalhando tanto, que não conseguiam tempo nem energia suficientes para a correspondência. Logo no primeiro andar do mesmo prédio, havia um nome na porta: dr. Júlio Benkö. Este foi colega e amigo do Jorge, irmão do Paulo. O apartamento do Carlinhos era espaçoso, mas, como todos os interiores que havíamos visto até então na Hungria, estava um tanto deteriorado. As filhinhas deles eram muito simpáticas e disciplinadas. Levamos balas e chocolates para elas, mas elas não abriram os pacotes. Entregaram-nos imediatamente para a mãe, para que fizesse a divisão no dia seguinte.

Carlinhos, que era pesquisador, era muito inteligente e tinha uma vasta cultura não apenas científica mas também literária. Eu tinha combinado com o Paulo de só marcar novo encontro com eles caso nos resultassem simpáticos. Pois ficamos na casa deles até depois da meia noite e, claro, marcamos o novo encontro.

Apesar de termos dormido tarde, tivemos que acordar cedo no dia seguinte, porque tínhamos bilhetes para uma *city tour*. Diziam que era lindo fazer aquele passeio de ônibus aberto, mas o tempo estava tão frio que nos levaram de ônibus fechado. Uma moça deveria nos explicar tudo, mas, antes, quis saber se todo mundo entendia inglês, porque havia três passageiros que só falavam aquela língua e não entendiam nenhuma outra. O resto da turma não sabia inglês. Então, ela perguntou pela língua alemã. Dois senhores se pronunciaram, o resto neca. Só se entendia húngaro. Assim, pois, a pobre teve que pelejar nas três línguas e, ao mesmo tempo, tomar conta de um garoto de seus sete ou oito anos que lhe fora confiado. Dava pena olhá-la e ouvi-la, mas eu não a ouvia, porque o Paulo me explicava as coisas de maneira muito mais interessante.

Quando chegamos à Igreja de Matias, a guia disse que ficaríamos ali meia hora e, depois, iríamos à Citadella. Mas nós já havíamos visitado aquela fortificação. Então, nos despedimos do pessoal e ficamos passeando por lá, independentes deles. Entramos numa pequena confeitaria chamada Russwurm. Uma linda confeitaria antiga, com o teto abobadado. Ao sairmos, continuamos o passeio. Pegamos um ônibus para voltar à cidade. O ponto final desse ônibus era perto de onde morava a tia Serena e Paulo queria dar um pulinho na casa dela para levar uns doces que havíamos adquirido na confeitaria. Aproveitamos o passeio para fotografar as casas onde minhas cunhadas Clara e Eva haviam trabalhado e aquela em que morava a tia Serena.

Enquanto estávamos assim ocupados, eu fotografando e Paulo me mostrando o que eu deveria retratar, uma senhorinha se aproximou e perguntou se estaríamos procurando alguém. Começamos a conversar e descobrimos que ela tinha sido vizinha da dona Gisela, minha sogra, de 1911 até 1920. Seu pai tivera uma oficina de gravador na casa vizinha, mas, depois que estatizaram a oficina e levaram suas várias máquinas, ele definhou e acabou morrendo. Aí o Paulo se lembrou, de repente, de uma tabuleta que sempre via quando era criança e exclamou: *"Felsenfeld Rudolf Vésnök!"* (Rodolfo Felsenfeld, gravador). A senhorinha caiu em prantos:

– Venham – disse –, a tabuleta ainda está lá! Esqueceram-na! Vou lhe mostrar – e fomos todos ver, na casa vizinha, a tabuleta.

Enquanto Paulo subia para falar com sua tia, eu fiquei conversando com a senhorinha. Ela me contou que, em 1930, esteve nos Estados Unidos, mas, como o seu visto era de turista, decidiu voltar. E lamentou muito ter voltado: se, naquela hora, tivesse tido mais coragem e tivesse ficado nos EUA, mesmo que de maneira ilegal, poderia ter salvo, talvez, grande parte de sua família, que assim pereceu toda. No entretempo, Paulo voltou. A senhorinha ia na mesma direção que nós. Decidimos, então, tomar juntos o ônibus. No caminho para o ponto, ela insistiu para que fôssemos visitá--la. Agradecemos, mas explicamos que tínhamos tantos compromissos combinados de antemão que não nos sobraria tempo para atendê-la, por mais que quiséssemos.

Então estávamos a uns trinta metros do ônibus e lá vinha o veículo. Eu corri para estar no ponto e pará-lo quando chegasse. De fato, consegui pará-lo e subi. Paulo e a senhorinha corriam como podiam e estavam a uns vinte metros. O ônibus quis avançar, mas eu pedi à trocadora que mandasse esperar, pois lá vinha meu marido com uma velhinha. O ônibus parou e esperou os dez segundos necessários para que eles o alcançassem. Aí, os passageiros em peso, com incrível ódio na cara, com sangue nos olhos, fora de si, começaram a brigar comigo.

– Isso não se faz, é um desaforo!

Eu fui para o fim do carro para não ter que ouvi-los. Lá, vários homens recomeçaram:

– Da próxima vez, vamos ter que esperar até a vovozinha se vestir em casa!

Não aguentei mais:

– Desculpe-me – disse -, eu não conheço os costumes daqui, estou há dois dias em Budapeste, não farei mais isso. Na minha terra, o ônibus para no meio do caminho para que uma pessoa idosa possa subir e se, por acaso, o motorista não tiver percebido a pessoa, os passageiros pedem para ele parar. Isso que eu fiz, lá não é contravenção, é um comportamento comum, normal, acontece todo dia.

Aí os homens, um tanto mais apaziguados, perguntaram-me se eu tinha ido embora da Hungria há muito tempo, pois o meu sotaque ainda continuava perfeito. Foi quando dei o golpe final:

– Eu não sou húngara, estou aqui pela primeira vez. Queria conhecer a terra natal do meu marido. Sei falar húngaro porque sou casada com um húngaro de nascimento. Eu vim do Brasil, do Rio de Janeiro.

O pessoal no ônibus ficou visivelmente com cara de tacho. Os homens ensaiaram um sorriso amarelo e disseram que estavam só brincado porque, "aqui em Budapeste", não era costume fazer o que eu havia feito e, portanto, eles estranharam "um pouco" a minha atitude, mas que absolutamente não tinha importância, não fazia mal. Pelo que todos os nossos conhecidos e amigos comentaram, o pessoal de Budapeste e, em geral, da Hungria, era supergentil com os estrangeiros, mas tornava-se boçal ao quadrado em relação à família, isso é, aos concidadãos húngaros. Pelo meu sotaque, pensaram que eu fosse húngara e me trataram de acordo. Isto foi uma ótima lição que levaram. A senhora Felsenfeld comentou, ao descermos, que, se eu tivesse pedido que esperassem em italiano, alemão, inglês ou mesmo em português, eles teriam esperado de bom grado, até uma hora.

No hotel, enquanto estávamos à mesa, vieram nos chamar, porque havia uma ligação telefônica para o Rio. Aqui devo explicar que, ao voltarmos para o hotel, depois do desfile do dia primeiro de maio e da visita à Citadella, com o dr. Beöthy, este insistiu mais uma vez, como várias vezes já havia feito, para que fizéssemos um telefonema para o Rio. Nas primeiras vezes, nos abstivemos de aceitar suas sugestões; não queríamos dar uma despesa dessas. Naquela época, uma ligação internacional Budapeste-Rio era caríssima. Mas, dessa vez, o próprio dr. Beöthy se dirigiu à recepção e fez o pedido para chamarem Rio de Janeiro, no domingo às nove horas do

Rio, com aviso prévio no sábado. No hotel, ou na telefônica, não sei, fizeram uma confusão e completaram a chamada no sábado. Ainda bem que estávamos no hotel. Infelizmente, porém, meu pai e as meninas não estavam em casa, pois tinham ido para Nova Friburgo. Só pudemos falar com meus cunhados Américo e Clara e com a minha sogra. Deles soubemos que meu pai e as crianças estavam bem, divertindo-se na casa de campo. Saímos correndo, depois do almoço, para visitar a tia Elvira e o tio Estevão. Da casa propriamente não me lembrava de mais nada, a não ser um ou outro quadro na parede. Eles guardavam muitas fotos do Lali e do Giorgio e uma em que os dois primos estão juntos. Tio Ladislau e tia Flora estavam lá. Tio Ladislau ficara bem mais magro e não conservara nada da jovialidade e da alegria de outrora. Em compensação, tia Flora foi mais agradável e simpática do que eu esperava, tendo em vista minhas recordações de infância. Tenho que confessar que ela tinha mais simpatia do que a tia Elvira. Esta última conservava sempre algo de ofendido e de ressentido nas feições. Pode até ser que fosse sem ela querer, coitada, mas era indubitavelmente assim. Até o Paulo chegou a observar isso.

Depois da visita fomos ao Teatro Nacional ver a peça *José II*, de László Németh. Os atores eram ótimos, a encenação idem e a própria peça não teria sido má, só que tinha muita discussão política e filosófica e pouca ação. Era o tipo de peça que deveria ser lida e não representada.

No dia seguinte, fomos novamente ao teatro. Dessa vez, o Atila József, situado na Váci-út, no início do que antigamente era Angyal Föld, um bairro extremamente pobre, mal frequentado e perigoso. Ninguém jamais teria pensado em construir um teatro naquele lugar. E, no entanto, estava cheio de gente e o público reagia com inteligência e sensibilidade à peça. Curiosamente, o tema era o mesmo nas duas peças e os títulos quase iguais: essa chamava-se *Imperador José II*, mas era de autoria de Dezsö Szomory. Os atores igualmente impecáveis. Havia um cenário só, muito bom. A peça era muito mais movimentada do que a do dia anterior e, principalmente, os diálogos eram mais espirituosos do que os da outra. Ao sairmos no fim, havia uma porção de ônibus esperando pelo público. Achei muito engenhoso o sistema.

No dia seguinte, segunda-feira, fomos recebidos pelo professor Bognár, presidente da Associação Mundial dos Húngaros. Era uma pessoa relativamente jovem, de seus 45 anos, muito inteligente e, ao que me parecia, bastante bem informado em questões de economia política, até no que se referia ao Brasil. Ele tinha recebido um convite do Brasil para vir como conselheiro econômico, ou coisa que o valha, mas devido às repentinas e recentes mudanças, teria que esperar até que a poeira baixasse. Dali tocamos para a Associação Mundial dos Húngaros, onde nos aguardava o dr. Beöthy. Esse Beöthy era boa praça, inteligente, espirituoso, o tipo do boêmio que enchia os cafés de antigamente. Parece que ele gostava de verdade da gente. Esforçava-se até para adivinhar nossos pensamentos tudo o que poderia ter agradado ou ter dado prazer. Lembram que ele praticamente nos forçara a telefonar interurbano para o Rio?

Depois dessa visita, procuramos mandar revelar os filmes, pois já tínhamos cinco rolos completos. Mas eles não podiam fazer cópias, nem aumentar em formato quadrado, como eram as fotos tiradas pela Rolleiflex. Só trabalhavam com o formato 6x9. Como todas as outras cópias que me fizeram na França e na Suíça tinham 7,7x7,7, eu não queria, de repente, mudar de formato. Explicaram-me que cópias quadradas não se faziam em parte alguma da Hungria, pois as várias lojas eram todas filiais da mesma grande empresa estatal. O jeito foi, então, guardar os filmes, dominar a curiosidade e revelar mais tarde, quando voltássemos à França.

VIDA HÚNGARA

Para retornar ao hotel, pegamos um ônibus número 26. Já estávamos bem familiarizados com essa linha, que nos levava direto para o hotel. Lá, deveríamos encontrar para o almoço o escritor Alexandre Török. No ônibus, ainda lemos depressa uma revista *Família e Escola*, cujo editor era justamente o Török. Dentro da revista, havia uma carta que ele escrevera ao Paulo quando o deixou no hotel. Fiquei olhando a carta: que letras esquisitas! Ele não ligava uma letra com a outra, mas desenhava-as separadamente cada uma.

Chegados ao hotel, subimos ao quarto por alguns minutos, só para lavarmos as mãos, pentearmos o cabelo e nos tornarmos apresentáveis. Ao descermos, lá estava o Török nos procurando. Fizemos, imediatamente, boa camaradagem; digo, ele e eu, porque Paulo e ele sempre foram amigos.

Török nos contou que viera no mesmo ônibus, sentado atrás de nós, e viu com prazer que líamos a revista dele. Quando manuseamos sua carta, teve certeza de que se tratava mesmo de nós, mas não quis nos incomodar. Imaginou que nós haveríamos de querer subir ao quarto e por isso esperou. Ainda bem que não tínhamos comentado nada em húngaro, não é? Durante o almoço, Török nos contou, por alto, a vida dele e nós, por alto, a nossa.

A história dele era curiosíssima, tanto mais que nós ouvíramos vários casos semelhantes lá em Budapeste. Numa certa altura, ele e sua mulher haviam chegado à conclusão de que não podiam continuar juntos, apesar da amizade que os unia, e, portanto, se divorciaram. Mas havia uma falta terrível de apartamentos na cidade e, como não conseguiram encontrar outro, continuaram a morar no mesmo, o Török num quartinho à parte. No entretempo, sua ex-mulher se casou outra vez, com um de seus amigos, e, devido à falta de apartamentos, ficaram os três morando sob o mesmo teto.

Despedimo-nos do nosso amigo, não sem marcar uma visita na casa dele. Fomos, em seguida, à casa de uma senhora que conhecemos na Embaixada do Brasil, dona Lucy Azambuja. Ela morava no prédio mais novinho e bem conservado que tinha visto, até então, em Budapeste, na Avenida dos Mártires. Por dentro, o apartamento, apesar de só ter móveis comprados lá na Hungria, era completamente brasileiro. Na vitrola, tocava baixinho um disco de Tom Jobim e Vinicius, cantado pela Lenita Bruno. Nas bandejas, pasteizinhos brasileiros. Gente, eu quase chorei!

Havia um pessoal internacionalíssimo no coquetel: o secretário da embaixada, brasileiro, com sua esposa alemã; uma amiga da dona Lucy, brasileira, com seu marido, um diplomata inglês; um grego; um francês; uma moça húngara, noiva de um francês; Gáldi, húngaro amigo do Paulo, e nós. Naturalmente, falou-se em tudo quanto é língua, até em italiano, pois a moça brasileira, amiga da dona Lucy, era filha de italianos radicados em São Paulo e o dr. Gáldi era também professor de italiano. Assim, formou-se um grupinho e ficamos batendo papo em italiano. Naquela noite, não jantamos, fomos dormir direto de tão cansados e empanturrados que ficamos.

No dia seguinte, por volta das 17h, chegaram ao hotel alguns ex-alunos do Paulo. Haviam pertencido a uma turma do ginásio israelita onde o Paulo ensinara durante quatro anos. Um deles era Nicolau Rózsa, diretor da maior rede de hotéis do país. Outro era Alexandre Varga, presidente da Companhia de Óleos Vegetais e outro ainda o senhor János Sipos, redator de um jornal. Todos os sobreviventes dessa turma, ao que parece, fizeram carreiras, conservaram a antiga amizade e encontravam-se frequentemente. Parece que foram eles que promoveram o nosso convite por parte da Associação Mundial dos Húngaros. Domingo à tarde, o diretor do hotel pediu para falar com o Paulo. Eu me assustei: será que fizemos algo de errado e ele quer nos chamar atenção?" Mas não, foi para avisar que o sr. Rózsa pediu que eles nos dispensassem tratamento excepcionalmente bom e o incumbiu de marcar uma hora em que o Paulo pudesse recebê-los, a ele e alguns colegas. Por isso o hotel havia reservado um dos pequenos salões para esse fim. E lá ficamos conversando, enquanto os garçons iam e vinham, querendo nos rechear que nem empadinhas.

Eram formidáveis esses rapazes, ex-alunos do Paulo. Todos da geração de 1920-1921, que nem meu irmão Giorgio. Mais tarde, veio também a senhora do Nicolau Rózsa. Ela já tinha ouvido falar tanto no Paulo, que afinal queria conhecê-lo. O Alexandre Varga contou que gostava muito do Paulo, ao ponto de chegar a sonhar com ele frequentemente. Circundaram-nos de tanto carinho, que é difícil descrever. Combinaram um segundo encontro no famoso Restaurante Gundel, onde tentariam juntar todos os ex-alunos e alunas, mesmo os de outras turmas. Também se incumbiram de nos levar a Veszprém no lugar da Associação Mundial do Húngaros, que havia planejado nos levar. Enfim, despedimo-nos, pois tínhamos que ir jantar na casa do Tibor Kardos. Alexandre Varga nos levou para lá, já que dispunha de carro oficial da companhia, com motorista.

O apartamento do Kardos era uma beleza. Primeiro apartamento de húngaro que vimos bem conservado, relativamente rico, de gosto fortemente artístico e individual. Os tecidos feitos a mão, sardos e húngaros, os livros e quadros bonitos, criavam um ambiente acolhedor. A mulher dele me recebeu com alegria e simpatia, como se eu fosse uma velha amiga. O casal tinha duas filhas adolescentes, bonitas e divertidas. Em particular a mais nova tinha um sorriso tão ingênuo e, ao mesmo tempo, tão traquinas, que não era possível deixar de olhá-la o tempo todo. Ela lembrava bastante a nossa filha Laura, no jeitão. O Paulo contava casos de professores e alunos da escola deles e o tempo passava agradavelmente, enquanto a senhora Kardos e as meninas nos tentavam com tortas e doces.

VIDA HÚNGARA

Eu me defendia com toda energia contra isso, porque, confesso, já estava ficando enjoada de tão cheia que estava. Já era mais do que meia-noite quando saímos de lá e, na rua, havia um vento cortante e frio, que fazia grande contraste com a salinha tão agradavelmente aquecida.

No dia seguinte, de manhã, ficamos em casa, porque eu precisava rever e organizar um pouco a palestra que iria pronunciar de tarde na Associação de Arquitetos. Antes de ir para lá, porém, passamos no dentista e, enquanto ele atendia o Paulo, fiquei conversando com uma paciente. Ela me contou que tinha que tratar os dentes com dentista particular, pois no OTI, espécie de INSS de lá, eles nem limpavam a cárie e obturavam o dente na mesma hora com uma porcaria qualquer que, dentro de um mês, caia de novo. Contou ainda que o máximo que o marido poderia ganhar era o ordenado teto de 2,4 mil florins e que viviam sem passar necessidade, porque ela também ganhava 1 mil e só tinham um filho. Mas que a vida deles era sem esperanças, pois os vencimentos do casal mal davam para comida, aluguel, gás, luz e primeiras necessidades. Guardar um pecúlio não podiam, nem conseguiriam jamais melhorar de situação. "Apesar disso gostamos daqui", ela disse, "é a nossa terra e já nos acostumamos a ela."

Finalmente, o Paulo apareceu de dente novo e pudemos seguir rumo ao Instituto de Arquitetura. Na frente do prédio, já nos esperavam os Déry. Esse casal era de anjos mesmo. Até para uma palestra tão chata eles foram, só para estarem conosco. Outro que nos esperava era o Gábor Molnár, um escritor cego que escreveu sobre as matas do Brasil. Apesar de não poder ver as projeções, ele foi só para me ouvir, e fiquei muito comovida.

Subimos para falar com o secretário. E quem é que nos esperava? Isto é, quem era o secretário? O Luís Csaba, um arquiteto que nós havíamos recebido e ciceroneado no Rio, por ocasião do Congresso de Arquitetura Industrial! Mundo pequeno. Achei-o muito emagrecido e torturado na cara, mas claro que não disse nada. Ele ficaria triste ao saber que até eu notara essa transformação. Tive, porém, certeza de que ele passou por alguma doença grave ou por uma provação terrível.

Na sala de conferências, já me esperava um público não muito numeroso, mas, de qualquer forma, bem maior do que costumava ser o público no Brasil em semelhantes ocasiões. Tia Serena também lá estava num dos assentos da frente.

A princípio, eu estava tão nervosa que mal conseguia respirar e tremia que nem vara verde. Mas, depois de alguns minutos, perdi o medo e a vergonha e mergulhei com audácia no meu assunto, que era os problemas práticos na construção comercial brasileira e suas possíveis soluções. O público reagia bem, mas eu não podia verificar isso, porque estava falando no escuro para que as projeções fossem visíveis. Lá para o fim, comecei a perceber pelos murmúrios e risinhos que a coisa estava agradando. No fim, bateram muitas palmas. Csaba agradeceu e disse que, se alguém quisesse, podia fazer perguntas. Começou, então, uma chuva de perguntas que eu, felizmente, pude responder sem dificuldade, de maneira que a palestra acabou numa conversa entre amigos, a ponto de um dos presentes começar a me perguntar se eu tinha filhos, se meus pais viviam conosco, etc. Quando o pessoal se deu conta, começou a rir e o moço ficou meio sem jeito. Mas foi tudo muito espontâneo e engraçado.

Encerradas as perguntas, o pessoal bateu palmas de novo e veio um pequeno grupo ainda para dar os parabéns e conversar mais. Apareceu-me, assim, uma senhorinha de cabelos brancos:

– Não me reconheces, Norinha?
–???
– Eu sou a Maria Kály.
– Puxa!

Essa senhora, a "tia Maria", fora a minha professora de piano em Budapeste, de 1931 a 1935, e não me esqueceu. Fiquei tão emocionada! Um senhor se apresentou, mas eu esqueci seu nome, só sei que era pintor. Começou a me elogiar dizendo que eu era bonita, simpática, inteligente, etc. e tal... e que o meu marido era um felizardo. Ao que a tia Maria elogiava de volta, dizendo que eu fora uma menina admirável, e os dois ficaram lá compondo loas à minha grandeza. Não é mentira, não! Depois o tal senhor acabou dizendo que, se eu tivesse sido húngara e tivesse ficado na Hungria, certamente teria sido agraciada com o Prêmio Kossuth, o mais importante prêmio artístico do país. Isso se não tivesse acabado morrendo num campo de concentração – pensei com meus botões.

Ao despedirmo-nos, Csaba e um outro senhor entregaram-me um ramo de rosas e três exemplares de uma revista de arquitetura húngara. Combinamos também que, dali a dois dias, iriam me buscar no hotel para me mostrar algumas construções que julgavam relevantes.

Saindo do Instituto ficamos passeando um pouco. Na rua, de repente, uma senhora nos deteve:

– O senhor não é Pali (Paulinho) Rónai?
– E a senhora é a Elisabete Vámos! – respondeu Paulo, de bate-pronto.

Fiquei abismada. Como é que pode? Esses dois haviam sido companheiros de brinquedos quando tinham nove ou dez anos de idade! E eu que, às vezes, não reconheço amigos que encontrara anteontem! Aliás, essa foi a primeira vez que reconheceram o Paulo, assim sem mais nem menos, na rua.

No dia seguinte, era o Paulo que devia dar uma palestra na Associação de Professores, sobre o ensino secundário no Brasil. Da embaixada, mandaram-nos 200 folhetos sobre o Brasil, que o Paulo ia distribuir nas suas conferências.

Já estava em cima da hora quando pegamos um táxi. Era uma moça, a motorista. Nós demos o endereço: Gorki Fasor, 10. Ela pensou um pouco e disse que não sabia onde era. Paulo explicou que era chamada só de Fasor (Alameda), mas, mesmo assim, ela não sabia. Meu marido, paciente que só ele, entrou no hotel e perguntou na portaria como se ia até lá. Recebida a informação, voltou e transmitiu-a à motorista. Mas ela ignorava até as avenidas principais por onde teríamos que passar. Paulo, então, disse:

– Entre, por enquanto, pela Ponte Árpád (a de cima).

Aí a motorista pegou a ponte Margarida (a de baixo):

– Mas, moça – reclamou o Paulo –, eu pedi a Ponte Árpád!
– Que ponte é essa? Eu não conheço. O senhor sabe, hoje é o meu primeiro dia de trabalho como motorista de táxi e estou estreando com os senhores. Bem que eu temia este momento. O senhor sabe, antes eu tinha sido motorista dos correios e conheço perfeitamente Nagy Tétény, mas aqui não conheço nada.

Isso era como se, no Rio, ela dissesse que conhecia Cachoeiras de Macacu:

– Lamento muito, minha filha – disse Paulo –, mas agora não posso ir a Nagy Tétény, tenho que ir à Gorki Fasor, 10.

Procura daqui, procura dali, acabamos chegando, se bem que levemente atrasados. Ao descermos do táxi, esperavam-nos na porta duas ex-colegas do Paulo e, com a ajuda delas, começamos a tirar os folhetos do carro. Por acaso, passava pela rua, exatamente nesse momento, um adido da Embaixada da França que havíamos visitado pela manhã. Ele estava acompanhado por um casal. Nos cumprimentamos e a senhora exclamou:

– Meu Paulinho, você não me reconhece?

Era uma outra amiga dos velhos tempos, Lola Fehér. Os dois conversaram um pouco e, assim, chegamos ainda mais tarde. Quando entramos, havia muita gente no salão, pessoas de todas as idades. Eram velhos amigos, colegas, seus filhos e alunos dos alunos do Paulo. Os da geração mais nova traziam, todos, ramos de lilases na mão. Fomos recebidos com muitas palmas. Paulo proferiu a conferência de cor, usou apenas umas pequenas anotações para não perder o fio da meada. O interesse foi muito grande, e o êxito também. Depois todo mundo veio conversar com ele, até uma senhorinha, bem velhinha, misteriosa, que nem Paulo nem eu sabíamos quem era. Todos queriam que fossemos visitá-los.

Em geral, não aguento bem vida social tão intensa. Já o Paulo vibrava com essas coisas e, claro, já tinha um jantar marcado com um casal de amigos, que vieram nos buscar. Àquela altura, eu estava com dor de cabeça e exausta e pedi que me deixassem no hotel.

No dia seguinte, tivemos que fazer programas separados. Paulo foi à Editora Corvina, enquanto eu fui fazer um tour com os arquitetos do Instituto. Visitamos um escritório técnico e vários conjuntos habitacionais, inclusive com visitas a apartamentos já ocupados, nos quais éramos invariavelmente bem recebidos pelos moradores. Por fim, fomos à Praça Maria Teresa, onde eu morara quando menina e que agora tinha um outro nome. Arrancaram de lá a estátua de Maria Teresa, porque eles tinham raiva dos Habsburgos. Também removeram vários reis Habsburgos do Milleniumi Emlék (Lembrança do Milênio). Esse monumento, construído em semicírculos, levava estátuas de todos os reis e heróis que durante os primeiros mil anos construíram e definiram os rumos da Hungria.

Na Praça Maria Teresa, entramos na escola onde eu cursara o quarto ano primário. Eu não me lembrava mais de quase nada, a não ser do alto relevo no portal com umas crianças dançando a ciranda. O Meggyesi, um dos arquitetos, foi à secretaria e descobriu o endereço do tio Kovacsics, meu muito, mas muito querido professor, justamente do quarto ano primário. Ele prontificou-se a procurá-lo em meu nome, para ver se ainda vivia e se estava em condições de me receber:

– Vou lhe fornecer de bandeja o tio Kovacsics – disse.

Eram uns amores, os rapazes. Tiramos fotografias da escola, da igreja da praça, depois do edifício em que moráramos. Entramos, em seguida, na rua Campo de Primavera, que depois de várias mudanças voltara ao seu nome original. Nessa rua, estava o ginásio que o meu irmão Giorgio frequentara e, quase em frente ao ginásio, o edifício onde havíamos vivido antes de mudar para a Praça Maria Teresa. Fotografei o ginásio do Giorgio e entrei um instante no edifício para dar uma olhadela. Logo apareceram duas velhinhas perguntando quem eu estava procurando. Expliquei do que se tratava: eu não procurava ninguém, procurava a mim mesma. Pois não é que elas se lembravam perfeitamente da nossa família? Perguntaram pela mamãe, por meu pai, pelo Giorgio:

– Menino inteligente aquele – explicaram aos dois arquitetos – viajava sozinho para Fiume e voltava sozinho trazendo aqueles pacotes.

Não sei de que pacotes falavam.

Perguntaram também pela tia Elvira. Mandaram muitas lembranças para meu pai, e eu tirei fotos delas também, não só do edifício. Voltamos correndo para o hotel, atrasados que estávamos de uma hora. Quase perdi o almoço, mas logo estava a caminho da Sociedade de Escritores, junto com o Paulo e um bocado de folhetos da Embaixada do Brasil. Nessa Sociedade, o Paulo pronunciaria uma conferência sobre literatura brasileira.

Novamente, havia um mundo de amigos e conhecidos, entre eles os Déry e, dessa vez, os tios Elvira e Estevão também. Enquanto o Paulo falava, eu escrevia os nomes que ele mencionava na lousa. Foi um sucesso! Foi um delírio! Circundaram o Paulo: *"on se m'arrachait"*, poderia ele dizer em francês com toda razão e, naturalmente, outra vez, todo mundo queria se encontrar conosco. A velhinha misteriosa também estava lá e ficou me elogiando ao Alexandre Török:

– Olhe que face rendada ela tem. Eu ainda não vi semblante tão delicado, fino. Isto precisa ser desenhado.

Fomos jantar com um casal de amigos professores no Monte das Três Fronteiras e, felizmente, conseguimos chegar lá em cima ainda com luz para ver o crepúsculo e o acender das luzes na cidade. Foi muito bonito. Os lilases estavam em flor e o ar impregnado de perfume. Depois do jantar, fomos tomar uma saideira na casa desses amigos. O apartamento estava abarrotado de quadros, vasos *cloisonnés*, bustos de terracota e de mármore, lamparinas de igreja, livros, cortinas velhas e franjas. Numa palavra: era horrível. Como era possível que uma pessoa especializada em história da arte pudesse morar em semelhante bazar?! Mas foi uma noite de ótima conversa e saímos de lá bem tarde.

AS LEMBRANÇAS DA GUERRA

No dia seguinte, outra vez, fizemos programas separados. O Paulo foi à revista literária *Nagy Világ* (*Mundo Grande*) e almoçou com a tia Serena no hotel. Eu por minha vez fui já de manhã à casa dos tios Déry, que me mimaram demais: trouxeram dois penhoares quentes e fizeram-me vesti-los para que eu não me resfriasse. Tia Irene fez um ótimo almoço especialmente para mim e assou até uma torta em minha honra. Depois, começaram a me mostrar velhas fotos em que estávamos meu pai, mamãe, o Giorgio e eu junto com eles. Chegaram a me dar várias delas.

Eles também me contaram, primeiro aos poucos e meio timidamente, os acontecimentos da guerra, do cerco de Budapeste e da revolução. Quando um contava o outro dizia:

– Não conta isso agora, que não interessa. Deixa a Nórici (era assim que eles me chamavam quando eu era criança) contar sobre a vida deles no Brasil.

Mas, logo o outro continuava de onde o primeiro havia parado e, aos poucos, a história começou a sair aos borbotões sempre maiores até que, vencidos o recato e a autodisciplina, falavam os dois ao mesmo tempo e me contaram pela enésima vez os horrores que já tinha ouvido tantas vezes pelas cunhadas Clara e Eva, pela dona Gisela e por muitos amigos e conhecidos do Paulo já lá em Budapeste. Senti que contar os aliviava, então os encorajava com interjeições e pequenas perguntas de vez em quando. Contaram-me até sobre amigos e conhecidos que eu nem sabia quem seriam. Passou-se o tempo rapidamente. Despedi-me da tia Irene, e o tio Alexandre acompanhou-me até a casa da nossa amiga Vera Csillag, onde havíamos marcado encontro, o Paulo e eu.

Vera era tipógrafa e desenhista e nos mostrou as capas de livros e as ilustrações que produzira nos anos anteriores à nossa visita. Eram realmente notáveis. Mas, logo, tivemos que nos despedir e tocar para o teatro, onde outros amigos ainda nos esperavam.

No dia seguinte, fomos dar um passeio com o Beöthy. Fomos para Esztergom, onde visitamos o castelo do rei Matias, descoberto por volta dos anos 1930, mas as escavações continuavam ainda na época da nossa estadia. Fomos em seguida à basílica. No caminho, encontramos o poeta Estevão Vas e sua mulher, a pintora Carmem Szántó, que disse que não gostava da basílica "porque era barroca e era basílica". Eu lamento, mas gostei. A mim, tanto se me dava que fosse barroca ou não. Foi a igreja mais clara que já vi. Depois, mostraram-nos uma sala onde eram guardados os tesouros. Havia coisas incríveis no que tangia à riqueza: cálices de ouro e pedrarias, roupas de missa bordadas em alto relevo com fios de ouro, pérolas e pedras preciosas, oratórios e umas copas feitas de chifres de boi e ornamentadas com ouro. Dessas copas, dizem, bebiam vinho os vários reis húngaros. Deviam ser uns beberrões e tanto, pois cada copa devia conter dois litros no mínimo.

Não deu tempo de prolongar a viagem. De Visegrád, voltamos direto para Budapeste. Beöthy foi gentilíssimo e levou-nos de carro até o hotel. Mal tivemos tempo de nos lavar e pentear, chegaram o sr. Becz com o seu genro. Ele era o marido de uma colega de ensino de italiano do Paulo, e eles vieram nos buscar porque íamos jantar na sua casa.

Vocês estão reparando, não é, a vida alucinante que nos engolfou na Hungria?

A família Becz era consideravelmente grande, porque, graças a Deus, por algum milagre fortuito, ficaram todos vivos. Moravam juntos num grande apartamento antigo, onde os quartos eram suficientemente espaçosos para poderem ser divididos por tapumes de Eucatex. A família era constituída pelo casal Becz, a mãe da senhora Becz, as duas filhas do casal, seus respectivos esposos e a filhinha de dois aninhos de uma delas. Assim, pudemos ver quatro gerações juntas, o que, lá na Europa, depois de duas guerras mundiais, revoluções, invasões e que tais, parecia realmente um verdadeiro milagre. O jantar e a conversa foram ótimos. O que mais se notava era a incrível cultura da família. Todos liam muito e discutiam entre si os vários autores nacionais. Mais uma vez a conversa se estendeu e só voltamos tarde para o hotel.

Ficamos em casa, de manhã, no dia seguinte. Além de esperarmos o pessoal da televisão, que ia entrevistar o Paulo, e o pessoal da rádio, que vinha fazer uma entrevista comigo, marcamos encontro com diversas pessoas que tinham que conversar conosco, ali mesmo no hotel. De fato, pouco antes de começarem a filmagem da TV – o pessoal, uns dez camaradas, já estava carregando refletores e máquinas para cá e para lá e o chão do hotel parecia uma cova do Butantã de tanto fio e cabo espalhado por toda parte –, apareceram a senhora e a filha mais moça do Kardos. Trouxeram uns livros para o Paulo e levaram outros tantos que ele queria mandar para o amigo. Logo que as duas saíram, começou a entrevista da TV.

No meio da entrevista, apareceu um senhor Benyhe, tradutor de português. Traduzira para o húngaro *São Bernardo*, de Graciliano Ramos. Naquela ocasião, mal sabia eu que Benyhe ia se tornar tão amigo nosso, ia ser colaborador e tradutor do Paulo e iria conviver frequentemente conosco, no Sítio Pois é, quando embaixador da Hungria no Brasil.

Enquanto Paulo estava ocupado com a televisão, fiquei eu a conversar com ele, que me pareceu um espírito inquieto, bastante crítico e mordaz. Aproveitou, imediatamente, a ocasião para meter o malho na TV em geral e na maneira pela qual faziam a entrevista em particular. Acabada a entrevista, começamos a almoçar os três e, zás, apareceu o moço da rádio para me entrevistar. A nosso convite, sentou-se à mesa, mas não quis comer nada. Ficamos então conversando, o Paulo com o Benyhe e eu com o moço da rádio, enquanto almoçávamos.

Depois do almoço, então, fomos a um salãozinho do hotel, onde gravamos a entrevista. Paulo não teve tempo de assistir. Subiu ao quarto e foi se aprontar para sair. Ao descer, chegou a ouvir o final da entrevista, já em gravação, e depois se mandou, pois já estava atrasado. Tinha que ir para a casa do Gábor Molnár e, depois, à do Luís Gáldi. Eu não o acompanhei. Fui à casa da tia Elvira. Na casa do Molnár, Paulo conheceu um amigo dele chamado André Szász. Era gráfico e ilustrador – segundo várias opiniões de amigos e conhecidos, um dos maiores da Hungria. André Szász ofereceu ao Paulo o desenho de uma ilustração que fizera.

Molnár foi muito simpático, disse entre outras coisas que tinha gostado muito da minha conferência. Conversando sobre as suas próprias palestras e livros, a mulher dele nos mostrou uma porção de cartas que, diariamente, recebiam das crianças fãs do Molnár. Imaginem só, ter que responder a tantas cartas. E ele respondia, que tal?

De lá o Paulo foi visitar o Luís Galdi, conhecido dicionarista. Esse contou uma porção de casos tristes da família dele e da situação política em geral. Enquanto isso, eu estava tomando café com doces na casa da tia Elvira. Passado algum tempo, chegaram visitas. Era o filho de um amigo falecido do tio Estevão. Meu tio ajudara moral e materialmente o moço depois que ele ficara órfão de pai, porque a mãe tinha se divorciado tempos antes e passou a viver em Londres, deixando o rapaz sozinho. Tio Estevão convenceu-o a ir para Londres viver com a mãe, e ele assim fez. Lá, inscreveu-se na faculdade de Medicina, formou-se e, mais tarde, tornou-se primeiro cirurgião especializado em operação de crânio no National Hospital. Casado, estava visitando a Hungria com a esposa e a mãe. A mulher era bonitinha e simpática, mas ele era o que havia de mais feio, bolha e antipático. Meu tio comentou com um suspiro:

– Pois é, ele não é nada parecido com o pai.

CONHECENDO O PAÍS

No dia seguinte partimos de manhã para Dunaújváros, uma das cidades mais novas da Hungria. Paramos para um cafezinho assim que chegamos no Hotel Estrela de Ouro, que nos pareceu do século passado – e, no entanto, a cidade toda tinha apenas 14 anos. Mais tarde, reparei que havia um monte de edifícios, todos construídos num horrível estilo neoclássico, pesadão, que eles diziam pertencer ao estilo realista socialista ou simplesmente "socrel".

Houve um período, na Hungria, durante a gestão de Matias Rákosi, em que todo arquiteto era obrigado a projetar naquele estilo, que, aliás, era imposto pelo Stalin a toda Rússia e a seus satélites. Logo que os húngaros se viram livres do Rákosi, começaram a projetar direito e, daí, resultaram inúmeros prédios bem proporcionados, bem lançados e de aparência razoável. Digo razoável só porque os coitados não dispunham de nenhum material melhorzinho. Tudo era na base do mais barato, logo o emboço e o reboco apodreciam e caiam no primeiro ano de vida do prédio. Por dentro, todos os encanamentos eram à vista – o que achei muito bom e prático. As esquadrias eram de pinho, portanto a madeira tinha que ser bastante grossa. A pintura estava toda manchada e assim por diante. A mão de obra também era péssima. Nunca havia visto revestimento mais porcamente executado, tacos pior assentados e azulejaria mais matada na minha vida.

Visivelmente, os arquitetos de lá gostavam muito de jogar com as cores, de maneira que as fachadas eram de uma coloração bem violenta. Nós estávamos visitando os prédios em companhia de um arquiteto, Francisco Berenyei, e de uma senhora que pertencia ao serviço de turismo, ambos *dunaújvárenses* convictos e satisfeitos. Mas nem era para menos. Realmente, entre as cidades artificiais das quais eu tinha conhecimento, a deles me pareceu a mais normal, aconchegante e humana, apesar dos monstrinhos neoclássicos. Visitamos ainda uma escola primária e um jardim de infância.

Entramos no refeitório da escola primária, onde garotos rechonchudos e corados estavam almoçando. No fundo da sala, chamava a atenção um maravilhoso painel de cerâmica em alto relevo da famosa Margarida Kovács, representando cenas da opereta *János Vitéz*. Era notável essa ceramista. Paulo e eu tentamos comprar alguma obra dela, mas nos informaram que não havia mais no comércio, só existiam em museus mundo afora. Agora, para vocês verem até onde ia a vontade dos nossos anfitriões de nos agradar, ao nos despedirmos da Hungria, na estação da estrada de ferro, o sr. Beöthy nos entregou de presente uma estatueta da Margarida Kovács. Mais tarde, ainda voltarei a esse assunto, mas, por enquanto, ainda estávamos a visitar as escolas de Dunaújváros.

Uns garotos vieram conversar conosco. Todos me afirmaram que um deles, o Ladislau era um *rosszcsont* (osso ruim = patife). Perguntei por quê? Porque ele sabia até roubar. Já tinha roubado 120 florins, uma caneta tinteiro e outras coisas mais. Retruquei que, então, ele não sabia roubar, pois fora descoberto!

– Pois é, o diretor também disse a mesma coisa, e acrescentou que, se ele não parasse, o mandaria para o reformatório.

E o garoto olhava todo convencido com uns grandes olhos ingênuos cor de mel. Evidentemente estava orgulhosíssimo de ser um *rosszcsont*. Eram todos da terceira série. Daí rumamos ao jardim de infância.

Depois dessa visita, fomos almoçar num restaurante especializado em peixes que se encontrava na beira do Danúbio. Chamava-se *Halászcsárda* (pousada dos pescadores) e lá comemos uma sopa de peixes, típica daquelas partes. Essa sopa era ótima, só que era tão apimentada com páprica, que não dava para aguentar a ardência na garganta. A gente tinha que consumi-la alternando uma colherada de sopa com um pedaço de pão. Mas isso é de praxe na Hungria. Todos comem essa sopa assim e com lágrimas nos olhos avermelhados, de tanto que ela queima; mas que é muito, muito saborosa, isto é verdade. Voltamos, em seguida, ao serviço de turismo, onde conhecemos o arquiteto chefe de todas as construções de lá, Tibor Weiner. O pessoal chamava jocosamente Dunaújváros de *Weiner Neustadt*.* Quando nós nos apresentamos eu disse:

– Muito prazer!

---

* Um trocadilho com *Winer Neustadt*; em alemão: Cidade Nova de Viena, uma cidade no estado austríaco da baixa Áustria, a cinquenta quilômetros de Viena. Portanto, o trocadilho era a *Cidade Nova do Weiner*.

Ao que ele me perguntou:

– Por quê?

Não pude, em tão pouco tempo, aquilatar a competência de Weiner, mas ele era um sujeito simples, divertido e simpático. Depois de uma breve conversa e dos mútuos rasgares de seda de praxe, pusemo-nos a caminho de volta para Budapeste, onde recebi do meu amigo Meggyesi a triste notícia de que o tio Kovacsics já havia morrido. Fiquei muito sentida, ainda mais porque ele falecera completamente só.

Naquela tarde, ainda tínhamos visitas para fazer. Fomos, primeiro, ver a irmã do Lukács, uma senhorinha em boas condições de saúde, bastante viva de espírito, que morava num lindo apartamento junto com a filha casada. Nós levamos meio quilo de café para ela, presente que a deixou muito contente. Ela estava justamente recebendo umas visitas, de maneira que, mesmo tendo chegado de surpresa, não pudemos evitar o café com creme de leite, a torta e os docinhos.

Fomos, depois, para a casa do Török. Lá, estavam ele, a ex-esposa com o atual marido e um jovem que ia fazer uma reportagem com o Paulo para aquela revista *Família e Escola* da qual o Török era redator chefe. Naturalmente, apareceram de pronto o café com creme, os salgados, os doces, um creme de chocolate e outras iguarias mais. A não ser por isso, a conversa foi muito agradável e ficamos até bem tarde.

No dia seguinte, de manhã, fiquei no quarto fazendo ordem, e o Paulo desceu para atender um conhecido antigo, o poeta Imecs. Paulo tinha uma mágoa dele. Outrora, esse moço frequentara muito a livraria do meu sogro, não para fazer compras, mas, simplesmente, para descansar. Também usava muito uma cabine, tipo vestiário, banho e depósito, para quem quisesse andar de barco ou frequentar a praia no Danúbio. Enfim, recebia muitos favores e era considerado amigo da família. Pois bem, quando Paulo publicou seu primeiro livro de poemas brasileiros traduzidos para o húngaro e mais precisava de apoio – naquele tempo, isso foi uma questão vital, pois vocês veem que, por causa disso, ele acabou vindo para o Brasil, viagem essa que lhe salvou a vida –, o Imecs se saiu com um artigo metendo o malho no livro! Paulo estava louco para dizer a esse cara de pau algumas verdades a esse respeito.

CONHECENDO O PAÍS

Mas o Imecs começou a lhe contar a sua vida: desgraça sobre desgraça. Não o tipo de desgraças coletivas pelas quais todo mundo passou naquela época conturbada na Europa, mas desgraças particulares, individuais, íntimas. Enfim, o Paulo teve pena do cara. Não falou nada e ainda deu alguns livros para ele. Não bastasse isso, ainda conversou com algumas pessoas influentes em editoras para que lhe dessem traduções e publicassem suas poesias. Isso mostra bem quem era o meu marido. Frequentemente, eu ficava revoltada com tamanha magnanimidade. Jamais teria perdoado aquele pedaço de mau caráter. Mas, evidentemente, era por isso que muita gente se referia ao Paulo como "São Paulo Rónai".

Algum tempo depois chegou uma senhora, Clara Szöllösy, tradutora e antiga colaboradora da *Nouvelle Revue de Hongrie*, onde o Paulo trabalhara também. Moça simpática, elogiou muito os livros do Carlinhos, primo do Paulo. Em compensação, apareceu também a Vera Nyilas, colega de escola das minhas cunhadas Clara, Eva e Catarina. Deu-me uma impressão muito penosa. Não consegui simpatizar com ela, comunista superfervorosa, o

Paulo diante do antigo edifício onde morava, na Alkotmány utca, Budapeste.

que não teria sido nada demais se fosse sincera. Mas não parecia sê-lo. Era o tipo que lá na Hungria alcunhavam de *vésztyúk* (galinha calamidade). Por falar nisso, comunistas fervorosos e sinceros, só vi no Brasil. O máximo que encontrei na Hungria foram comunistas esperançosos e conformados ou otimistas quanto a futuras melhoras do regime.

Depois do almoço, vieram nos buscar da Academia Húngara. Vieram de carro, porque o Paulo ia entregar uns 200 livros brasileiros à biblioteca da instituição e não seria possível transportá-los de outra maneira. Chegados ao lugar fomos recebidos pelo diretor da biblioteca, sr. Rózsa. Com a presença de várias personalidades importantes da vida cultural da Hungria, além do dr. Beöthy e de muitos amigos nossos, seguiu-se uma pequena e simpática cerimônia em que o Paulo procurou explicar que espécie de livros eram aqueles e por quem tinham sido doados. Ao final, levaram-nos para visitar a biblioteca e outras dependências da Academia. Mostraram-nos livros raríssimos, incunábulos, livros escritos inteiramente a mão, do século XV.

Visitamos, depois, uma seção que se ocupava apenas em registrar e salvaguardar as canções e danças folclóricas húngaras. Trabalhavam seus funcionários sob a direção de Zoltán Kodály, mas Bartók também já trabalhara nessa seção. Eles conservaram até a sala e a mesa onde se sentava. Na época em que lá estivemos, tinham mais de trinta mil motivos musicais registrados. Em seguida, numa salinha da Academia, a Rádio Húngara fez uma entrevista com o Paulo.

Terminada a entrevista, tínhamos que ir correndo à Faculdade de Filosofia, onde éramos aguardados pelo professor Luís Tamás, dirigente do Departamento de Línguas Neolatinas. Fomos muito bem recebidos. Ele também, como fizera antes o professor Kardos, aventou a possibilidade de voltarmos para a Hungria, se não definitivamente, pelo menos por seis meses, para o Paulo dar um curso de língua e literatura brasileira.

De lá tocamos para a casa da viúva do escritor André Gelléri, onde, além dela, estavam a sua filha de 25 anos e uma amiga, a ilustradora Clara Rudas. Clara era uma espécie de segunda mãe para os filhos dos Gelléri. Durante e depois do cerco a Budapeste pelos russos, quando a senhora Gelléri perdera uma das pernas e estava entre a vida e a morte, Clara vinha todos os dias visitá-los. Ajudava nos trabalhos de casa, trazia dinheiro e o que era mais difícil ainda de se obter: comida. Assim, se uniu à família mais e melhor do que se fosse parente. Mais tarde, houve um período de rebeldia e incompreensão da menina contra a mãe. Aí, outra vez, Clara, com tato e sabedoria, conseguiu apaziguar os ânimos e reconciliar a pequena família, que, desde então, continuava junta e unida. As três, mãe, filha e Clara, ficaram contentíssimas com a nossa visita. Ao nos despedirmos, a menina – eu sempre digo menina, mas ela já era professora e trabalhava com grande entusiasmo – ficou em prantos e quase choramos todos nós.

MAIS CASOS DE FAMÍLIA

No dia seguinte, enquanto eu fiquei em casa, o Paulo foi se encontrar com Géza Hegedüs, autor muito popular de romances para adolescentes. Juntos, foram à Diretoria Principal dos Editores – pois é, lá tudo era dirigido centralmente pelo Estado. De lá, ele foi ao Ginásio Israelita, onde, logo na entrada, encontrou umas placas relembrando as vítimas do nazismo, e entre elas muitos, muitos colegas dele.

Enquanto isso, eu estive, mais uma vez, na casa dos tios Déry. Dessa vez, pediram para eu contar como vivíamos no Brasil e, toda vez que um ou outro começava a contar coisas da guerra ou da perseguição – eles não conseguiam se conter, coitados –, o outro protestava imediatamente. Disseram que, se meu pai pudesse pagar somente a passagem até lá, ele poderia morar na casa deles como convidado. Bem que eu queria continuar indefinidamente o papo, mas tive que me despedir, pois, junto com o Paulo, tinha que ir a um concerto do Paulo Nyíri – lembram? O do Instituto das Relações Culturais, que nos recebeu na estação de trem ao chegarmos – ao qual não nos poderíamos furtar de assistir.

Paulo levou consigo um ex-aluno, que se tornara arquiteto, o Alexandre Bokor. A mãe desse moço foi professora de ginástica e "chefe" de uma turma em que o Paulo ensinara durante seis anos. Como havíamos sido convidados para jantar na casa dele depois do concerto, ele veio principalmente para nos dar carona em seguida. Havia um público muito interessante: vários artistas detentores de prêmios Kossuth (premiação de prestígio, concedida pelo governo), e vários artistas eméritos. Havia uma linda moça de seus trinta anos, extremamente elegante e com algo exótico no porte. Era a esposa de Zoltán Kodály, o grande compositor, que, por volta dos seus oitenta anos, ficara viúvo e, em seguida, se casou com essa beldade, sua aluna.

O concerto? O que posso dizer? Esse tipo de concerto não é o meu gênero preferido. Nyíri cantava aquelas canções dificílimas de Kodály, que não tem melodia nenhuma, abundam em escalas cromáticas e notas destoantes. A mim dava-me uma vontade louca, quase irresistível, de cair na gargalhada. E todo aquele público ilustre e, sem dúvida, entendido no assunto escutava enlevado e com ar compenetrado. Dá para a gente ficar complexada, não dá? Mas, em compensação, apresentou-se, depois, um rapaz relativamente novo que tocava violão com rara maestria. Esse foi formidável e me consolou, em parte, pelo tempo perdido. Outra satisfação foi que nós não tivemos que esperar até o fim.

Depois da primeira parte, nos mandamos e tocamos para a casa dos Bokor. Eles moravam no mesmo prédio da tia Eta. Essa senhora era a mãe do meu concunhado Américo e morava junto com a filha Boriska – esta, sim, um exemplo de comunista sincera, que tinha esperança quanto à melhora futura do regime – e uma moradora com quem não se davam bem e lhes empestava a vida, mas que lhes fora imposta pelo governo como inquilina associada. Tia Eta recebeu-nos com surpresa e alegria. Boriska estava viajando, de maneira que ela estava sozinha. Contou que Bokor era uma flor de pessoa e elas até chegaram a consultá-lo para fazer a divisão de seu apartamento em dois, de tal forma que a "associada" ficaria com um apartamentozinho só para ela. Tia Eta mais a Boriska pagariam as despesas da obra. Assim, todas seriam independentes. Pois a moça era tão espírito de porco que tinha prazer em apoquentá-las e, por isso, não concordou com as obras.

Fiquei com pena da tia Eta, que, pelo que me contaram, durante as perseguições nazistas, foi uma verdadeira heroína. Num dado momento da guerra, o embaixador da Suécia, achando a situação perigosa demais, resolveu voltar para a pátria dele. Mas não cortou as relações diplomáticas com a Hungria, apenas fechou a casa, que deixou aos cuidados de sua cozinheira. Acontece que essa "cozinheira" era justamente a tia Eta, que se passara como ariana, camponesa e, bem... cozinheira. A embaixada era localizada num palacete de luxo, daqueles que têm ampla cozinha, grande despensa cheia de mantimentos e inúmeros desvãos, closets e armários

MAIS CASOS DE FAMÍLIA

embutidos. Logo que a tia Eta se viu sozinha, dona da casa, chamou dona Gisela e as minhas cunhadas e as escondeu nos armários embutidos. Agiu de maneira semelhante com vários outros amigos e conhecidos. Quando vinham as patrulhas dos "cruzes flechadas" (membros do partido social nacionalista húngaro, pró-alemão e antissemita) procurar judeus, ela os recebia com muita alegria – era boa atriz! –, oferecia-lhes alguns copinhos de vinho e, assim, nunca chegaram a desconfiar de que, em cada armário embutido, havia uma pessoa escondida. Agora, se por acaso tivessem descoberto a artimanha, teriam fuzilado todo mundo, inclusive ela, tia Eta.

Eu gostava dela por isso e também pela sua disposição alegre, solar. Mas não pudemos demorar mais na casa dela, pois a família Bokor já nos aguardava. Subimos, pois, para o apartamento dos Bokor. Como todos os apartamentos daquele prédio, esse também era muito bom, um dos melhores de Budapeste, com linda vista para o Danúbio e para a ilha Margarida. Estavam presentes no jantar o casal Bokor, a mãe dele e um amigo, também um arquiteto que fora aluno do Paulo. Falou-se dos tempos idos, dos antigos colegas, alunos e professores. Quem virou o quê? Quem emigrou, quem morreu. Por fim, ficou tarde e os Bokor nos levaram de volta para o hotel.

Paulo saiu sozinho no dia seguinte, e eu fiquei em casa de manhã, fazendo ordem, costurando botões que tinham despencado durante a viagem e fazendo costuras em peças de roupa que, de vez em quando, precisavam de um tratozinho. Paulo, enquanto isso, foi à Editora Magyar Helikon, onde conversou com colegas sobre a edição de Balzac da Editora Globo. O pessoal da Magyar Helikon contou as dificuldades e problemas que tiveram com a edição de Balzac deles e chegaram à conclusão de que, nas duas empreitadas, os problemas foram bastante semelhantes e que uma troca de ideias, alguns anos antes, teria sido utilíssima para ambas as editoras. De lá, Paulo seguiu para o Escritório dos Direitos Autorais, onde recebeu 600 florins pelos direitos das traduções dele, publicadas em vários livros. O pessoal desculpou-se pela demora em pagar, mas tinham-no julgado morto e passaram a pagar os seus direitos a um fundo qualquer de escritores.

Recebida a notícia alvissareira de que ele estava vivo, houve uma certa dificuldade para receber o dinheiro de volta do tal fundo e transcrevê-lo à conta do Paulo. Como seria complicado mandar os pagamentos sempre para o Brasil, Paulo deixou uma procuração para a tia Serena poder receber essas continhas. Almoçamos juntos, em seguida, mas, logo depois, Paulo teve que ir ao Pen Club, onde, numa mesa redonda, falou sobre antologias e contatos culturais húngaro-brasileiros. Em seguida, foi ao Teatro Literário, onde haveria uma "Noite Radnóti". Radnóti, um dos maiores poetas húngaros, morto pelos nazistas, foi amigo fraternal de Paulo, e, nessa noite, só se declamavam poesias dele. Entre os declamadores, havia Eva Demján, famosíssima, que, antes do Paulo ter vindo ao Brasil, declamara as poesias brasileiras traduzidas por ele de português para o húngaro. No fim do primeiro tempo, ele teve que sair, porque tínhamos um encontro marcado na casa dos tios Ladislau e Flora.

Eu havia chegado à casa dos meus tios um pouco antes. Encontrei o tio Ladislau e a tia Flora sozinhos. Perguntei pelo Jorge, meu primo:

– O Jorge não teve tempo de vir.

Esquisito, esse cara não teve tempo de vir nem na casa da tia Elvira, por duas vezes, nem na casa do seus próprios pais para me rever e conhecer meu marido. Estranhei isso e perguntei também por que ele nunca respondera aos meus cumprimentos e às minhas indagações em cartas que dirigira ao tio Ladislau:

– Bem, mas eu respondi por ele – retrucou meu tio. - Também você não escreveu diretamente para ele!

– Mas escrevi aos meus tios, pai e mãe dele. E por que, então, já que ele coloca as coisas nesse pé, ele nunca escreveu aos tios dele, meu pai e minha mãe?

Mas não faz mal, acho que nem eu nem o Paulo perdemos grande coisa em não nos encontrarmos com ele e sua digníssima esposa. Os tios ficaram meio sem jeito comigo. Indicaram uma poltrona para que eu me sentasse. Eu me sentei e, só depois, percebi que, para a tia Flora, sobrara apenas uma cadeira e nenhuma cômoda. Levantei-me, instintivamente, e lhe ofereci a poltrona. Entreolharam-se os dois com cara de choro e disseram, desconsolados:

– Veja só, ela já se sente estranha entre nós, já faz cerimônia.

Boa maneira de se receber uma sobrinha e de pô-la à vontade depois de trinta anos de ausência! Logo chegaram os tios Elvira e Estevão, não

MAIS CASOS DE FAMÍLIA

157

menos rígidos e formais do que os outros dois. Só que esses tinham pelo menos um traquejo social, sabiam e podiam animar uma conversa à beira da extinção. Conversamos sobre coisas anódinas para nós naquele momento: esporte, política, clima e saúde. Evitamos, sobretudo, assuntos íntimos e familiares. Nada de enternecimentos levianos!

Não posso deixar de constatar o quão foram diferentes os nossos encontros com a tia Serena e com os tios Déry. A culpada talvez tenha sido eu, até porque gostava de verdade dos Déry e talvez nem tanto assim dos meus outros tios. Mas a tia Serena, irmã da minha sogra, eu nunca vira antes na vida e, no entanto, ela me recebera com verdadeira alegria e amor.

Finalmente, chegou o Paulo. Conversamos por mais algum tempo e, depois, nos despedimos e saímos juntos com os tios Elvira e Estevão, que levamos para casa antes de nos dirigirmos ao nosso hotel.

UMA PEQUENA VIAGEM

No dia seguinte, vieram os ex-alunos do Paulo, Alexandre Varga e Nicolau Rózsa – lembram-se dele, não? Na primeira reunião de ex-alunos com o Paulo, eles haviam se incumbido de nos levar a Veszprém, em vez da Associação Mundial dos Húngaros, que planejara nos levar para lá. Pois, os rapazes estavam cumprindo o trato.

Fizemos uma viagem muito bonita, passamos por Székesfehérvár, mas sem parar naquela cidade, porque não teria dado tempo para tanto. Quando chegamos a Veszprém, Alexandre Varga propôs que fôssemos dar um pulinho na casa de um seu amigo, o sr. Patkós, que era chefe da entidade distribuidora de comestíveis para a comarca de Veszprém.

Eles moravam em um apartamentozinho razoável e nos ofereceram linguiça de javali, caçado pelo senhor Patkós, que se juntou ao nosso grupo – sendo morador do lugar, seria mais apto a nos mostrar a cidade. Subiríamos primeiro ao Castelo. Antes, porém, eu descobri um moedor de papoula na vitrine de uma loja e entrei para comprá-lo. Imediatamente, o sr. Varga veio atrás de mim e não me deixou pagar a compra. Ele queria nos oferecer aquilo como lembrança.

Eu fiquei radiante com essa minha aquisição, porque, no Brasil, em geral, não se usa papoula e, quando se usa, é só a sementinha inteira. Mas, na Europa Central, é corriqueiro, na cozinha do dia a dia, usar a sementinha da papoula moída e esse moedor resolveria a metade desse meu problema culinário. A outra metade seria arranjar a papoula, que não era tão fácil de encontrar no Rio.

Dali a pouco, precisei de um filme para minha máquina fotográfica. Varga, com presteza, entrou numa loja e se encarregou de comprá-lo. De jeito nenhum deixavam que nós pagássemos seja lá o que fosse.

Subimos, então, ao Castelo. Fazia um frio e um vento que fiquei quase congelada. Então, o sr. Patkós tirou a sua capa e forçou-me a aceitá-la. Era incrível a gentileza de todos eles. Tentavam até adivinhar o que poderíamos desejar, para atender-nos na mesma hora. Paulo pediu que fôssemos à Hosszú Utca (rua Hosszú), porque antigamente havia lá uma tinturaria que pertencia ao avô dele. O Patkós lembrou que ainda existia ali uma casa com letreiro de tinturaria, e lá fomos nós para Hosszú Utca, onde realmente encontramos a tal casa. Eu quis fotografá-la, mas havia um muro dos seus dois metros ou mais em volta impedindo a visão. Escalei, então, o muro – pois é, pessoal, naquela época, o meu preparo físico ainda valia alguma coisa! - e, de pé nele dei início às minhas atividades de fotografá-lo. Não tardou muito e o Paulo mais o Alexandre Varga começaram a me pedir para descer rápido de lá, que vinham uns militares e que iríamos todos em cana. Desci do muro e nos enfiamos no automóvel. Eu pensei que íamos fugir, mas o Patkós desceu e foi falar com os militares, com os quais entrou, em seguida, numa casa ao lado da dita cuja. Espera que espera, já haviam se passado uns vinte minutos e nada do Patkós aparecer: "Este já entrou pelo cano, agora iremos todos nós", pensei.

Mas não. Dali a pouco, apareceu o nosso amigo e disse que tudo havia sido resolvido e que podíamos prosseguir a viagem:

– Mas o que houve? – perguntei. – O que eu fiz?

– Nada, só que, junto daquela casa, há um posto de telecomunicações do Exército, com estação de rádio, radar e o diabo a quatro, e eles pensaram que você estava fotografando as antenas e aparelhagens deles.

Ora, uma dessas tinha que acontecer logo comigo? Se eu fosse espiã, ia usar uma Minolta, que era a pequenininha da época, e não uma Rolleiflex de dois quilos.

Depois desse susto, fomos visitar a faculdade de Química. Era uma escola importantíssima, famosa na Hungria e dona de enorme prestígio. Apesar de dispor de um prédio bem espaçoso, já estava construindo outro, inteiramente novo, ultramoderno e ainda maior do que o anterior. Em volta da faculdade, já estava se desenvolvendo um novo bairro. Isso mostra a grande importância que os húngaros davam à educação em geral. Mas essa atitude não era peculiar aos últimos governos deles. Era uma tradição que vinha de séculos anteriores. Pelo que vi, ouvi e experimentei eu mesma, tirando a Tchecoslováquia, a Hungria tinha as melhores escolas da Europa inteira, em todos os níveis.

Chegou a hora de prosseguirmos viagem. Mas, antes, passamos pela rua onde morava o senhor Patkós para deixá-lo em casa. Esse subiu correndo ao seu apartamento e, em breve, apareceu com o casacão de inverno da mulher dele. Fez-me aceitá-lo à força, dizendo que, ao fim do passeio, poderia deixá-lo com o Alexandre Varga, já que, dentro de uns dias, eles iam se encontrar de novo e, aí, o Alexandre o devolveria à legítima dona. Assim, pois, troquei a capa do senhor Patkós pelo *manteau* da esposa dele, nos despedimos e continuamos a viagem.

Passamos por Csopak e Balatonfüred até chegarmos em Tihany. Lá, havia toda uma série de hotéis e motéis novíssimos da cadeia comandada por Rósza. Toda a margem do lago Balaton era magnificamente ajardinada, com estátuas de vez em quando e bancos para descansar nos passeios. Paramos para almoçar num dos hotéis comandados pelo nosso amigo. Imediatamente, acorreram o diretor e o subdiretor do hotel e o chefe dos garçons e todo mundo ficou aguardando as nossas ordens. Inicialmente fiquei um pouco preocupada, porque não estava suficientemente elegante para aquele tipo de grande hotel. Além disso, durante a viagem, descobrimos um terrível rasgão no sobretudo do Paulo. Então eu disse:

– Mas que espécie de papel vamos fazer ao entrar desse jeito nesse hotel, cheio de austríacos e alemães, um mais elegante do que o outro?
– Não se preocupe – retrucaram os nossos companheiros –, vocês podem entrar até vestidos de trapos, porque vêm acompanhados pelo *fögóré*, logo serão os convidados mais importantes.

Góré, na gíria húngara daquela época, era um manda-chuva. *Fögóré* era o manda-chuva principal. Agora, imagine o almoço que nos serviram tendo em vista que, à nossa mesa, estavam sentados o primeiro *fögóré* (Rózsa) e o *algóré* (submanda-chuva, diretor do hotel)!

Trouxeram uma travessa indescritivelmente bem enfeitada na qual havia tudo quanto era espécie de carne para escolhermos: assados de várias aves, vitela, boi, carneiro, porco, tudo enfim. Nunca vira coisa mais luxuosa na vida. E os garçons, postados à nossa mesa e prontos para correrem com asas nos pés feito uns Mercúrios, ao menor sinal de qualquer possível desejo nosso. Para a sobremesa, serviram-nos umas panquecas cuja massa não era a conhecida nossa, mas algo diferente, porém absolutamente delicioso. Beber? Pedi *meggyvér*, como sempre. É suco de *meggy*, uma espécie de cereja. Essa é a bebida de que mais gosto entre todas e, como no Brasil não existe *meggyvér*, aproveitei a nossa estada na Hungria para bebê-lo sempre que podia. Os outros, naturalmente, beberam um vinho.

Para tomar um cafezinho, subimos para um bar novo na encosta perto da abadia. Ao subirmos, vimos um prédio bonito com um maravilhoso teto de palha. Queria fotografar juntos, o teto e um helicóptero que passava justo naquele momento por cima dele. Mas o danado do helicóptero ou se escondia demais atrás do teto, ou, quando voltava, estava alto demais. Não queria por nada ficar na posição certa. Assim, depois de uma longa e inútil espera, fotografei apenas o teto de palha e continuamos a subida.

Ao chegarmos, repetiu-se a cena do hotel. Acorreram os *algórés* e, assim, tomamos um ótimo cafezinho numa mesa do terraço, com linda vista para o lago. Aí, tirei várias fotos do Balaton e do pessoal na mesa. Descemos, em seguida, e fomos às barcas para atravessarmos o lago até Szántod. Nessa mesma barca, atravessavam os automóveis também. Os motoristas permaneciam dentro dos respectivos veículos na parte de baixo da barca e nós viajamos na parte de cima, eu tirando fotos sem parar. Vimos até um camarada fazendo esqui aquático. O que achei mais curioso, porém, foi a coloração da água. Era diferente das várias cores do mar e das cores dos outros lagos que vimos na Europa. Era uma cor leitosa, água-marinha, jogando para o amarelo, mas tinta guache e não aquarela. Dizem que, dependendo da cor do céu, a cor do lago muda. Isso eu sei, mas essa qualidade leitosa, justamente o que o diferencia dos outros lagos, essa não depende do céu.

Uma vez em Szántód, continuamos a viagem de automóvel. Ao longo da estrada, uma após a outra, havia pequenas casas de campo. Eram minúsculas, mas relativamente bonitinhas. Todas pareciam obedecer a alguns projetos-tipo, exibindo fachadas também parecidas entre si. No entanto, pelo menos a gente não via aquele tipo modernoso ou moderninho. Não havia nada horripilante. O máximo que se poderia dizer era que as construções careciam de imaginação, mas antes carecer de imaginação do que imaginar monstrengos, como muitos que se viam na Ilha do Governador, por exemplo.

O principal defeito que achei nessas casinhas da beira de Balaton era que elas quase não dispunham de terreno e, portanto, não tinham jardins. Chegamos em Siófok, descemos e demos um passeio. Lá também havia uma porção de hotéis e motéis novos e em construção, obedecendo aos mesmos projetos dos de Tihany. Esses, porém, pertenciam à outra cadeia de hotéis, à concorrência daquela presidida por Rózsa. Esse conjunto, porém, era bem menos bonito e bem menor. Em Siófok, também estavam ajardinando a beira do lago. Passeando por lá conversamos com o Varga e o Rósza sobre a vida no Brasil e na Hungria. Os dois rapazes pareciam honestamente convencidos da justeza de um regime socialista.

Eles ganhavam bem, bastante acima da média normal. De fato, como suas mulheres trabalhavam também, eles chegavam a dispor de 10 mil florins por mês. Ora, normalmente, um casal vivia bem com a metade disso. Os operários ganhavam de 1,5 mil a 2 mil florins, os aposentados 800 a 1 mil florins. Mesmo assim, nenhum dos dois fazia economias. Diziam estar convencidos de que receberiam, a seu tempo, aposentadorias humanas e que não precisavam, portanto, providenciar para a velhice:

– E se, no futuro, vier uma inflação? – aventamos.

– Não pode vir, não virá. Seria o fim do regime. Neste regime não pode haver inflação.

Estavam totalmente convictos. Trabalhavam honestamente, não roubavam e não se deixavam subornar. Foram os melhores elementos com que nos deparamos em toda a nossa viagem. Se todos os funcionários da Hungria tivessem sido assim, eu também acreditaria no regime deles. Mas, com elementos assim, qualquer forma de governo teria funcionado, não teria precisado ser nem comunista, nem socialista.

Passeávamos a pé e, atrás, vinha o automóvel. Começou a entardecer. Entramos no carro e continuamos o passeio e a conversa. Os problemas deles eram bastante parecidos com os nossos. Ambos, chefes de empresas, queixaram-se de que os operários eram ultraprotegidos, praticamente inamovíveis. Sabedores disso, não trabalhavam. Para despedir um trabalhador molenga, havia necessidade de inquérito administrativo e, no fim, sempre o operário é que tinha razão, ou pelo menos alegavam-se condições atenuantes, logo ele não poderia ser despedido. Falou-se, depois, no problema da moradia. Isso nos pareceu insolúvel, não importava sob qual regime se vivesse. Na Hungria, os aluguéis eram baratíssimos, só que não havia apartamentos. Na Itália, eles nos contaram, havia apartamentos às pencas, só que os aluguéis eram caríssimos. Pois é!

No entretempo, passamos por um lindo prédio de tijolos vermelhos em Székesfehérvár. Era um quartel de soldados russos – aliás, em toda parte, víamos um bocado deles.

Ao chegarmos a Budapeste, nos levaram até o hotel onde nos despedimos. Rósza deu ordem ao pessoal do hotel para que procurassem urgentemente uma cerzideira e lhe entregassem o sobretudo do Paulo. Eu devolvi o *manteau* ao Varga e, depois, subimos para mudarmos de roupa, porque logo viriam nos visitar os primos do Paulo, Carlinhos e Magda. Quando descemos ao restaurante, tomamos um susto: os salões estavam superlotados, gente em pé para tudo que era lado esperando que vagasse alguma mesa:

– Bonito! – pensamos. – Agora levaremos duas horas a mais jantando e, no entretempo, o Carlinhos e a Magda nem vão poder nos encontrar nessa barafunda.

Ficamos um instante desnorteados, olhando em desespero. Quando o pessoal do hotel nos avistou, vieram correndo nos trazer uma mesa que tiraram de não sei onde. Puseram-na numa vaga que arranjaram empurrando um pouquinho para os lados várias outras mesas e, rapidamente, trouxeram toalha, pratos, copos e talheres. Dali a cinco minutos, já estávamos jantando em paz. Viram? Quem tem padrinho não morre pagão!

Mesmo assim, as nossas visitas ainda tiveram que esperar um pouco, porque estávamos no finzinho do jantar quando chegaram. O casal foi muito gentil. Trouxeram uns bichinhos miúdos para Cora e a Laura. Conversamos sobre os trabalhos de Carlinhos, sobre as meninas deles e as nossas e sobre a nossa viagem. Despedimo-nos realmente amigos e pesarosos pela grande distância geográfica e, quem sabe, cronológica, que haveria de nos separar novamente.

A SORTE DA TIA ELVIRA

No dia seguinte, de manhã, vieram os ex-companheiros de escola do Paulo. Reuniram-se num pequeno salãozinho chinês. Ao mesmo tempo chegou também a Lola Fehér, que ficou um tempinho conversando comigo. Aí, vieram os tios Déry e também a Maria Kály, aquela que havia sido a minha professora de piano quando eu, criança, morava em Budapeste. Nós formamos um pequeno grupo à parte, no salão grande, e eu ia atender o Paulo e o grupo dele de vez em quando e, depois, voltava para atender o meu grupo. Depois que todo mundo foi embora, nós ficamos sozinhos com os tios Déry e almoçamos juntos.

Depois que os tios também foram, saímos para visitar o Aladár Komlós, ex-colega e amigo do Paulo, e sua esposa, Elisabete Palotai, que era uma das declamadoras mais famosas da Hungria. Aqui, é preciso dizer que a declamação era uma arte muito popular e tida em altíssimo conceito no país. Os declamadores tinham verdadeiros fã-clubes, eram venerados e qualquer espetáculo de declamação enchia, entupia os teatros. Para vocês fazerem uma ideia do prestígio da Elisabete Palotai, era como se fosse a Fernanda Montenegro da declamação!

Voltando à nossa visita aos Komlós, o apartamento deles foi o primeiro e único decorado em estilo moderno que eu vi em Budapeste. Logo ao entrarmos, percebemos numa prateleira o Secticon, um relógio elétrico fabricado pelo Fritz Marti e que a Marta havia presenteado a nós, também. Os Komlós eram muito amigos da Marta. Foram gentilíssimos conosco. Elisabete começou a conversar comigo como se eu fosse velha amiga dela. Contou-me sobre a filha de um casamento anterior, casada e que vivia em Viena, sobre as netas e me mostrou as fotos. Naturalmente, eu também exibi as nossas fotos. Depois ela me mostrou o apartamento e os móveis. Foi me dando, um por um, o preço dos armários, das mesas, das camas e, com um breve cálculo, cheguei à conclusão de que por aquele preço você compraria um apartamento no Rio.

Foi aí que compreendi por que o pessoal não possuía móveis novos na Hungria. Todo mundo vivia usando os móveis da vovó, do sogro, da bisavó porque ninguém podia pagar móveis novos. Os Kómlos eram pessoas das mais proeminentes e tinham um apartamentozinho, nada mau, mas que, afinal, qualquer contador medianamente competente ou desenhista técnico poderia ter no Brasil, desde que tivesse o gosto refinado deles. Pessoas do nível dos Kómlos, aqui no Rio, teriam casas no alto da Boa Vista, no Leblon ou Jardim Botânico.

Por volta das 17h, veio nos buscar o Nicolau Rosza com a mulher dele. Levaram-nos ao restaurante Gundel, onde haveria uma reunião dos ex-alunos do Paulo. Além dos alunos e alunas, compareceu ainda a filha do Golléri, para estar mais uma vez conosco, e a Iolanda Weiss, filha do meu tio Hugo. Ela nos contou que tentara se avistar conosco através da tia Elvira, mas que essa lhe dissera que nós éramos solicitados demais e não poderíamos recebê-la. Retruquei que isso em parte era verdade, que nós vivíamos num torvelinho só e a tia Elvira provavelmente nos quisera poupar um pouco, mas que, naturalmente, eu a via com o mais vivo prazer. Iolanda era uma simpatia e o Paulo também gostou dela. Ela explicou que não tinha sido esse o motivo da minha tia. Acrescentou que a tia Elvira estava muito esquisita desde que ganhara a sorte grande na loteria esportiva. Os Déry já haviam mencionado algo parecido a respeito, mas eu fiz que não sabia de nada:

– Como, sua tia não lhe contou? – admirou-se logo.

– Não.

– Pois, ela ganhou 120 mil na loteria. Aí, depositou 10 mil florins numa conta da caixa de poupança dos correios, que não rende juros, mas estava vinculada a um sorteio de automóveis. Pois, não é que tirou o automóvel também? Vendeu-o a um ator famoso e, agora, está com 220 mil florins. Desde então, anda meio esquisita, arredia. Não quer mais se encontrar com ninguém, provavelmente para que não lhe peçam dinheiro emprestado.

Como o tio Ladislau também não me disse nada, suponho que o primeiro e principal sujeito a quem ela não contou nada tenha sido seu próprio irmão. Outra pessoa a quem deve ter sonegado essa informação deve ter sido a tia Valéria. Vejam bem, esse caso foi mais miraculoso do que parecia, pois, pouco tempo depois da nossa volta ao Brasil, soubemos que a tia Elvira ganhara mais uma vez na loteria. Vocês não acham estranho tamanha sorte? Acrescente-se que a minha tia era uma alta *góré* do Partido Comunista. Uma daquelas, exatamente, que o povo apelidara de galinha calamidade, como aliás lhes contei.

A SORTE DA TIA ELVIRA

Mas a minha tia tinha carradas de razões e de condições atenuantes. Depois que os nazistas lhe mataram o único filho, Ladislau, ela se bandeou de corpo e alma para o Partido Comunista, desde os primórdios, quando ser comunista implicava em real perigo de vida. De qualquer modo, pensando retroativamente nesse caso todo, não posso evitar de pensar naquele deputado nosso que, para justificar sua fortuna de origem suspeita, alegou ter ganho sete vezes na loteria. Mas, acho que estou divagando de novo.

Voltando ao Gundel, enquanto eu conversava com a filha do Gelléri, com a Iolanda e com o Alexandre Bokor, Paulo organizou a conversa com os ex-alunos, que eram muitos. Cada qual, por sua vez, sentava-se junto a ele e tentava, em alguns minutos, resumir o que fora sua vida daqueles últimos 24 anos. Foi uma prova e tanto para o Paulo. Bokor me devolveu as anotações da conferência que eu fizera e prometeu que escreveria em carta as suas observações a respeito. Aos poucos, os ex-alunos foram-se embora. A filha do Gelléri também se despediu da gente. Saímos juntos com a Iolanda e a levamos para casa num táxi com o qual continuamos até o István Körut. Descemos lá para entrar num café qualquer; queríamos jantar pois estávamos com medo de encontrar o restaurante do hotel outra vez tão entupido quanto na noite anterior. E queríamos ficar um pouco sozinhos.

Entramos, pois, num café:

– *Szervusz*, Pali!– cumprimentou um senhor.

Creio que, hoje em dia, poucos húngaros se dão conta da origem latina dessa saudação, talvez a mais comum e frequente entre eles. No entanto, a língua culta naquele país, até meados do século XIX, era o latim, usado inclusive no Parlamento. Poderiam falar alemão, que era compreendido por qualquer cidadão medianamente instruído, mas, tendo sido oprimidos durante séculos pelos alemães, odiavam esse povo e evitavam falar a sua língua. Então, *Szervusz*, que se pronuncia "servus" e quer dizer servo em latim, insinuava "sou seu criado", num gesto de cortesia.

Voltando ao café, o senhor que saudou o Paulo era o xará Paulo Scheininger, ex-companheiro de escola, que meu marido já havia encontrado de manhã. Os dois conversaram um pouquinho e, como conclusão:

– Você é que foi inteligente, Paulo, de ter se safado daqui a tempo.

– Pois é!

No dia seguinte, de manhã, fomos à Associação Mundial dos Húngaros para nos despedir, já que era o nosso penúltimo dia em Budapeste, e, pouco depois, encontramos a tia Serena para almoçar. Como ela tinha a tarde livre, pedimos que nos acompanhasse nas nossas andanças. Primeiro, fomos à Embaixada do Brasil para nos despedirmos, mas não havia ninguém, estava fechada por causa de algum feriado. Paulo falou com o porteiro, deixou uma carta de despedida e um relatório sobre suas atividades na Hungria. Enquanto isso, tia Serena e eu ficamos lá fora conversando. Fomos, em seguida, visitar o Marcelo Benedek, antigo professor da Universidade, já bem velhinho, filho de Elek Benedek, autor da série de livros *Mundo das histórias e lendas da Hungria*, que eu havia lido com tanto prazer em criança.

No meio do jardim lindo, todo florido, em frente à casa, no terraço, havia uma mesa e cadeiras, onde nos sentamos depois das apresentações de praxe. O velho ficou muito contente com a nossa visita. Estava praticamente cego, coitado, não teria adiantado mostrar as fotos da família. Descrevi para ele as nossas meninas, e ele me levou para dentro da casa, onde nos mostrou a fotografia do pai. A casa era uma gracinha, toda mobiliada em estilo húngaro, cheia de almofadas bordadas em ponto cruz com motivos folclóricos, verdadeiras obras de arte, executadas pela nora, que se divertia fazendo aquilo. Em meio à conversa, descobrimos que ele se dava muito bem com o Carlinhos e a Magda e que tinha o primo do Paulo em alta consideração como escritor. Ele também ficou satisfeito em conhecer a tia Serena, mãe do Carlinhos. A tia Serena, então, vocês podem imaginar como ficou feliz quando lhe elogiaram o filho.

Em seguida, chegou uma moça amiga deles. Ela vinha para ler – todos os dias, vinha algum amigo para ler para o Benedek. Já que ele não podia ler, os amigos o ajudavam dessa maneira.

Nos despedimos e fomos levar a tia Serena de volta para casa. Combinamos que ela não viria à estação de trem para se despedir de nós. Na estação, haveria gente demais e seria uma coisa triste e cansativa para ela. Despedimo-nos então na porta da casa dela. Tia Serena nos abraçou chorando e foi correndo para dentro. Nós continuamos no caminho enquanto Paulo chorava também um pouco, coitado.

A SORTE DA TIA ELVIRA

Fomos andando pela Praça da Liberdade. Eu fiquei tirando algumas fotos de lá para cá, de cá para lá, depois, enviesado, transversalmente e longitudinalmente. Enfim, fiz o melhor que pude, mas essas coisas não se podem levar em fotografias. Ou a gente consegue guardar na cabeça (ou no coração talvez?) ou, então, paciência. Fomos a pé para a residência da Elisabete Droppa, filha do embaixador Gustavo Droppa. No caminho compramos flores para ela. Paulo ia me mostrando os lugares:

– Aqui, brincávamos Clara e eu. Aqui, eu costumava passear com o Guilherme Szegö. Esta é a esquina da Alkotmány Utca, onde morávamos...

Eu fiquei tão triste por ele!

Finalmente, chegamos à residência dos Droppa, onde fomos recebidos pela Elisabete e pela mãe do ministro. Eram pessoas afáveis, simples e sinceras; simpatizamos logo com elas. Estavam esperando com impaciência a chegada do Droppa nas férias, lá para julho. A senhorinha contou-nos ainda que vendera uma casinha de sua propriedade, porque já não aguentava o trabalho que lhe dava o jardim. Por outro lado, era muito caprichosa e gostava de trazer tudo limpo, as flores bem cuidadas, ao ponto do jardim dela ser conhecido pelo trato. Assim, pois, ela preferiu vender a casa a ter que relaxar com as suas plantas. Com o dinheiro da venda, comprou um pequeno apartamento em Buda e mandou registrá-lo em nome da neta. Assim, quando ela se casasse, já teria o problema de moradia resolvido:

– E já tem candidato? – perguntamos.

– Tem sim, e é um rapaz muito bom – disse a velhinha. – Ela já teve namorado, mas eu não gostava dele nem um pouco; não era sério. Este, sim. Deste agora eu gosto também e eles vão se casar dentro em breve.

– Que sejam bem felizes! – fiz votos em pensamento.

Quando saímos, a Elisabete veio nos acompanhando. Nós ainda íamos visitar a Fifi Radnóti, viúva do poeta e amigo do Paulo, Miklós Radnóti. E a menina nos acompanhou até lá. Quando chegamos, já havia um grupo grande de escritores e artistas. A conversa provavelmente estava muito boa; tesouravam muita gente e muitas obras. Infelizmente, porém, dado que eu não conhecia os cidadãos em questão, nem as obras malhadas, fiquei na mesma. Na mesma não, fiquei pior, bem complexada por não entender patavina do assunto. Desliguei, portanto, e aos poucos comecei a ficar com um bruto de um sono e tinha que fazer esforços homéricos para manter os olhos abertos, o olhar vivo e, na medida do possível, inteligente. Mas não consegui disfarçar inteiramente e, num dado momento, a dona da casa me disse:

– Essa conversa deve estar te aborrecendo um bocado, não é?
– Bem, você sabe, eu de literatura húngara não pesco nada, mesmo – confessei um tanto envergonhada.
– Eles também não! – retrucou ela. – Estão todos representando um papel.

E ficamos nisso. Indo para casa, viajamos no mesmo táxi com a Clara Szerb. Essa era uma criatura bem sincera. Muito nervosa, coitada, sentia-se que os sofrimentos a marcaram demais. Pela breve conversa que tivemos, confirmou-se o que a anfitriã me dissera. Aliás, infelizmente, a Hungria inteira me dava impressão de um enorme teatro, onde todo mundo representava para todo mundo. Não se admira que o teatro deles tenha atingido tão alto nível.

UMA SAIA JUSTA

No nosso último dia em Budapeste, recebemos a visita da viúva do escritor Carlos Pap. Era uma senhora já bem idosa, um pouco desleixada, com uma aparência nada, mas absolutamente nada intelectual e que escrevera um livro de reminiscências sobre o marido e um volume de contos ótimo, que teve grande êxito. Como é comum e acontecia com todas as viúvas de escritores famosos na Hungria, tentava manter viva a lembrança do marido, mas era excessivamente prepotente nisso. Forçava todo mundo até um ponto em que as pessoas já não podiam atendê-la e, quando não era atendida, ofendia-se e partia para a briga. De saída, começou dizendo que o Paulo deveria traduzir isso e mais aquilo do Carlos Pap e parecia surda aos argumentos dele de que tal conto ou tal novela não interessariam suficientemente a um público brasileiro. Estavam, nessa conversa, os dois, quando chegou a Eva Demján, a declamadora de quem já lhes falei:

– Contigo não quero papo, você portou-se muito mal comigo e com meu finado Carlinhos– agrediu, imediatamente, a viúva.

– Você está completamente equivocada a meu respeito, mas qualquer que fosse a sua queixa, você não escolheu o momento oportuno para expô-la – respondeu a declamadora.

Essas duas mulheres ainda vão chegar às vias de fato, vão se engalfinhar aqui no hotel e vai ser um escândalo – pensei com os meus botões. Mas, por sorte, não houve nada e as duas se entenderam depois de algumas frases ríspidas. Aconteceu que, numa noite de declamação, a Eva Demján não declamou um conto de Carlos Pap que estava no programa. Ela explicou que se tratava de uma novela muito comprida, que não daria para ser preparada no curto prazo que havia tido. Ela prezava Carlos Pap demais para declamá-lo de qualquer jeito:

– Ah, bom, eu não sabia que o negócio tinha sido assim – disse a viúva, e os ânimos serenaram.

Mas esse caso era bem característico dela, que exigia demais de todos os amigos, sem tomar conhecimento dos problemas deles. As pessoas tinham medo dela e de suas exigências e tentavam evitá-la.

Era curioso esse fenômeno das viúvas dos escritores. Cada qual tentava se virar a seu modo. O próprio fato triste de terem existido tantas "viúvas de escritor" a ponto de constituírem como que uma classe social à parte mostrava bem o horror que havia sido a história da Hungria naqueles últimos 25 anos de nossa ausência da Europa.

Fomos, em seguida, almoçar com o Beöthy para nos despedirmos. Infelizmente, ao contrário do que esperava, encontramos um grupo enorme no restaurante. Eu teria preferido um almoço só com o Beöthy, com quem, afinal, durante a convivência de tantos dias, já fizéramos amizade. Os outros convidados nós mal conhecíamos. Depois do almoço, o Beöthy nos deu carona até o Ministério de Educação, onde éramos aguardados pelo vice-ministro Jorge Aczél. Esse Aczél era marido de uma ex-aluna do Paulo, Suzana Csató, e foi ele quem pediu que fôssemos vê-lo.

Subimos ao seu gabinete. No prédio, havia um elevador, chamado popularmente de *"paternoster"*, que devia ser o avô das escadas rolantes, pois ficava eternamente circulando pelos andares sem parar. Não tinha portas, de modo que as pessoas tinham que pular para dentro e para fora nos andares que lhes convinham. Se a gente perdesse o momento de sair no último andar, não devia entrar em pânico; tinha que ficar quietinha na cabine que daria uma volta e tornaria a subir. Paulo me contou que, quando aquela geringonça era nova, um cidadão que não conhecia esse truque tomou um susto no último andar. Deve ter pensado que a cabine iria virar de cabeça para baixo, ou quem sabe o quê. O fato é que pulou para fora tarde demais, quando a cabine já estava no alto, por cima do andar, e morreu o coitado.

Nós não subimos pelo *paternoster*; abriram-nos especialmente o elevador particular do ministro ou do vice, ou coisa que o valha. Tivemos que esperar pelo Aczél mais ou menos meia hora. Eu já estava com os nervos à flor da pele: última tarde nossa em Budapeste, as lojas fechariam às 18h em ponto, não ficariam abertas nem um minuto a mais, que o pessoal lá era todo funcionário público e queria ser o primeiro na fila para bater o ponto exatamente às 18h e se mandar. Eu queria tentar comprar ainda uma cerâmica da Margarida Kovács e alguns bordados húngaros. E nós lá, sentados no gabinete de um cara que eu nunca vira mais gordo na vida e que não me fazia falta alguma. Compreendia, por outro lado, que ele queria ser amável conosco. Era um sujeito importantíssimo. Praticamente, era ele o ministro, já que esse último era sempre um figurão político que vinha e ia com a maré, de acordo com as momentâneas linhas que o partido adotasse. Já o vice-ministro era aquele que entendia do negócio e fazia de verdade o trabalho.

Aliás, parece que lá, na Hungria, por toda parte era assim. Havia, sempre, um figurão que não fazia nada e eram os vices que trabalhavam.

Mas, como ia dizendo, o fato de um *goré* desses nos pedir para lhe fazermos uma visita era uma incrível amabilidade por parte dele, sempre super solicitado por gente com variados assuntos e interesses. Ele telefonou pedindo desculpas; pediu que tivéssemos paciência pois ficara preso um pouco além da hora numa reunião qualquer.

Quando chegou, recebeu-nos com afetuosa amizade. Tinha o Paulo em alta estima por tudo que a mulher lhe contava a respeito do antigo professor. Pediu ao Paulo que se tratassem de "tu", um ao outro. Disse que o meu marido gozava de uma popularidade excepcional na Hungria, que todo o mundo gostava dele. Falou, depois, de "pátria", de "saudades" etcetera e tal e, como conclusão, perguntou se o Paulo não teria vontade de voltar definitivamente para a Hungria.

Paulo agradeceu penhorado a boa vontade e a simpatia, mas explicou que, àquela altura, a nossa pátria era o Brasil, que as nossas filhas eram brasileiras e que as saudades que sentíamos eram do Brasil. Estávamos por demais radicados na nossa nova pátria. Naturalmente, ele ainda amava a antiga, mas uma nova imigração agora já se tornara impensável:

– Então, o Paulo não encararia, pelo menos, a possibilidade de voltar por uns seis meses ou um ano para dar um curso de português e literatura brasileira na Hungria?

– Bem, isso talvez, dentro de mais alguns anos, de acordo com a situação vindoura, quem sabe?

Conversaram ainda sobre literatura, ensino e outros assuntos de cultura. Durante a conversa toda, Aczél foi muito discreto, usou de muito tato. Tratou todos os assuntos na base da conversa entre amigos, condimentada com reminiscências de amigos e conhecidos comuns; nada de tom oficial. Depois de nos despedirmos, mandou que o motorista dele nos levasse no seu carro oficial aonde quiséssemos ou precisássemos ir. Era um carro enorme, de luxo, tipo Cadillac, só que russo. Tinha nome russo escrito em caracteres cirílicos. Era algo como Volga, ou Chaika... ou sei lá. Tinha chapa oficial e o motorista envergava um uniforme. Todo mundo olhou para nós ao descermos na Váci Utca, em frente à loja de artesanato popular. Imaginei o ódio que o "público" devia estar sentindo da gente.

– Será bom tomar cuidado para não escorregar e quebrar o pescoço – pensei. – Esse pessoal que nos olha deve ter jogado praga suficiente para quebrar até dez pescoços.

Cruzei os dedos, murmurei "cruz-credo" e entramos na loja, onde nos informaram que, talvez, fossemos encontrar cerâmicas da Margarida Kovács, mas só lá na loja de artesanato da Kecskeméti Utca. Esticamos o passo para chegarmos a essa loja em tempo, mas infelizmente demos com a cara na porta por poucos minutos de atraso. Ficamos olhando a vitrine e, pelo vidro da mesma, para o interior da loja: nem sombra de cerâmicas da Margarida Kovács.

Continuamos a passear, agora já com mais calma, uma vez que as lojas estavam fechadas. Chegamos à Praça Calvino, onde havia um prédio antigo e muito pitoresco. Tinha sido hotel antigamente e se chamava "Aos dois leões". De fato, havia dois leões por cima do portão bem largo em forma de arco que servira certamente para as carruagens entrarem. No pátio, havia uma fonte e alguns castanheiros selvagens. Deviam oferecer uma linda sombra nos dias de sol. Os castanheiros, na Europa, fazem papel de mangueiras. São as árvores mais frondosas, mais bonitas e as maiores. Logo depois, vêm os plátanos. O prédio já era meio decadente. Devia haver pequenos apartamentos nos andares de cima e, embaixo, vimos algumas oficinas de sapateiro, de alfaiate e outras do gênero.

Ao chegarmos ao hotel, encontramos um presente da Vera Csillag e da Fifi Radnóti: era uma pequena cerâmica da Margarida Kovács! Começamos a arrumar as malas. Ainda não havíamos acabado o serviço e chegaram o Ladislau Csaba e o João Meggyesi para jantar conosco. Csaba comia normalmente, mas o Meggyesi, neca. Tomou um consomê e não quis comer mais nada. Desculpou-se dizendo que não costumava jantar:

– Olhe – eu disse –, pode comer à vontade, é tudo por conta da Associação Mundial de Húngaros.

– Não gosto deles – me disse o Meggyesi.

– Então, mais um motivo para aumentar a despesa deles – argumentei.

Mesmo assim, ele não comeu. Ficamos conversando muito. Eram ótimos rapazes esses dois, ainda trouxeram um livro de presente, o que, para eles, devia pesar no bolso, e bastante. Csaba pediu-me o texto da minha conferência para mostrá-la a vários colegas que não puderam assisti-la quando a pronunciei; a hora não tinha sido propícia pois eu falei às 17h e os arquitetos só acabavam os serviços às 18h. Bem, eu não tive culpa, não fui eu que escolhi o horário. Deixei o manuscrito com o Csaba, mas lhe fiz prometer sagradamente que o devolveria, pois tratava-se de filho único de mãe viúva.

Ao nos despedirmos, me fizeram uma demonstração curiosa. Havia à venda, na portaria, toda sorte de jornais ocidentais. Meggyesi chegou-se ao porteiro e pediu um *Le Monde*.

– Mas, meus senhores – disse o homem –, húngaro não pode comprar disso. Esses jornais só podem ser vendidos unicamente aos hóspedes estrangeiros.

Ofereci ao Meggyesi comprar um jornal para ele:

– Não quero jornal, Nora – me disse ele. – Só queria que você visse o que se passa, queria que você verificasse o limite dessa liberalidade circunscrita ao Grande Hotel da Ilha Margarida.

Desde então, perdi o contato com ambos, mas muitas vezes penso, com carinho e saudades, neles. Saíram à meia-noite. Nós subimos ao quarto e continuamos a fazer as malas. Só conseguimos ir dormir às 3h da madrugada. Em compensação, acordamos às 6h porque o nosso trem sairia às 8h. A Associação Mundial dos Húngaros mandou um carro nos buscar. Ao chegarmos à estação já lá encontramos o Beöthy e os tios Déry. Beöthy me entregou um pacote de presente:

– Tome cuidado, que é uma cerâmica da Margarida Kovács.

– Que bom! – exclamei. – Nós fomos correndo à loja de artesanato, mas estava fechada.

– E mesmo que estivesse aberta não adiantaria, porque eles não têm mais essas cerâmicas.

– Como foi então que você conseguiu?

– Segredo de Estado – respondeu, brincalhão.

Os Déry trouxeram bolo caseiro e chocolates para a viagem. Mais tarde, foram chegando a sra. Becz, a sra. Bokor, filho e nora, todos com garrafas de bebidas, bolos, chocolate e outros quetais. Vieram ainda o János Lengyel e a mulher dele, Eva Königsfeld, a sra Székács e, finalmente, a tia Elvira e o tio Estevão. Beöthy, como sempre, foi discretíssimo: ao ver os parentes, despediu-se com alguma desculpa e foi-se embora; evidentemente, para que pudéssemos ficar a sós com eles. Mesmo assim, não pudemos ficar a sós porque havia ainda os Becz, os outros ex-alunos etc.

Em todo caso, eu fiquei com os meus tios Déry e os tios Elvira e Estevão, enquanto Paulo ficava com os colegas e ex-alunos. Até que partiu o trem. A tia Déry, coitada, correu ao longo do trem até quando pôde e, por muito tempo, ficou com lágrimas nos olhos dando-nos adeus. A última coisa que vi foi o lencinho branco dela se agitando no ar, diminuindo, diminuindo até que virou ponto final.

Ajeitamo-nos no trem o melhor que pudemos com o número de malas que tínhamos: quatro delas grandes, um embrulho enorme de livros, três maletas de mão, dois sobretudos e dois guarda-chuvas, sem contar os inúmeros pacotinhos ganhos na última hora na estação da estrada de ferro. O pior era que deveríamos baldear em Zagreb, pois não havia linha direta para Fiume.

Não nos agradava ter que parar naquela cidade, já que, não havendo trem direto de Fiume para Veneza, de qualquer modo teríamos que passar por ela outra vez. É que, antes de embarcarmos para a Europa, a prima do meu pai, tia Stefa, pediu-nos que entregássemos uns pacotes de presentes ao seu sobrinho Bruno Bjelinsky, compositor que morava em Zagreb. Eu havia escrito uma carta ao Bruno pedindo que fosse à estação; assim, seria mais fácil entregar os presentes da tia Stefa e, no espaço assim tornado livre na nossa mala, poríamos os nossos pacotinhos ganhos na despedida em Budapeste.

Chegados a Zagreb, tínhamos poucos minutos para mudar de trem. Procura o Bruno daqui, procura dali e nada de meu primo aparecer. E corre, e carrega maleta mais o embrulhinho, não esquece o guarda--chuva. Não há compartimento livre, há sim, empurra para dentro, toca pra frente... Nossa! Enfim, instalados no novo trem, com todas as malas devidamente contadas – sorte foi que em geral nessa linha os passageiros quase não traziam malas, assim sobrou lugar para as nossas –, tivemos mais alguns minutos em que descemos para procurar o Bruno ao longo da plataforma. Nada de Bruno; desistimos e fomos tomar café e água mineral no bar da estação.

DE VOLTA À FIUME

E lá se foi o trem conosco em direção a Fiume, ou, perdão, a Rijeka, o novo nome da minha cidade. Por volta das 23h, apesar de estar meio morta de cansaço e me sentindo doente, levantei-me e fui à janela do corredor para espiar a vista. A gente chega pelas montanhas e vai descendo. Lá ao longe, avista-se o mar todo prateado e as fileiras de luzes de Fiume, Cantrida, Volosca, Abbazia, Icici, Ika, Laurana, Medea, Moschiena e quem sabe o que mais adiante. O perfil das montanhas desenhando-se tom sobre tom no escuro. À direita, o Monte Maggiore; revendo-o percebi que não lhe esquecera a forma. Quem haveria de dizer? E, no entanto, essa montanha não tem uma forma tão característica que nem o Pão de Açúcar, por exemplo.

Continuamos a descer, e eu checando a minha memória: agora virá um tunelzinho, adiante outro e, finalmente, o tunelzão, depois do qual entraremos na estação de Fiume. E assim foi, direitinho. Há quanto tempo não pensava mais nessa entrada em "casa" quando vínhamos de Budapeste para as férias.

Havíamos reservado quarto no hotel Neboder, cujo nome em croata significa arranha-céu e que era de fato um arranha-céu situado em Susak. Dessa vez, Paulo se viu sozinho para arranjar carregador, táxi, combinar preço, pagar, dar entrada no hotel, pedir o quarto... tudo! Eu estava feito um trapo. Por pouco ele não teve que me carregar também, já que eu não via nem ouvia mais nada. Subi automaticamente até o quarto, vesti o pijama não sei como, caí na cama e, por sorte, consegui adormecer. Acordei me sentindo um pouco melhor pela manhã, mas ainda não inteiramente refeita das canseiras das últimas três semanas.

Verifiquei que estávamos no 15º andar do tal arranha-céu. O tempo caprichou para nos receber; estava magnífico. Saí para a varanda: que vista, meus senhores! Esta vista compensava pelo desleixo do resto. Sim, porque apesar de se tratar de um prédio novo, já estava todo escangalhado. Tínhamos duas pias: uma no banheiro, outra no quarto. Numa, a torneira estava quebrada e não podíamos abri-la. A outra estava entupida e, uma vez cheia, a água não descia. Logo, tampouco podíamos usá-la. O vaso sanitário e a tampa estavam rachados, assim como os vidros das janelas basculantes que davam para o lado do prédio. Um dos pés da nossa cama havia sido substituído por um tijolo e, naturalmente, havia um péssimo papel sanitário, já que, pelo que me parece, isso era questão de ideologia. Olhando o papel sanitário você sabia imediatamente quando estava num país comunista.

Vestimo-nos e descemos ao primeiro andar para tomar café. Como não havia telefone lá, não se podia pedir o café da manhã no quarto. O turista em Susak tinha que deixar de ser mole e poltrão! Tomando café, recomecei a me sentir mal, sempre piorando. Quando terminamos o desjejum, não tive coragem de descer à rua. Voltei ao quarto e adormeci de novo. Enquanto isso, Paulo foi sozinho ao correio e dar uma olhadela na cidade. Queria ir também à estação para saber os horários dos trens para Zagreb e as baldeações para Veneza.

Chegou na rua e perguntou em italiano a um cidadão onde ficava a estação. Esse respondeu que não falava italiano e, depois de algumas tentativas, disse que falava húngaro porque era da Bácska, uma região da Hungria. Mas o coitado, de húngaro, só sabia dizer *uram* (meu senhor), o que ficou repetindo várias vezes para o Paulo. Pegou-o pelo braço, depois, e levou-o para uma *osteria* e ofereceu-lhe um vinho. Beberam juntos, depois o moço o levou até um ponto, onde explicou-lhe como chegaria à estação, e, finalmente, despediram-se amigos de infância.

Eu dormi até às 11h. Depois disso, acordei já melhor de saúde e fomos dar uma volta pela cidade. Logo em frente à ponte de Susak, que virara bem mais larga, quase uma praça, havia uma barraca onde se vendiam amendoim, pipocas, amêndoas salgadas e sementes de girassol, também salgadas. Compramos dessas últimas. Paulo gostou tanto delas que, desde então, vivia mastigando sementes de girassol. Outra novidade para mim foi que não havia mais guardas pedindo a *tessera*, isto é, a carteira de fronteira. Claro, pois a Recina não era mais a fronteira entre Itália e Iugoslávia.

Fomos descendo pelo Corso. Haviam retirado a águia de cima da Torre Cívica! Chegamos à Praça Dante: tiraram os três mastros de bandeira e também o Leão de São Marcos do molhe. Esse, aliás, pareceu-me bem mais curto do que quando deixei Fiume. Evidentemente, isso foi um truque da minha memória. Parece-me inverossímil que eles tivessem se encarniçado até contra o molhe e o tivessem cortado só de raiva. Pois, a Torre Cívica não viveu muito mais altaneira na minha memória do que a torrezinha que encontrei um quarto de século depois?

Ficamos com fome e entramos num café-restaurante lá mesmo, na praça. Todo mundo comia uma espécie de canja chamada *kokoska*. Encomendamos uma, nós também. Estava bem saborosa e comemos, em seguida, panquecas, completando um ótimo almoço, e nem tão caro assim. Durante a refeição conversamos sobre a nossa viagem. Cá estávamos em Fiume, minha cidade natal, e, do único dia que tínhamos para revê-la, eu passei mal a metade. Era triste ter que voltar a Zagreb no dia seguinte. Mas, se a gente quisesse, me informou o Paulo, a gente poderia baldear em Trieste e, assim, não precisaríamos ir até Zagreb e ganharíamos um dia para ficarmos em Fiume. Sim, mas e os pacotes para o Bruno? Poderíamos, quem sabe, remetê-los pelo correio.

Voltamos, então, ao hotel para buscar as coisas. Fizemos um embrulho lindo e caprichado e nos dirigimos ao correio. A moça do balcão declarou que não podíamos remeter mais do que dois quilos:

– Mas tem menos que dois quilos!
– Então, não pode remeter assim, tem que lacrar!

Fomos comprar lacre, fizemos o embrulho e lacramos. Voltamos:

– Não é assim que se deve lacrar. Só pode haver um nó no pacote todo, e o lacre deve ser aqui, acolá, mais assim e assado.

Aí, alguém nos aconselhou que procurássemos uma lojinha lá perto, onde vendiam cigarros e cartões postais. Lá, arranjariam o pacote convenientemente para nós. Foi o que fizemos. O homem realmente já tinha uma bruta de uma prática. Tinha lacre, carimbos para o lacre, barbante, enfim, tudo. Ele fez um embrulho, nós compramos alguns cartões postais e demos também uma gorjeta.

Voltamos ao correio, onde, dessa vez, aceitaram o pacote. Ainda demos um passeio pela orla e voltamos ao hotel. Subimos ao bar no último andar e bebemos uma *Jugocola*. Era uma Coca-Cola iugoslava, mas era o horror dos horrores. Seria difícil encontrar bebida pior do que aquela. Igual também seria difícil, mas acho que talvez o *Pschit* francês conseguisse emparelhar com ela. Enfim, "saboreando" a tal cola, deleitamo-nos com a vista, que era magnífica de verdade. Fiume desenvolvera-se muito não só para os lados de Susak, mas também para os lados de Cantrida. Praticamente não havia mais partes desabitadas entre Fiume e Abbazia (hoje Opatija), só que, para os lados de Susak, havia uma densidade de construções bem maior.

Descemos, em seguida, para jantar no hotel.

O garçom, gorducho com grande consciência profissional, chamado Géza, trouxe-nos o cardápio, com uma lista variadíssima de comida:

– Traga-nos isto, por favor.

– Lamento, mas não há.

– Então aquilo.

– Lamento, mas acabou.

– Então, quem sabe, aquele outro.

– Não recomendo, não está bem fresco – falou em húngaro. O homem falava húngaro! Mas também, com aquele nome...

– Então aquele outro.

– Lamento, mas não está pronto ainda.

– Ouça, traga-nos o que tiver!

E ele nos trouxe o único prato de comida que realmente havia no hotel. Ficamos observando idêntica manobra em inglês com as alunas de um colégio canadense e seus professores que estavam em excursão. Era formidável esse Géza! Mas, já que falamos em observações, notamos que, no Canadá, a educação devia ter chegado ao máximo de liberalidade e devia ter se tornado totalmente "descomplexada", por assim dizer. As alunas abraçavam os professores enquanto falavam com eles. Esses últimos falavam mais com as mãos, por sinal, do que com a boca. Ao despedirem-se de noite, beijavam se com arrebatamento fora do comum, especialmente se considerarmos que o professor não esmorecia; usara o mesmo ardor três vezes seguidas, com três alunas diferentes que vieram lhe dar boa noite. Uma delas passou-lhe sorrateiramente um bilhete.

No dia seguinte, depois do café da manhã, fomos passear mais um pouco; chegamos ao teatro Verdi e, em seguida, lá por perto, encontramos a rua onde morava o senhor Ladislau Gueth. Esse foi companheiro de esgrima do meu pai e chegou a ser campeão europeu nesse esporte. Subimos ao apartamento dele, mas só encontramos a sua esposa. Ficamos, porém, de voltar de noite. Pegamos um ônibus e subimos à Cosala. Perguntamos a uma senhorinha pelo cemitério. Ela nos acompanhou até lá, e enquanto nos acompanhava, nos contava a sua vida. O marido fora guardião do cemitério durante trinta anos. Morrera devido a um câncer. Ela perdera um filho também. Depois apontou-nos o lugar onde os fascistas haviam fuzilado cinco moços fiumamos, mas de sentimentos croatas. Ela disse ter assistido ao fuzilamento e que um deles ainda gritou: "Mamiza mia, perché ti me gamesso al mondo?" ("Mãezinha minha, por que me puseste no mundo?", em fiumano). E aí, meio chorando, ela descreveu até onde estivera tudo ensanguentado.

Havia ali uma placa em memória dos pobrezinhos. Na porta do cemitério, despedimo-nos da velhinha. O Paulo lhe deu 500 dinares, porque ficamos com muita pena dela, e via-se que ela precisava de uma ajudazinha. Entramos, em seguida, no cemitério israelita e procuramos o guardião. Era um casal que tomava conta. Pegaram de um livro e foram procurar onde ficava o túmulo da minha *nonna*, mas esse não constava do livro. Então, fomos percorrendo os túmulos, um por um – não havia tantos ali, afinal –, mas, mesmo assim, não o encontramos. Finalmente, o guardião prometeu que ia se informar sobre a localização direitinho na comunidade e, se encontrasse, tiraria uma foto do túmulo e a mandaria para nós. Por isso, deixamos o nosso endereço com ele.

Ao sairmos, sentamos um tempinho num banco de jardim em frente à igreja de Cosala. Havia um jovem casal com um neném, ainda de carrinho, e um neném maiorzinho de uns dois aninhos brincando por lá. Olhar os nenéns foi como que lavar a alma depois de todos aqueles túmulos e placas que lembravam fuzilamentos e mortos.

Voltamos à cidade. Queríamos ir à cidade de Abbazia. Não havia mais naviozinho para aqueles lados da costa. Tínhamos que pegar um ônibus. E toca a esperar. Finalmente, bem na hora do almoço, conseguimos pegar um ônibus, quase que num combate corpo-a-corpo, tão cheio estava e tanta gente ainda queria tomá-lo. Fiquei admirada de ver quanta casa nova havia na estrada para Abbazia. Havia também residências de alto luxo.

"Ainda bem" – pensei comigo. – Afinal, esse negócio de comunismo não é para ser tomado tão ao pé da letra por aqui, se há palacetes como esses. Até no Brasil, um industrial ou atacadista deve ser bem vivo para conseguir uma casa assim!

Chegados em Abbazia, demos uma volta, compramos lembrancinhas de turista e sentamo-nos no Quarnero para almoçar. Uso sempre os velhos nomes; os novos não sei, nem quero saber: não vou mesmo precisar mais deles. Depois, fomos caminhar mais um pouco. A *Madonnina*, no Lungomare, não existia mais. Substituíram-na por uma escultura de uma moça com um pombo. Devia ser a paz, ou coisa que o valha, mas era bonitinha essa estátua também.

Depois, fomos visitar a igrejinha que, segundo inscrições por cima do seu portão, foi construída em 1500 e acabada em 21 de julho. Foi dedicada a *Sancte Jacobe* (São Jacó). Depois, fomos seguindo o *Lungomare* (o caminho à beira mar). O tempo estava magnífico e, lá embaixo, no mar, um pescador em seu barco seguia na mesma direção que nós e cantava – bem, por sinal. Foi tão lindo o passeio que nós não sentimos a fadiga. Anda que anda, de repente, nos encontramos em Ica. Como já estava ficando tarde e como havia um belíssimo restaurante à beira da água, embaixo dos castanheiros, decidimos jantar lá.

Fomos servidos por uma garçonete formidável. Falava italiano e alemão também. Ela era de Spalato, mas já estava em Ica há muitos e muitos anos. Paulo pediu *scampi* assados na brasa e eu *sgombri,* espécies de cavalinhas. Pedimos ainda uma salada mista. Foi uma maravilha. Talvez o melhor jantar de toda a nossa estadia na Europa. De qualquer modo, o passeio e o dia todo contam entre os mais inesquecíveis da nossa viagem.

Logo em frente ao restaurante, havia o ponto de ônibus para voltar. Não tardou a condução, de maneira que pudemos ver ainda muita coisa no trajeto. Mais uma vez, pude admirar as residências pequenas na estrada. Antes de Volosca, havia um terreno plano muito grande, onde, antigamente, houvera uma pedreira. Esse fora transformado em um camping. Chegamos a Fiume na horinha exata para ir visitar o senhor Gheth, um amigo de meu pai. Ele nos recebeu sozinho porque a mulher fora visitar uma amiga em Abazzia e ainda não voltara. Foi muito gentil conosco, até fez café sozinho, o que, naquela época, não era comum os homens fazerem.

Queixou-se muito do "sistema". Disse que não resolvera problema econômico nenhum. Todas as principais mazelas, entre elas o problema agrário, subsistiam. Pelo contrário, pioraram e o "sistema" serviu só para tornar as pessoas, quando não infelizes, pelo menos desesperançadas e indiferentes para tudo. Ninguém trabalhava mais, porque ninguém tinha esperança de alcançar nada trabalhando:

– Espere um pouco, senhor Gueth – observei –, o fato é que vi umas belíssimas residências para lá de Cantrida; fariam inveja a qualquer empresário capitalista nosso.

– Pois é – retrucou –, são as residências dos figurões do partido.

Ele opinou que a situação econômica da Iugoslávia era bem pior do que a da Hungria porque, enquanto na Hungria aturavam ainda os *maszek* (*magánsektor*, ou seja, setor particular), pequenos produtores que trabalhavam por conta própria, na Iugoslávia haviam sido perseguidos e acabaram com eles. Por conseguinte, todo o mundo tornara-se funcionário público e, como tal, não trabalhava nada e não se interessava por nada, o que acarretou um empobrecimento paulatino da nação, cuja produção decaía ano após ano. Essa era a causa do relaxamento e do estado decrépito em que se encontrava o nosso hotel, por exemplo. O bombeiro, o eletricista, o marceneiro, todo mundo que deveria consertar algo, todos eram funcionários públicos, logo não consertavam nada:

– E os jovens? Qual é a reação deles?
– São completamente indiferentes. Não têm ideal nenhum, só querem se divertir.

O ambiente era péssimo; era difícil educar seus próprios filhos, mesmo que a gente quisesse:

– Bem, bem, ora, ora – pensei comigo –, os dois mundos começam a se parecer sempre mais.

A osmose parecia ser um fato.

No entretempo, chegou a senhora Gueth, que, imediatamente, pôs-se a achar defeito na maneira como o marido havia posto a mesa, que aliás eu achei muito bem posta. Continuamos a conversar, dessa vez, sobre a nossa vida e a deles. Despedimo-nos bem amigos. Simpatizamos muito com eles, creio que eles também conosco. Voltamos para o hotel e fomos dormir cedo porque no dia seguinte partiríamos para Veneza.

Ao fazer as malas, de manhã, percebi que a minha estava se desfazendo num dos cantos. Descemos, tomamos café e fomos passear. Ao voltar do passeio, quase ao lado do hotel, percebi uma loja de artigos de eletricidade. Comprei um rolo de fita isolante para consertar a mala. Qual não foi a minha surpresa, ao abri-la no quarto, quando vi que era branca! Paulo tinha proposto comprar esparadrapo, mas eu preferi fita isolante que, a meu ver, seria preta e não chamaria tanto a atenção. Agora tinha que me virar com fita branca, péssima, por sinal; colava por igual dos dois lados.

Bem, fiz o conserto como pude, chamamos um táxi e tocamos para a estação da estrada de ferro. As nossas malas iam ficando cada vez menos elegantes durante a viagem: de alça quebrada, coladas com esparadrapo e fita isolante branca, amarradas com barbante... Eu não me incomodaria com nada disso, desde que aguentassem até o Brasil. Para subir no trem, foi, outra vez, aquela agonia. Não encontrávamos carregador. Uma vez encontrado, mandou que esperássemos um pouco. Esperamos uns bons vinte minutos, o que nos permitiu dar uma olhadela nas nossas ex-casas, a da minha família e a da tia Valéria. Ambas se situavam nas esquinas do Viale del Littorio com o Viale Vittorio Emanoele, bem em frente à estação. Haviam envelhecido terrivelmente as coitadas. A gente intuía, mais do que via, as suas ex-cores, verde a nossa e vermelha a da tia Valéria. Tudo, aliás, era tão cinza, tão triste, tão mesquinho. Devo reconhecer que deixei Fiume, pela segunda vez, com a mesma indiferença ou com uma mais total ainda do que da primeira vez. Tanto mais que, nessa nossa viagem, não encontramos quase ninguém que falasse fiumano na cidade onde nasci! Todo mundo falava croata ou alemão... Foi na verdade um caso lamentável e fortuito eu ter nascido lá. Talvez nem seja verdade, talvez a verdade seja o que me diziam em criança, que fui comprada numa loja de Viena!

VENEZA

Outra vez, por sorte, os nossos companheiros de compartimento não tinham bagagem. Assim, pois, coubemos direitinho com todos os nossos trecos. Os rapazes que viajavam conosco eram uns croata-fiumanos bastante simpáticos. Jogavam *mora* o tempo todo. Desceram em San Pietro, na fronteira. Tínhamos vários cartões postais já com selo iugoslavo. Não tivéramos tempo de remetê-los. Pedimos, então, a um deles que os enfiasse na primeira caixa postal que encontrasse. Ele prontificou-se gentilmente. Em Trieste foi fácil a baldeação e encontramos carregador sem dificuldade. A viagem para Veneza foi uma maravilha. Havia campos e mais campos cultivados, entre os quais, de repente, apareciam tabuleiros vermelhos cheios de papoulas. Com esses alternavam-se a toda hora cidadezinhas com os seus campanários delgados e elegantes.

Havia também umas casas de sítio com sua forma fechada em volta de um quintal amplo e bonito e uma cor avermelhada, vistosa. Como eu ficava alegre e feliz ao avistá-los! Depois passamos por Mestre e, depois ainda, por uma nesga comprida de trilhos e autoestrada dentro do mar. Se a gente cuspisse da janela do trem, cuspiria na água. Chegamos, por fim, a Veneza. O carregador tirou do trem as nossas malas:

– Com uma gôndola o senhor se sai mais barato, porque depois não precisa pagar carregador – disse. – Se o senhor pegar táxi (era um barco a motor), terá que pagar, depois, um carregador e, no fim, vai sair mais caro.

– Então, está certo, chame uma gôndola.

Para entrarmos na gôndola, um velhinho segurou-a com um gancho, para impedi-la de se afastar demais. Pediu uma gorjeta por esse serviço. Parece que isso era uma profissão em Veneza: segurador de gôndola. O trajeto até o hotel foi um sonho, uma delícia! Estávamos ainda no lusco-fusco e dava perfeitamente para ver os pequenos canais, por onde cortamos caminho até o hotel Luna. Num dos canaizinhos fomos surpreendidos por um clarão de flash e o fotógrafo jogou um papelzinho na gôndola dizendo que poderíamos ver as fotografias sem compromisso em tal estúdio, em tal rua. "Que bom", pensamos, "isso vai ser um espetáculo: o papai e a mamãe e as quinhentas e sessenta e sete malas na gôndola!"

Continuamos a navegar pelos canais pitorescos. Realmente, por um passeio tão longo, as 2 mil liras que o homem pedira nem foram tão caras. Finalmente, paramos no ancoradouro. O gondoleiro desculpou-se, não poderia nos levar até a porta do hotel, porque a maré andava baixa demais. Assim, pois, deveríamos andar alguns passos por uma ruazinha até chegar lá. Naturalmente, tivemos que arranjar carregadores e pagar mais uma bolada de carregador, gorjeta, etc. Não havia jeito; em Veneza, turista era otário e servia para ser depenado!

O hotel era danado de grã-fino, terrivelmente luxuoso. Só tinha tapetes persas, mármore, cristais de Murano e mosaicos dourados para tudo quanto era lado. Para nós, um hotel mais modesto teria sido preferível, mas a reserva havia sido feita pela gerência do hotel de Budapeste em quarto

Paulo aos pés da Ponte del Rialto, Veneza, 1964.

que correspondia à categoria deles. Como nós íamos passar somente dois dias em Veneza, nos conformamos com o destino e demos entrada triunfal com as nossas malas remendadas em meio à grã-finagem. Para vocês terem uma ideia, o hotel situava-se na Piazza San Marco e ombreava com o Danieli. Mais chique só o Gritti, que era um palacete muito exclusivo e não aceitava qualquer hóspede, mesmo que tivesse dinheiro. Que diria nós, então, que nem grana tínhamos!

O preço do nosso hotel, combinado desde Budapeste, era de 14,4 mil liras, com meia pensão. Não alugavam quartos de outra maneira. Ao entrarmos, o moço da recepção desculpou-se acabrunhado: estava acontecendo uma greve da indústria hoteleira, por isso, eles não podiam oferecer a meia pensão, só o quarto, o que custaria 9,6 mil liras. Nós fizemos uma cara compungida, mas, na verdade, só faltou pularmos e cantarmos de alegria. Gastando muito, poderíamos nos alimentar com 2,4 mil liras e ainda pouparíamos outras tantas.

Subimos ao quarto: luxuosíssimo! Ao abrir as portas de um armário embutido – e os havia aos montes, além do closet para as malas–, luzes se acendiam no interior dele automaticamente. Havia colchas e cortinas de seda e os ubíquos tapetes persas. Banheiro de mármore preto, acabando em mosaico dourado. Grande terraço diante do quarto, com vista para o canale della Giudecca (*excusez du peu*!). Uma vez instalados, descemos e começamos a passear pelos vários *vicos* e *sestieres*. Quantidade de gente nas ruas, iluminação festiva em toda parte e especialmente na Piazza San Marco, onde havia três grandes cafés. Cada um tinha uma orquestra que tocava ao ar livre. Por sorte, a praça era tão grande que as três músicas não interferiam uma na outra.

Sempre passeando, chegamos à Ponte del Rialto. Junto a ela havia vários cafés e restaurantes com cardápios a preço fixo expostos na porta de entrada. Já naquela época, isso era de lei, tanto na Itália como na França. Num dos restaurantezinhos, jantamos uma ótima fritura mista de peixes por 1,2 mil liras. Passeávamos olhando e nos maravilhando com tudo. Veneza era realmente o máximo de beleza e aspecto pitoresco que a gente pudesse imaginar. Às vezes, dava a impressão de ser até demais. Mas que grande experiência! Perfeita e incomensuravelmente felizes, voltamos ao quarto, tomamos um banho bem gostoso no banheiro de luxo e fomos dormir.

No dia seguinte, o café da manhã nos foi servido por uns cavalheiros com aspecto de diretores de banco, em seus trajes impecáveis! Eram os diretores do hotel, pois dos funcionários não havia nem sombra: estavam em greve. Depois do café fomos ao correio e, de lá, à Ponte del Rialto. Observei com curiosidade como o Paulo se orientava bem entre o emaranhado de ruelas venezianas. É verdade que esta havia sido a sexta vez que visitava a cidade, mas também havia de se considerar que a sua última estada acontecera vinte e seis anos antes.

Em cima da ponte, havia uma porção de lojinhas onde vendiam colares, vidros de Murano, mosaicos, bonecas e outras lembrancinhas semelhantes, tudo para turistas. Claro que fizemos várias compras ao atravessar a ponte. Afinal, turista não é para ser depenado? Depois, chegamos a uma praça onde se encontrava a igreja de San Polo. Descobrimos um salão de barbeiro aberto, apesar de ser domingo, e Paulo aproveitou para cortar os cabelos.

Enquanto isso, eu fiquei passeando pela praça, olhando as vitrines. Quando o Paulo emergiu do barbeiro bonitinho, novinho em folha, sentamo-nos lá mesmo, no restaurante ao ar livre, e almoçamos.

Continuamos nossa perambulação, sem pressa e sem meta pré-estabelecida, até chegarmos à estação de estrada de ferro, onde o Paulo se informou sobre os horários dos trens. Íamos continuar a passear e olhar as bugigangas que se vendiam por lá, quando o Paulo percebeu uma moça que conhecia do Brasil. Ficou apavorado:

– Vamos fugir depressa, antes que ela nos descubra, porque essa criatura é muito chata!

Tratamos então de fugir. Como sumir o mais rápido possível? Pegamos um ônibus, que lá era um barco, semelhante às barcas de Niterói. O barco foi navegando Canal Grande acima. Que grande passeio! De vez em quando, eu tentava fotografar um ou outro palacete e ficava em pé no banco para que o vidro da janela não atrapalhasse na foto. Nessas ocasiões, Paulo ficava assustado. Pensava que eu fosse cair dentro da água. Teria graça eu cair de roupa e tudo no Canal Grande! A propósito, a água dos canais era sujíssima. Havia toda sorte de lixo nadando nela.

Era fácil distinguir os turistas dos venezianos. Sem falar na câmera que traía imediatamente os turistas, outra maneira de distingui-los era observar. Se o passageiro ficava olhando admirado pela janela, era turista. Se, ao contrário, ficava lendo jornal, fazendo tricô ou crochê, era veneziano autêntico ou veneziana. Pois bem, descemos e nos embrenhamos pelos *sestieres*. Olhávamos interessados as várias *trattorias* onde lindas *granzeolas* tentavam a gente. As *granzeolas* são caranguejos enormes, deliciosos.

Continuamos o passeio até a Piazza San Marco. Topamos com um engraxate. Paulo decidiu mandar limpar seus sapatos. Enquanto o esperava, entrei na Basílica. Meu Deus, o que havia ali de mosaico dourado, de ouro, de riquezas! A *Serenissima* deve ter roubado um bocado para conseguir tudo aquilo. Aliás, todos os palácios também davam conta de uma riqueza descomunal. Fiquei, depois, observando os pombos; os havia às centenas. Arrulhavam, namoravam, ciscavam pelo chão exatamente como qualquer outro pombo. Não demonstravam sentir nenhuma emoção, nem ao menos orgulho especial por serem pombos de Veneza. A vida toda eles viam, de graça, aquilo que tanta gente pagava um olho da cara, e em dólares, para ver durante alguns dias. Eram o que havia de mais mansos e domesticados. Nós é que tínhamos de tomar cuidado para não os abalroar. Eles não estavam nem aí para se desviarem da gente. Vinham comer na mão de qualquer um. Havia pessoas que vendiam milho para os turistas que quisessem brincar com os pombos.

No entretempo, Paulo acabou com a limpeza dos sapatos. Voltei com ele mais uma vez para a igreja e retornamos em seguida ao hotel. Deixamos, no quarto, os pacotes e a câmera. Já estava escurecendo, não precisaríamos mais dela. Mudamos de roupa também, porque o tempo começava a esfriar. Saímos à procura de uma *trattoria* com *granzeola* na vitrine, onde jantaríamos. Encontramos, enfim, um pequeno restaurante com poucas mesas, uma junto da outra. Na parede, muitos quadros, alguns até sem moldura, faziam supor que aquele seria um local preferido por artistas. Sentamo-nos numa mesa, talvez a única ainda livre. Na mesa ao lado da nossa, um casal já estava jantando. Falavam francês e, quando viram que estávamos comendo *granzeola*, perguntaram como é que se chamava aquilo e se era gostoso e tal e coisa. Paulo, feliz de poder treinar o seu francês, acabou fazendo camaradagem com eles.

Aqui, paro para mais uma daquelas minhas digressões. Vocês sabem, porque já contei, que escrevo essas memórias da viagem apoiada nas anotações que fiz dia a dia durante a nossa estada na Europa. Mas, mesmo que não tivesse mencionado esse fato, vocês o adivinhariam, pois seria impossível aos 96 anos eu me lembrar com tanta minúcia de fatos ocorridos há mais de meio século atrás.

Então, ao sair do Brasil, eu levava comigo um grosso caderninho adquirido na papelaria União. Pensei que duraria a viagem toda, pois tinha umas noventa folhas que fui cobrindo de um e do outro lado com letras miudinhas, formando 180 páginas. Mas, qual nada, na Suíça, me vi obrigada a comprar outro caderninho semelhante, com 98 folhas, que também acabei esgotando, vendo-me assim na contingência de comprar um terceiro caderninho igual na Itália. Mas, quando esse caderninho se esgotou também, nós estávamos justamente no finalzinho de nossa permanência na Hungria, onde não conseguimos adquirir nada de semelhante. Tanto na Hungria como na Iugoslávia, países comunistas, só se fabricavam uma ou duas espécies de caderninhos. Os fregueses que se ajeitassem com aqueles e deixassem de ser chatos e exigentes. Mas eu não poderia, de repente, mudar o formato dos meus caderninhos, uma vez que já havia completado dois deles com um determinado tamanho. Resolvi teimar e aguardar um tempo até que a gente se encontrasse de novo em algum país "capitalista". Comprei, portanto, o meu quarto caderninho, sem nenhuma dificuldade, em Veneza, na manhã de nosso embarque para Milão. Daí, vocês podem verificar que o tamanho dos caderninhos, assim como a maciez do papel higiênico, era uma questão de ideologia.

Saí com pena de Veneza. Era tão bonita essa cidade! Como um flamboyant em flor ou um arco-íris. Não podia ser pintada ou fotografada nem nada. Qualquer reprodução se tornava adocicada. Havia coisas para se ver nela durante um ano... e nós ficamos dois dias! O Paulo também estava muito feliz. Aproveitamos a manhã, antes de partir, para dar um último passeio pela cidade. Lá para o meio-dia, começou a chuviscar. Nos últimos dois dias, havia feito um sol bonito. Ainda bem que só começou a fechar o tempo na hora de partirmos. Fomos à estação da estrada de ferro de "táxi", uma lancha fechada, porque, de gôndola, nós e nossas trocentas malas e pacotes ficaríamos encharcados.

Chegamos à estação com bastante antecedência para ocupar um bom lugar no trem e Paulo ainda teve tempo para comprar um *Cestino per Viaggio*, coisa formidável que se vendia em todas as estações ferroviárias da Itália. Num saco de papel, vinha um almoço completo, que, à escolha, poderia ser frio ou quente. Nós escolhemos quente. Custou 900 liras, mas comemos os dois de um *Cestino*. Vinha macarrão à bolonhesa, galinha assada, batata frita, pão, queijo, maçã, um doce e um quarto de litro de Chianti. Tudo isso com pratinhos e copinhos de papel e garfo de plástico. Ainda de manhã, eu havia comprado meio quilo de cerejas e, assim, tivemos um ótimo almoço no trem.

MILÃO

Chegamos em Milão ao anoitecer. Pegamos um táxi e tocamos para o Hotel Duomo, outro hotel de alto luxo que, evidentemente, não era talhado para o baixo gabarito do nosso bolso. Mais uma vez havíamos confiado no pessoal do Grande Hotel da Ilha Margarida que, sem orientações mais precisas, nos reservou, naturalmente, quartos em estabelecimentos do seu próprio padrão. No entanto, mais uma vez, como era por dois dias apenas, resolvemos aguentar firme e nos instalamos no quarto número 316. Fui curiosa abrir a porta, que dava numa sacada, e lá estava, bem na minha frente, o famoso Duomo de Milão! Parecia que, se tivesse o braço apenas um tiquinho mais comprido, poderia tocá-lo à vontade.

Em frente ao Duomo, um prédio cheio, cheinho de anúncios luminosos. Entre eles o mais bonito e berrante dizia unicamente "CORA", entre duas espirais vermelhas, que, embora parecessem pequenas, na realidade, deviam medir lá seus dois metros de diâmetro, no mínimo. As espirais formavam-se e desapareciam continuamente, enquanto "CORA" permanecia firme e forte, lembrando-nos a nossa Corinha, sua irmãzinha Laura e meu pai que nos aguardavam em casa, no Brasil.

Depois de instalados, descemos para dar uma volta na Galeria Vitorio Emanuele II, muito famosa. Jantamos na Motta, que era uma espécie de Confeitaria Manon. Depois, descobrimos uma confeitaria siciliana muito boa, mas em que, num piscar de olhos, cobraram-nos, a sangue frio, 500 liras por dois doces. Antes de gastar algo mais e fugindo do frio que, com o cair da noite apertava sempre mais, voltamos ao hotel e fomos até a Editora Mondadori, onde o Paulo tinha que conversar sobre negócios. Receberam-nos com impessoal e fria cortesia. No Brasil, teriam recebido melhor um cliente que vinha de tão longe.

Àquela noite, pegaríamos o trem com destino a Paris. Apesar de termos chegado à estação com meia hora de antecedência, só por boa vontade do condutor, conseguimos os dois últimos lugares no vagão de primeira classe. Por sorte, os nossos companheiros de viagem foram gentis e compreensivos e ajeitaram lugar para o mundo de malas que trazíamos. Mais tarde, o moço que estava sentado no melhor lugar, junto da janela e na direção da marcha do trem, pediu-me que trocássemos de lugar porque queria ficar ao lado da porta. Parecia que o pobrezinho estava desarranjado, porque, de cinco em cinco minutos, ele sumia rumo ao banheiro. Assim, eu fiquei no melhor lugar e, ainda por cima, juntinho ao Paulo!

Ao nos aproximarmos de Lausanne, passamos pelo Lac Leman, que, por sua vez era uma barbaridade de lago, lindo de morrer. Como vocês provavelmente hão de se lembrar, nós passamos por Lausanne logo no início da nossa viagem, havia uns dois meses, quando fomos de automóvel, com a Marta Marti, de Genebra para La Chaux-de-Fonds. Dessa vez passamos de trem, cruzando a direção que havíamos seguido a primeira vez. Não deu para reconhecermos grande coisa da cidade. Logo depois de Lausanne, cruzamos a fronteira entre a Suíça e a França. Vieram depois Frasne, Dijon, Sens e, até que enfim, Paris. Entre essas estações que anotamos, havia dezenas de aldeias e cidadezinhas, cada qual mais bonitinha do que a outra.

PARIS

Chegamos a Paris às 22h45, mas não parecia ser tão tarde, pois o sol pusera-se às 20h10, sendo que depois ainda ficou dia claro por mais de uma hora. Esperavam-nos na estação o professor Bourdon, da Sorbonne, e uma moça do Ministério das Relações Exteriores. Levaram-nos até o Hotel Cayré, no Boulevard Raspail. Hotel bem confortável, quarto no quinto andar, com linda vista sobre um montão de telhados! Ao longe, a Torre Eiffel e as torres góticas de Sainte-Clotilde. Mas nós não ficamos no quarto, apenas tomamos posse dele e depositamos os nossos cacarecos. Aí, fomos dar uma volta com o professor Bourdon, que foi muito gentil conosco. Sentamo-nos no Les Deux Magots, café famoso havia alguns anos por ter sido ponto dos existencialistas.

Pelas ruas, um povo esquisitíssimo para a época: rapagões de cabelos compridos, parecendo mulheres, e mulheres de cabelos bem curtinhos, de calças, parecendo homens. Vimos a Françoise Sagan, num elegante vestido rosa, quando entrava num clube-restaurante. Os sócios sustentavam com mensalidades bastante salgadas esses clubes, que eram simples restaurantes, mas nos quais só eles, os sócios, tinham direito de comer. Naturalmente, pagavam depois as refeições tão bem pagas como o fariam em qualquer restaurante de luxo. Achei um esnobismo bobo. O professor

Bourdon disse que havia muitas pessoas que alugavam um apartamento um pouco maior e faziam clubes desses. Assim, eram sustentadas pelos amigos que se tornavam sócios do clube. Finalmente, a altas horas da madrugada, voltamos ao hotel e fomos dormir.

No dia seguinte, enquanto o Paulo foi ao Ministério das Relações Exteriores, eu fui com a Madame Bourdon ver o apartamento que recentemente haviam comprado. Era um apartamento de sala e dois quartos com dois banheiros, hall, cozinha e duas varandas ao nível do apartamento, com um terraço cobrindo a área do conjunto. Sem as varandas e o terraço, a área construída era de 80 metros quadrados e o preço fora 260 mil francos, ou cerca de 86 milhões de cruzeiros, na moeda brasileira da época.

Sei que esses números hoje não dizem nada, mas quem é bom de cálculo e de finanças pode procurar cotações de maio de 1964, transformá-las em ouro ou dólar e, pelas cotações respectivas, ou pela média delas, transformar tudo em preço e quantidade de hambúrgueres do McDonald's, como sugere volta e meia a revista *The Economist*, e terá uma ideia do preço de um bom imóvel em Paris naquele tempo.

De repente, começou uma chuva torrencial, quase igual às nossas no Rio. O professor Bourdon levou-me até o Boulevard Raspail e, de lá, eu segui sozinha até o hotel. Mal acabei de me enxugar, limpar e secar, chegou o Paulo também. No ministério, deram-lhe uma linda pasta com livros e folhetos sobre Paris e ainda 900 francos para os quinze dias que passaríamos na cidade, pois éramos convidados do governo francês.

No fim da tarde, Paulo teria que pronunciar uma palestra na Sorbonne. Então, fomos para lá, onde o professor Bourdon nos recebeu muito amavelmente no seu gabinete, um conjunto de três salas cobertas de estantes cheias de livros portugueses e brasileiros. No gabinete do professor, havia algumas prateleiras com cerâmica de mestre Vitalino, cerâmicas portuguesas e de Moçambique. Havia até um ex-voto, muito rudimentar, em madeira, que "havia sido roubado" não me lembro mais em que parte do interior do Brasil. Do "foi roubado" é que eu mais gostei; não ia perguntar a um grande estudioso da nossa língua, professor da Sorbonne, por quem, não é?

Enquanto o nosso anfitrião nos mostrava as salas e os livros, foram chegando outros professores adjuntos, assistentes e colegas da cadeira de francês para assistir à palestra do Paulo. Entre eles, estava Marlyse Meyer, especialista em literatura brasileira, que conhecia o Paulo ainda do Brasil através dos Hawelka. Ele iria falar sobre Carlos Drummond de Andrade no curso dela, no dia seguinte, e, assim, já combinamos de almoçar depois da aula e passear um pouco depois do almoço.

A palestra do Paulo foi um sucesso. Visivelmente, todo mundo gostou demais. Depois da conferência, o professor Bourdon mandou oferecer vinho do porto, docinhos e salgadinhos para todos os presentes. Saímos juntos, em seguida, o Paulo, o professor e eu. O professor, muito gentilmente, nos acompanhou até o nosso hotel. Isso foi realmente comovedor. Primeiro, porque ele era uma pessoa de grande prestígio e importância no meio acadêmico. Segundo, porque os franceses em geral, não eram tão dados assim. Depois que ele saiu, descemos e compramos algo para jantar, que, como de costume, consumimos no nosso quarto, e, em seguida, saímos para ir à casa dos Hawelka. Eles moravam consideravelmente longe de onde estávamos, mas, por sorte, podíamos ir de metrô. A casa deles era o sobrado de um prédio pequeno, mas bonitinho e acolhedor.

Elsa e Pedrinho, os Hawelka, nos esperavam de braços abertos, com ótima aparência e lépidos, mais novos do que nunca. Até a casa tinha cheiro e aparência de nova, porque havia sido repintada recentemente, para as festas de Páscoa. Depois de gostosas conversas em que pusemos as nossas recíprocas novidades em dia, eles nos acompanharam até o metrô, para uma viagem que durou uns bons quarenta minutos. Passava de uma da manhã quando fomos dormir.

No dia seguinte de manhã, fomos correndo ao departamento latino-americano da Sorbonne, onde o Paulo deu aula sobre Drummond e, como havíamos programado, almoçamos com a Marlyse Meyer. Comemos num pequeno bistrô que oferecia especialidades bascas. Depois, em um passeio, vimos a rua onde Balzac tinha a sua tipografia e onde Racine morreu; e outra onde Marat, por sua vez, tinha a tipografia dele. Fomos até o Jardin de Luxembourg, onde nos sentamos num banco para descansar, ler o jornal e olhar as pessoas que iam e vinham. Tirei foto de uma fonte linda, chamada La Fontaine Medicis, e de um quiosque onde vendiam panquecas. Fomos andando para os lados da Sorbonne e passamos pela rue Monsieur Le Prince, onde, na esquina, havia uma padaria. Radnóti tem uma poesia sobre essa rua e essa esquina. Tirei uma foto para mandá-la para a sua viúva Fifi.

Decidimos voltar para o hotel, atravessando mais uma vez o parque. Paulo queria comer uma panqueca naquele quiosque visto por nós pela manhã.

Havia um laguinho onde crianças brincavam com barquinhos a vela e a motor, que se podiam alugar ali perto num barraco. No mesmo laguinho havia também uns peixes. Eram brincalhões, pulavam fora d'água. Um deles chegava a nadar o tempo todo com a metade do corpo de fora. Eu nunca havia visto coisa parecida.

Ah, e sabem o que aconteceu ao Paulo, quando comia a tal panqueca? Já adivinharam, suponho: se sujou completamente com a geleia do recheio. Mordeu a panqueca em cima e a geleia espirrou para fora por baixo, como de um tubo de pasta de dentes que a gente tivesse apertado com força demais. A geleia caiu na mão dele, mas estava quente demais e lhe queimava a mão. Então, instintivamente, ele a sacudiu e lá se foi a geleia pelo terno todo. A moça nos emprestou uma faca e eu comecei a recolher com ela a geleia. Depois a moça me deu um pano úmido e eu limpei o terno o melhor que pude. Enquanto eu me atarefava com esse nobre mister, a moça tecia comentários dizendo que os homens eram feito crianças, sujavam-se à toa, mas, por outro lado, isso poderia acontecer a qualquer um... "É verdade", pensei com os meus botões, "mas a uns acontece com mais frequência do que a outros".

Paulo prometeu à moça que voltaria, só para lhe demonstrar que sabia comer panqueca sem se sujar e que os homens não eram feito crianças.

Domingo fomos almoçar na casa dos Hawelka, mas desta vez fomos de ônibus, porque, mesmo que a viagem demorasse mais um pouco, aproveitaríamos a luz do dia para vermos um pouco da cidade. Descemos no Boulevard de la Madeleine, depois da Place de la Concorde. Passeando devagar chegamos à Ópera Garnier. Que beleza que estava! Toda lavadinha, branca, os dourados refeitos... Parecia ter sido construída "ontem". Achei incrível o jeito que os franceses tinham para compor urbanisticamente praças e avenidas. Na Ópera, havia uma parada e foi lá que descemos para continuar nossa viagem de metrô. Por sorte, havia um vendedor de flores embaixo, aliás, ilegalmente, pois era proibido qualquer comércio nas estações de metrô. De qualquer modo, nós aproveitamos e compramos três peônias para a Elsa. Um almoço agradável, conversas e novamente voltamos a flanar por Paris.

Chegamos a pé ao Palais Royal, onde se localiza a Comédie Française. Lá estava a estátua de Alfred de Musset. Aproximamo-nos do monumento e, de repente, Paulo me agarrou e começou a me beijar loucamente. Eu fiquei surpresa e meio constrangida. Como assim? Beijar-me à vista de todo mundo, no meio da rua?

– Claro! – veio a resposta. – Eu havia te prometido isso desde o início do nosso casamento.

Foi aí que me lembrei do fato: naquela época, a gente não costumava se portar tão desinibidamente diante de outras pessoas. Mas o Paulo me garantia que, em Paris, todo mundo se amassava e se beijava no meio da rua com grande liberdade e desenvoltura e que, se uma vez nós fossemos a Paris, ele faria isso mesmo bem aos pés "dessa escultura" – e me mostrava um cartão postal com a estátua do Alfred de Musset. Pois chegara a hora de ele cumprir a promessa, e querem saber? Ninguém olhou nem se escandalizou, não aconteceu nada mesmo. Mas o Paulo me surpreendeu...

No dia seguinte, praticamente não saímos pela manhã. O tempo estava fechado e nós, meio jururus e resfriados. De tarde íamos à Embaixada do Brasil. Perto dela, na loja da Panair do Brasil – que saudades, hein! – observamos que havia jornais bastante recentes. Entramos, sentamo-nos lá e demos uma lida nos jornais. Os funcionários da loja ofereceram-nos um cafezinho, que fez com que a gente já se sentisse quase no Brasil. Nesse espírito, fomos à embaixada. Enquanto íamos para lá, encontrei, no chão, um franco novo. Curioso é que só eu ia encontrando dinheiro no chão. Logo em Cannes, encontrei, uma vez, cinco centavos e, outra vez, vinte centavos. Na Suíça não encontrei nada, mas pudera! Vê se um suíço vai largar no chão nem que seja um centavo. Na Iugoslávia também não encontrei dinheiro, mas esses, coitados, estavam sem um tostão que pudesse lhes ter caído da mão. Na Itália, não encontrei nada, talvez por incompetência minha, e, na Hungria, encontrei vinte *fillérs*. Com esse franco que eu acabara de encontrar, já fiquei bem animada: de grão em grão...

Na embaixada, embaixador, momentaneamente não havia. Adido cultural, momentaneamente idem, e assim por diante, escalão por escalão. Paulo falou com dona Gilda Cesário Alvim, que foi muito gentil conosco. Enquanto estávamos esperando pela dona Gilda, um moço aproximou-se e perguntou se o Paulo não era, por acaso, o professor Paulo Rónai? Pois é, ele fora aluno do Paulo no Colégio Andrews e, agora, já era engenheiro e trabalhava na Suíça, mas, volta e meia, dava uns pulinhos a Paris.

PARIS

Fomos dar ainda uma esticada até a Champs-Elysées, ali perto, e voltamos para casa apressados porque ameaçava chover de novo e teríamos um jantar na casa do professor Warnier, amigo do Paulo. Haviam se conhecido antigamente no Rio, quando o Paulo ensinava no Colégio Franco-Brasileiro e o Warnier era adido na embaixada francesa.

Nós fomos os segundos a chegar. Já estava lá um professor japonês, tradutor de Apollinaire (o professor Warnier era apollinairófilo). Depois, ainda chegaram um professor da Columbia University, também especialista em Apollinaire, um professor alemão com a senhora francesa, um francês dono de fábricas de vidro (entre outras, a Vidrobrás, no Brasil) com a esposa também francesa. Começamos a comer tarde porque ficamos esperando por um escritor polonês que acabou não vindo. O jantar foi preparado por Warnier, que era um grande cozinheiro. Serviu fundos de alcachofra com caviar, patê, uma couve-flor com um molho misterioso receita dele mesmo, um presunto cozido com legumes variados e, depois, uma torta com geleia de mirtilo.

A conversa foi interessantíssima. Naturalmente, falou-se sobre Apollinaire, sobre pintura, sobre comida e sobre os Estados Unidos da América. O francês fabricante de vidro atacava e o americano, aliás, casado com uma grega, defendia. Durante a discussão, o americano mostrou ter muito mais tato, educação e finura do que o europeu. Isso veio a demonstrar como é enganosa qualquer generalização.

Durante o jantar, Warnier se desdobrava em oferecer toda sorte de vinhos e bebidas. Entre os vinhos, uns de antes da Primeira Guerra Mundial. Paulo me disse que eram uma delícia. Depois do jantar, o professor japonês nos levou para casa no carro dele. Foi uma noite realmente notável, apesar dos inúmeros charutos com os quais empestearam o ar. Mas a gente aturou heroica e patrioticamente, pois eram charutos Suerdieck, brasileiros.

No dia seguinte, eu tinha um encontro na École des Beaux-Arts, onde fomos recebidos pelo professor Sapali, de geometria descritiva. Ele era bem moço ainda e foi muito simpático. Mostrou-me os apontamentos do curso que estava dando. Era, aproximadamente, a mesma matéria, abordada por nós também na Faculdade de Arquitetura e Urbanismo, só que ele pegava desde o início (desenho projetivo, que nós exigimos no vestibular) e aprofundava mais cada assunto. Conversamos longamente sobre os respectivos sistemas de ensino, sobre a atribuição de notas e assim por diante.

Ele prometeu que me mandaria um livro seu que estava para sair (nunca o recebi) e eu prometi que lhe mandaria o livro da professora Maria Adelaide Rabelo Albano Pires (minha chefe) assim que esse saísse (nunca saiu).

De tarde, fomos ao Instituto de Altos Estudos da América Latina, onde, em uma espécie de mesa redonda, Paulo pronunciaria uma palestra sobre a situação do ensino de francês nas escolas secundárias do Brasil. Estavam presentes o diretor da Casa do Brasil, a Marlyse Meyer, os professores Bourdon e Warnier, e outros mais que eu não conhecia, entre eles um que estava prestes a ir ao Brasil, a fim de estudar os problemas do ensino do francês no nosso país. Voltamos ao hotel para mudarmos de roupa, pois o tempo estava ficando sempre mais frio. Quando descemos, já prontos para ir jantar, de repente, alguém nos cumprimentou:

– Como vai?

Pois não é que era o francês, nosso vizinho de camarote no navio? Dali a pouco, apareceu sua mulher também. Estavam hospedados no nosso hotel, mas só iriam ficar alguns dias. Estavam procurando apartamento. O marido já trabalhava em Paris, mas, enquanto não tivessem apartamento, a mulher com as crianças morariam em Béziers. Ficamos contentes de reencontrá-los; eram muito boa gente. Fomos jantar num restaurantezinho descoberto pelo Paulo. Chamava-se La Petite Chaise. Podia-se comer menu de preço fixo a nove francos. Tanto a comida como o serviço eram impecáveis. Decidimos adotá-lo daí em diante. Fomos dar uma volta depois do jantar. Voltamos a Montparnasse porque o Paulo insistia em encontrar o tal restaurante La Coupole, que não conseguíramos encontrar dias antes. Dessa vez tivemos mais sorte e o encontramos. Tudo somado, fizemos um ótimo passeio, perturbado unicamente pelo frio intenso, pelo vento e pela chuva que volta e meia começava, parava, ameaçava de novo e incomodava um bocado.

No dia seguinte, dedicamos algumas horas a uma visita ao Museu do Louvre. A entrada nos custou um franco cada, mas havia dias e horas em que nos sairia de graça e outros dias e horas em que pagaríamos mais. Precisaríamos umas duas semanas para ver, por alto, o museu todo. Nos enveredamos pela seção de objetos e obras de arte egípcios. Chegamos a ver múmias, sarcófagos, amuletos, pentes, papiros, tudo enfim. Na volta, olhamos ainda cerâmicas gregas, etruscas e esculturas e mosaicos romanos.

Antes de voltar ao hotel, ainda demos uma volta pelas galerias do Palais Royal. Vocês lembram, não? Era o edifício onde funcionava a Comédie Française. Na época de Balzac, essas galerias eram o passeio obrigatório da grã-finagem. As lojas eram o que havia de mais elegante e caro em Paris, mas, quando nós passamos por lá, já estavam meio decadentes. Havia várias lojas de filatelia e numismática, além de alguns antiquários. Paulo comprou, em uma das lojas especializadas em crachás, duas rosetas das *Palmes Académiques*, para tê-las de reserva. Lindo era o jardim circundado por essas galerias. Era um ótimo lugar para levar as crianças: não transitavam automóveis lá dentro, assim, não havia perigo de atropelamentos – como ainda hoje não há.

Nos sentamos num banco e ficamos olhando um pouco a criançada que brincava com barquinhos no laguinho do chafariz e os pombos que cortejavam as pombas. Fomos para casa em seguida, pois ainda teríamos que sair para jantar na casa do Michel Simon, ex-colega do Paulo no Liceu Franco Brasileiro. Se bem me lembro, era esse o professor de lá que, há dez anos, trabalhava em uma tese sobre o bumba meu boi. Da última vez em que se falou nisso, ainda não a havia acabado. Ele morava numa rua chamada rue du Cherche Midi – bonito nome, não é? O apartamento constava de um quarto só, de trinta metros quadrados, bastante bem decorado, com um belo quadro da Maria Helena Vieira da Silva.

Eu, que já estava muito cansada e começava até a ter dor de cabeça, desinteressei-me no ato da conversa e só cuidei de não roncar alto demais. Michel Simon também deixou transparecer que havia esquecido tudo a respeito do seu ex-colega. Coisas que o Paulo lhe contara e importantíssimas para quem as contou, ele as esquecera por completo. Mas, ainda assim, foi gentil conosco e ofereceu-nos um ótimo jantar.

EM BUSCA DA VERDADEIRA ÁRVORE

No dia seguinte, o tempo deu uma melhorada. Surgiu um solzinho camarada, o que tornaria o nosso passeio à Cidade Universitária mais agradável. Não quisemos pegar o metrô logo de saída, para usufruir um pouco do ar, da luz e do sol. Decidimos, então, ir até a estação de Saint--Germain-des-Prés. No metrô, verificamos que a linha que nos levaria até a Cidade Universitária era a mesma cuja parada final era Robinson. Ora, em Robinson havia antigamente um restaurante onde as mesas e cadeiras eram postas entre os galhos de uma árvore descomunal. Fora lá que o Paulo almoçara uma vez, havia 35 anos, com o seu amigo Pippidi. Decidimos que, depois da visita à Cidade Universitária, iríamos almoçar nesse tal restaurante, caso ele ainda existisse.

A Casa do Brasil fora projetada por Le Corbusier e Oscar Niemeyer. Vocês vão achar que era cisma minha com os autores do projeto, mas a verdade é que achei o conjunto inteiro tristíssimo, nada acolhedor e pouco prático. No entanto, a construção deve ter custado uns tubos. Como todas essas construções, a casa era bastante fotogênica. Fizemos amizade com o diretor, Luiz Lisanti Filho. Não ficamos tempo demais, não queríamos incomodá-lo e já estava ficando tarde para o almoço. Mesmo assim, deu para ele nos explicar o funcionamento da casa, os programas culturais e os problemas econômicos. Contou-nos, por exemplo, que conseguira comprar um mimeógrafo de último tipo, com que faziam todos os impressos da casa, e com o qual os bolsistas podiam mimeografar seus trabalhos e suas teses.

Fomos de metrô até Robinson. Esse metrô, porém, estava metamorfoseado em trem de subúrbio. Já não andava embaixo da terra e, por isso, pudemos apreciar a vista e o incrível desenvolvimento urbanístico dos subúrbios de Paris. Chegamos a Robinson, que mais parecia uma pequena cidade grande. Tinha edifícios de cinco e seis andares, moderníssimos, bem como pequenos chalés muito românticos, cheios, cheinhos de rosas nos seus jardins. Todas as casas eram bem conservadas e limpas.

Aliás, isso era um fenômeno geral em Paris. Eles, os cidadãos de lá, viviam lavando as fachadas de pedra de seus edifícios e rebocando de novo e pintando as construções com fachada em reboco. Generalizando mais um pouco, chamava a atenção que todas as casas da Europa Ocidental, que eu vi, eram muito bem conservadas. Nada de reboco caindo, ou manchado, contrastando com as da Europa Oriental, que eu vi, e que estavam quase todas malconservadas: reboco caindo para tudo quanto era lado. Isso acontecia até nas casas recém-acabadas, pois, justiça lhes seja feita, também na parte oriental construía-se um bocado.

Já que mencionei as diferenças entre "cá" e "lá", as três principais eram: primeiro, o reboco, conforme acabei de explicar; segundo, o papel higiênico. Parece mesquinho ou ridículo eu ter observado que atrás da cortina de ferro não havia papel higiênico que prestasse, mas isso fazia parte de um fenômeno mais geral: os produtos eram de qualidade inferior e havia pouca escolha nos gêneros. Havia algumas e honrosas exceções: na Hungria vimos os livros mais bonitos e bem feitos do mundo. Eram melhores que os franceses ou italianos. Terceiro, a música nos bares e danceterias: enquanto na Itália e na França tocavam-se as últimas novidades do mundo inteiro, na Hungria e Iugoslávia, ouvíamos unicamente músicas do fim do século XIX e início do século XX, como "I am looking for a four-leaf clover", por exemplo. Parecia-me um saudosismo, um desejo de fuga do presente. Aliás na Áustria, apesar de pertencer à Europa Ocidental, também se tocavam muitas valsas e o gênero Viena antiga, como para dizer: "nada mudou, nós não fomos aqueles meninos ruins, ninguém morreu aqui, nada houve aqui..."

Voltando outra vez ao assunto Robinson – desculpem a digressão –, perguntando aqui e ali, chegamos a um restaurante, Au Souvenir du Gros Noyer. Mas aí, não havia nem sombra da grande árvore, onde se comia entre os galhos e onde havia trinta e cinco anos o Paulo almoçara com o seu amigo Pippidi. Por um momento, ficamos assustados, pensando que a tivessem cortado. Mas não, explicaram que deveríamos ir mais adiante, para cima e depois para a esquerda. O sol queimava, suávamos, estávamos com fome, com sede e cansados. Mas agora, fazíamos questão de comer na *gros arbre*.

Por fim chegamos a um lugar onde havia dois restaurantes, um em frente ao outro. Um chamava-se Restaurant Le Gros Arbre e já de longe ostentava um grande cartaz dizendo que o menu preço fixo era de 22 francos, tudo incluído e "*pas des surprises*"! O outro chamava-se Le Vrai Arbre de Robinson e não havia menu *prix fixe*, logo, deveria haver *surprises*. É claro que por esse preço nós não íamos comer nem na *gros arbre* e nem na *vrai arbre*. Em todo caso, entramos primeiro na *gros arbre* para assuntar o lugar e ver se tinha sido ali mesmo que o Paulo almoçara com seu amigo Pippidi.

Ocorria justamente um banquete de casamento e o pessoal estava fotografando os noivos debaixo de umas árvores verdadeiramente gigantescas, mas que, infelizmente, não eram a *vrai arbre* onde o meu amor almoçara. Acorreram alguns garçons para nos arranjar lugar, mas nós agradecemos e explicamos que estávamos apenas olhando o lugar, pois já havíamos almoçado, uma desculpa plausível, considerando-se que já passava das duas da tarde.

Atravessamos a rua e entramos no *vrai arbre*. Estava vazio, meio abandonado. Pelos cartazes e menus, chegamos à conclusão de que aquilo só funcionava de noite e era uma espécie de cabaré. Aí, de repente, avistamos A ÁRVORE, *Le Vrai Arbre de Robinson,* ou seja, a verdadeira árvore onde realmente, entre os ramos, havia mesas e cadeiras e onde, havia trinta e cinco anos, o Paulo almoçara de verdade com o seu amigo Pippidi!

Tirei uma porção de fotos da dita cuja e, depois, fomos descendo a rua para procurar finalmente um restaurante, mesmo sem árvore, mas onde nós pudéssemos almoçar por um preço razoável. Em alguns, a cozinha já tinha fechado devido ao adiantado da hora, mas enfim acabamos almoçando, e muito bem, naquele primeiro Souvenir du Gros Noyer. Voltamos para a cidade, mas não fomos direto para casa. Fomos antes para a Place des Vosges que, além de ser uma bela praça, abriga a casa onde morou Victor Hugo. Fomos visitá-la, pois se tornara museu. O que se expunha eram, principalmente, ilustrações de autorias de diversos artistas famosos para os livros de Victor Hugo. Entre essas, vários quadros feitos por ele mesmo, bem ousados até. Havia um em que já era perceptível o começo do abstrato.

Havia obras feitas pela esposa de Victor Hugo, também boas, mas revelavam menos talento e personalidade do que as de seu marido. Eram mais como desenhos de alguém que havia aprendido muito bem a desenhar e acabara dominando a técnica. Entre os móveis, muitos feitos pelo próprio Victor Hugo com mestria: complicados, esculpidos em madeira, cheios de florzinhas, anjinhos e coluninhas torsas. Pois não é que ele fazia isso também com aquela competência? Que grande talento foi esse homem e como se educavam bem as pessoas antigamente!

EM BUSCA DA VERDADEIRA ÁRVORE

Em seguida, no Boulevard Saint-Michel sentamo-nos num café para descansar e observar as pessoas que passavam. Paulo tomou um cafezinho e eu um suco de tomate. Ao voltarmos para casa, vimos na rua um camarada que vendia quadros bem bonzinhos por dez francos. Vai ver que em breve seus quadros iriam valer cem mil francos e ele iria ser um pintor famoso. Adiante, outro camarada vendia colares e bijuterias ultramodernas, abstratas. Bonitas, essas também. Mais adiante uns jovens estavam distribuindo folhetos contra Franco. Isso tudo às onze e meia da noite! Assim era a vida noturna nesses *boulevards*. Mas já estávamos cansados e não nos deixamos seduzir. Mesmo assim, já era uma hora da manhã quando fomos dormir.

O JARDIM DE BALZAC

Sábado, dia 6 de junho, aniversário do desembarque das tropas aliadas na Normandia. Era festa, mas todo mundo trabalhava normalmente mesmo assim. Fomos visitar os Hawelka, com os quais fomos a um parque ali perto da casa deles. Nesse parque se encontrava o Jardim Zoológico de Paris. Almoçamos ali num ótimo restaurante, do qual eles já eram fregueses havia quatro anos e onde, portanto, tinham grande prestígio. Depois do almoço fomos ver os animais do zoo. Do que mais gostei foram os pinguins. Havia duas espécies deles. Uma media aproximadamente o dobro da outra, que me pareceu ter uns cinquenta centímetros. Os da espécie maior tinham um certo quê de azulado nas asas. Os dois grupos estavam isolados um do outro. Havia uma variedade muito grande de animais nesse jardim zoológico e todos eles bem alojados em ambientes livres, sem grades, onde somente valas e muros rochosos os impediam de sair. Numa lojinha vendiam-se animais feitos em vidro como lembranças. Elsa nos presenteou com um lindo galo branco, que o Paulo escolhera. Antes de sairmos do zoo, subimos numa torre, em forma de rocha, com 70 metros de altura. De lá descortinava-se uma linda vista de Paris ao longe (o jardim já estava fora dos limites de Paris), do Bois de Vincennes mais perto e, naturalmente, do próprio jardim zoológico aos nossos pés. Pelas escarpas artificiais ao lado da torre, que era o pico mais alto daquelas rochas, andavam e pulavam cabritos monteses, com tanta desenvoltura que cheguei a temer que caíssem lá de cima. É claro que eles... nem te ligo!

Aviões estavam escrevendo algo com fumaça. Ficamos olhando: começaram com uma enorme letra J. Elsa concluiu que deveria ser "Jour J", o que em francês corresponde ao nosso "Dia D". Nada mais lógico; mas não. Era *Javel*, a palavra francesa tão poética que designa nossa prosaica água sanitária. Tratava-se da propaganda de uma marca de produtos de limpeza. Não tivemos paciência para esperar que escrevessem o resto da mensagem.

A esperada visita à casa de Balzac aconteceria no dia seguinte. Como tínhamos chegado com um pouco de antecedência, demos um curto passeio pelas redondezas, tomamos um cafezinho lá por perto e só depois é que entramos. Infelizmente, a casa estava toda em obras, portanto sem os móveis, os quadros ou outros pertences de Balzac. Só pudemos percorrer a casa vazia. Mesmo assim, foi um privilégio, pois ela estava fechada para o público e só a abriram, excepcionalmente, para o Paulo. Imaginem vocês que deu uma praga de fungos nos tacos, nas vigas e nos barrotes da casa. Essa praga é parecida com a nossa de cupins. Acaba com a madeira todinha. Por isso eles tiveram que mudar certas partes do madeiramento, imunizar outras e, já que estavam com a mão na massa, fizeram outras pequenas obras e consertos de que a casa estava precisando há um bocado de tempo. O diretor, M. Chanserel, estava visivelmente feliz de conversar com o Paulo, aliás quem não estaria? E o Paulo também estava todo satisfeito de poder falar sobre Balzac, sobre o antigo diretor da casa, M. Bouteron, e outros velhos amigos ou famosos conhecidos.

Enquanto os dois conversavam, eu recolhi cinco pedrinhas do jardim. Primeiro, porque eram bonitas, tipo seixinhos. Segundo, para servirem de lembrança desse passeio tão importante para o Paulo. Contou-nos o *conservateur* que Balzac costumava passear frequentemente naquela aleia do jardim. Eu não sabia se os seixinhos seriam ainda os antigos, ou se teriam sido colocados ali mais tarde. Decidi imaginar que Balzac pisara neles, que assim ficava mais interessante. Ultimamente – décadas já se passaram – resolvi procurar as pedrinhas, mas não me lembrava onde as teria posto; não as encontrei. Assim, vão-se embora, com o tempo, não apenas nossas lembranças mas até a *memorabilia* coletada e "guardada" justamente para evocar momentos tão especiais e importantes da nossa vida.

Como não estávamos muito longe, fomos em seguida à Torre Eiffel. Teria sido uma pena se ao passarmos por Paris não tivéssemos subido na sua famosa torre. Infelizmente ou, talvez, felizmente, o elevador que nos levaria ao topo estava parado. Assim pois, só subimos até o segundo estágio dos três estágios possíveis: o primeiro era relativamente baixo; o segundo alcançava uns três sétimos da altura total e, finalmente, o terceiro, que seria o topo da torre. Para a primeira etapa o elevador custava 1,5 francos. Para a segunda, três francos e para terceira, cinco francos. Por isso é que eu disse "felizmente", porque, se o elevador funcionasse, nós não teríamos tido coragem de não subir até o topo e teríamos gasto dois francos a mais cada um. Poupamos, portanto, quatro francos e, do segundo estágio, afinal, a vista já era bastante boa. Havia ali também um restaurante caríssimo – *ça va sans dire* – e um fotógrafo que tinha um painel de fundo com a fotografia da Torre e os desenhos de um casal se segurando nela. O lugar dos rostos era recortado, para que os fregueses pudessem enfiar a sua própria cara lá dentro. Enfim, coisas de turistas, como um quiosque vendendo lembrancinhas e cartões postais com a torre. Nós escrevemos um desses cartões para o meu pai. Tivemos que pô-lo numa caixa de correio localizada lá mesmo, pois em qualquer outra o carimbo não teria tido valor.

Depois de termos dado o número conveniente e suficiente de olhadas sobre Paris, que correspondesse ao nosso investimento de seis francos, descemos e fomos procurar a estação de metrô mais próxima, que era a Bir Hakeim, perto da ponte de mesmo nome. Ponte curiosa essa, de dois níveis: no de baixo, havia trânsito de ônibus, carros e pedestres, e, no nível de cima, corriam os metrôs. Na Torre Eiffel, nós ficáramos um tempão contemplando o vaivém desses veículos no nível superior. Enfim, pegamos o metrô e, com uma baldeação, chegamos ao hotel.

Em casa, começamos a arrumar as malas, pois, em dois dias, logo de manhã, teríamos que embarcar para Toulouse. Na véspera da partida, voltamos a nos dedicar à feitura das malas que – ufa! – acabamos às duas da manhã. Pedimos na portaria que nos acordassem às seis e meia. Inevitável e cruelmente fomos, de fato, acordados àquela hora. Vestimo-nos, guardamos os sabonetes, pasta e escova de dentes e descemos para tomar o café. Depois, pegamos um táxi e rumamos para a estação, onde chegamos com quarenta minutos de antecedência, o que foi bom, porque era complicado sistematizar todas malas que levávamos.

Sorte que era raro os outros passageiros terem tantas malas assim, porque também era raro um casal viajar durante três meses Europa afora, atravessando inúmeros países, com climas variando segundo o lugar e a época e portando roupas, às vezes, simples para o dia a dia e, outras vezes, mais adequadas a ocasiões de festa ou a solenidades ou ainda para se apresentar ao público nas conferências, aulas, palestras etc. Por isso, sempre conseguíamos entulhá-las nas cabines dos trens. Dessa vez, não foi diferente, conseguimos pô-las todas na nossa cabine.

Mais tarde, apareceu o professor Bourdon para se despedir da gente. Esse Bourdon era uma flor! E pensar que muita gente em Paris o havia descrito como intratável, macambúzio, ranzinza... Finalmente, embarcamos. Por sorte, só tivemos uma companheira de viagem na cabine. O dia estava maravilhoso, ensolarado, e a paisagem tampouco ficava atrás. Ao meio-dia e tanto, almoçamos coisas que Paulo havia comprado na estação ao embarcarmos: pão, ovos, queijo, frutas e *madeleines*.

TOULOUSE

Chegamos a Toulouse e, lá, já nos esperava o professor Roche com dois de seus assistentes para nos levar ao Grand Hotel, onde a faculdade nos reservara um quarto. O nosso quarto, infelizmente, não era nada bonito: era escuro, antiquado e desconfortável. Depois de termos nos lavado e posto à vontade, saímos para dar uma volta e jantar. Seguimos retinho pela rue de Metz, onde situava-se o nosso hotel, até a Pont Neuf, que ligava as duas partes da cidade, separadas pelo rio Garonne. Não atravessamos a ponte, mas seguimos um trecho pela margem do rio até a basílica de Notre Dame de la Daurade. Como todas as igrejas e todos os palácios dessa cidade, a Notre Dame de la Daurade era também construída com tijolos de uma linda coloração rosa. Não era muito antiga, pois substituíra uma outra que estivera em seu lugar, construída pelos visigodos e destruída em 1764. Uma porção de andorinhas esvoaçando em torno da igreja logo me fizeram lembrar das nossas em Nova Friburgo e me bateram muitas saudades de casa, das nossas meninas e de meu pai. Comemos ali por perto e voltamos para o hotel.

De manhã, o professor Roche veio nos buscar para nos levar à faculdade. O Paulo teria que pronunciar aquela palestra sobre a vida do Brasil no espelho da linguagem e, depois do almoço, participar de uma mesa redonda sobre Balzac. À noite, fomos à casa do professor Roche, onde nos encontramos com vários outros professores. Tínhamos ainda alguns dias em Toulouse antes de seguirmos para Gênova e combinamos para o dia seguinte um passeio a Albi, cidade vizinha de Toulouse, famosa pela sua catedral.

Chegamos a Albi no meio da tarde. Normalmente, a essa hora, ainda costuma ter sol naquelas paragens, mas, dessa vez, estava tudo num lusco-fusco tão grande que dava até pena. Entramos na catedral; era altíssima. A olho, Paulo e eu avaliamos que poderia ter uns cinquenta metros. A decoração das paredes era toda em desenhos geométricos relativamente miúdos: hexágonos, quadrados e losangos. Em alguns trechos, os quadrados e losangos eram combinados de tal modo a dar a impressão de cubos, quando vistos de longe. As janelas e rosáceas eram esplendorosas, apesar da pouca luminosidade. Havia uma espécie de capela à parte, dentro da qual era localizado o coro. Não o coro de canto, mas o lugar de onde os cônegos, os seminaristas e outros membros e autoridades da igreja sentavam para rezarem juntos. Todo o coro era isolado do resto da igreja por uma espécie de gradil esculpido em pedra. De longe, parecia uma renda. Agora, não pensem vocês que era uma coisa miúda; tudo ali tinha proporções muito grandes.

Procuramos o sacristão para lhe pedir que iluminasse um pouco a igreja, pois naquela escuridão não dava para enxergar direito. Este último, porém, recusou-se a nos atender alegando que só recebia visitantes até às cinco horas. Não foi muito cortês o camarada, mas paciência. Demos ainda uma olhadela no exterior da igreja. Essa também era toda construída em tijolos, menos um pórtico gótico esculpido em pedra. Era magnífico o efeito de contraste entre o pórtico de pedra e o fundo de tijolos. Impressionava também a altura da construção; essas paredes lisas, nuas, altas, altas, davam a impressão de uma fortaleza. E parece que, frequentemente, a igreja servia, sim, também como tal. Em frente a essa igreja, havia uma outra, com um claustro muito bonito. Nas casas circundantes, havia leigos morando e, aparentemente, até uma padaria cujos fundos davam para lá. Pelo menos eu senti um calorzinho agradável e um cheirinho de pão tão convidativo que chegou a me dar água na boca. Lá fora chuviscava e fazia frio, portanto, me foi duplamente agradável a proximidade do forno. Chegamos a Toulouse já bem tarde da noite, com frio e com fome.

Na última vez em que estivemos juntos, o professor Roche, muito timidamente, convidou-nos para passarmos o domingo com eles no chalé de seu pai, em Andorra. O pai dele vivia no Marrocos e todo o ano voltava para férias. Pois, havia cerca de dois anos, o velho comprara esse chalé em Andorra e, desde então, quando o pai estava de férias no chalé, o professor aproveitava e ia lá visitá-lo nos fins de semana. Andorra era um pequeno principado, feito Mônaco, só que, em vez de um príncipe, tinha dois. O primeiro era o bispo de Urgel, uma cidade espanhola, e o segundo era o Rei da França. Como não havia mais rei, o segundo passou a ser o presidente da França.

Menor país da Europa, Andorra vivia de turismo e de ser um paraíso fiscal, onde, entre outras vantagens, ninguém pagava imposto ou alfândega. Em Andorra la Vella, capital do principado, pululavam as Mercedes Benz e outros carros de luxo. Como a região toda é muito bonita e como, devido à falta de impostos e outros costumeiros achacamentos governamentais, os produtos todos custavam a metade do que custavam na França, muitos franceses, especialmente da região de Toulouse, construíam seus chalés e casas de campo naquela região. Assim foi que o pai do professor Roche também acabou comprando casa ali.

Muito bem, então, o professor, tendo explicado tudo isso ao Paulo, disse que o assistente dele, o Jacques Emorin, viria nos buscar às 8h no domingo para nos levar para lá, se quiséssemos ir. A distância era de uns 200 quilômetros, logo, 400 de ida e volta; talvez nos cansasse demais? Qual o quê! Paulo ficou encantado com a ideia, naturalmente. Assim, pois, domingo de manhã, às 8h, saímos satisfeitos da vida, os Emorins e nós, em demanda de Andorra. Como era bonito o campo francês! Só trechos cultivados, a maioria com vinhas e trigo, casas bem boas, de vez em quando, uma linda igreja ou um castelo. O povo daquelas paragens, das cercanias de Toulouse, gostava mesmo era da cor lilás. A violeta era a cor característica de Toulouse e, assim, quando se tratava de escolher uma linda cor para as venezianas, preferencialmente, pintavam-na de lilás. Parece brincadeira, mas eu vi, ao longo da ferrovia, no mínimo uma dúzia de sinais ou semáforos cor lilás.

As igrejas tinham uma forma de campanário toda especial, com uns balcões onde, provavelmente, os sacristãos tocavam os sinos. Para contar as coisas com um mínimo de ordem, irei enumerando as localidades por onde passamos. Anterive, Palmier – Paulo conhecia esse nome das obras de Balzac. Nelas, há um personagem que não tem nome e só é conhecido como "le Vidame de Palmier" –, Foix, Tarascon-sur-Ariège (a não ser confundida com a Tarascon do Tartarin) e Aix-les-Thermes, que era, como se vê pelo nome, uma estação termal. Havia um sem número de fontes de água sulfurosa quente. Cada fonte tinha temperatura diferente. Variavam entre 60° e 80°. Nós víamos as fontes e botávamos o dedinho na água para experimentá-las. Na de 80°, a gente só pode botar o dedo e tirá-lo no mesmo instante, porque queimava de verdade. Havia ainda uma fonte que caía numa espécie de piscina natural. Essa não era tão quente, teria talvez uns 40°. Não havia indicação de temperatura junto a ela como nas outras, mas uma porção de gente sentada ao seu lado estava tomando banho de pés; se a água tivesse sido quente demais, eles não a teriam aguentado. Traço comum entre todas essas fontes era o cheiro idêntico ao da água da Ilha Margarida em Budapeste, isto é, cheiro de ovo podre.

Tomamos um cafezinho no bar da praça principal, compramos alguns cartões postais e o Paulo adquiriu uns docinhos característicos do lugar, chamados "bolas de neve" por causa da forma deles, mas a cor, além de branco – natural, né? –, era também azul. Eram gostosíssimos, um pouco parecidos com marzipan ou ainda com os biscoitinhos que antigamente se vendiam em Fiume e que se chamavam "fave". L'Hospitalet foi a última localidade francesa. Dali em diante, pegamos a subida da serra, pois teríamos que chegar até 2.407 metros, para depois descer a 1,5 mil, mais ou menos, que é a altura de Andorra la Vella. Passamos por um posto da polícia e alfândega, onde tivemos que apresentar os passaportes. Durante a subida toda, havia uma neblina tão espessa que a gente mal conseguia enxergar a estrada. Isso não era particularmente animador, já que, ao lado da mesma, em todo o percurso, abria-se um despenhadeiro de 500 metros de profundidade, e nós não tínhamos paraquedas.

Éramos uma fileira de carros, todos subindo a passos de cágado, esforçando-nos para enxergar algo da estrada. Perguntei ao professor Emorin como ele conseguia se virar com tanta neblina impedindo a visão. Ele me disse que não enxergava nada mesmo, a não ser a luzinha vermelha do carro à nossa frente. Ele estava seguindo essa luzinha. Se, de repente, ela sumisse, isso quereria dizer que seu guia caiu no precipício e, portanto, seria aconselhável parar:

– Ah bom! – retruquei, e seguimos adiante.

Pois bem, logo que passamos pelo topo da montanha e entramos no vale de Andorra, esperava-nos um sol brilhante com uma vista maravilhosa, como se alguém tivesse cortado a bruma com faca – já se via que as agências de turismo de Andorra eram mais eficientes do que as francesas. Ao lado da estrada, floresta de pinheiros, campos floridos em mil cores e mil variedades: papoulas, blueses, rododendros, giestas, miosótis, violetas, cardos amarelos e rosas, margaridas, jacintos e outras muitas, muitas cujo nome nem conhecia, mas marcavam presença em profusão de verdade. As pedras, que as havia em quantidade também, eram todas verdes devido a um musgo fininho e sedoso que as envolvia. Aqui e acolá, ovelhas pastavam em gramados verde-claros. Mas isso não dá para descrever, só vendo mesmo! E mais ainda, as pequenas cachoeiras, todas dirigindo-se ao riacho, no fundo do vale.

Chegamos ao chalé dos Roche; não era grande, a casinha, mas era charmosa. A vista que se abria para La Cortinada era algo de maravilhoso. Em primeiro plano, um campo todo cheio, vermelho de tantas papoulas e, lá no fundo, um córrego e a aldeia. Dona Nancy ofereceu-nos um aperitivo enquanto conversávamos com o pai do professor Roche, um senhor muitíssimo simpático. Fiquei com a impressão de que poderia ter sido um ótimo amigo para o meu pai. Ele era pastor protestante e tinha sido capelão da Legião Estrangeira. Era muito culto, autor de vários livros, interessava-se por tudo que via e ouvia. Nas horas vagas, assim como meu pai, transformava-se em marceneiro e, também como meu pai, tirava ótimas fotos em cores. Na época, trabalhava num livro sobre os cultos da Virgem. Mas o livro era de tal jeito que os católicos jamais o editariam. Por outro lado, os protestantes evitavam editá-lo, alegando que aquele não era um bom momento; não valeria a pena aborrecer os católicos justamente quando havia indícios de uma possível reaproximação entre os crentes das duas doutrinas cristãs. E, assim, o livro ficava no manuscrito mesmo.

Pensando agora no assunto, me deu vontade de saber se, desde então, alguém teria editado aquele livro. Na época, ele me perguntou se por acaso eu saberia algo sobre a Madonna de Loreto e e me contou a lenda sobre a casa de Nazareth que os anjos teriam transportado, etc. Eu me lembrava remotamente dessa história, mas não pude dar qualquer informação concreta. Aliás ele me pareceu informadíssimo a respeito. Inclusive me contou (eu já sabia) que a Madonna de Loreto era preta; era uma das poucas virgens pretas de que se tinha notícia. Falamos depois da chaminé da casinha, que se recusava a funcionar e botava fumaça para baixo, enchendo a sala de fuligem (defeito bastante comum em chaminés). Prometi mandar-lhes um projeto de chaminé do Brasil, logo que chegasse em casa. Em seguida fomos almoçar em um restaurante não muito longe dali, em El Serrat.

O velho sr. Roche não pôde nos acompanhar, por conta de uma vértebra dolorida que não aguentaria uma viagem de automóvel. Foi pena, porque o restaurante era lindo; lembrava um pouco o restaurante da Cascatinha na Tijuca, só que muito mais bonito. Bom almoço, bons vinhos, boa conversa. Foi um acontecimento e tanto.

Voltamos para o chalé onde tomamos cafezinho e ainda conversamos por um tempo. Começou, depois, a viagem de volta. Em Andorra la Vella, paramos para comprar cartões postais e lembrancinhas. Os Emorins adquiriram azeitonas recheadas e cigarros em quantidade pequena para que não desse galho na alfândega e, naturalmente, encheram o tanque de gasolina. No posto da alfândega, havia uma longa fila de carros aguardando a inspeção. Os guardas pegavam um em cada dez ou quinze carros e o desmontavam completamente para ver se não levaria contrabando. No nosso caso, o guarda olhou apenas a parte da frente e nos liberou. Pois, lá fomos nós serra abaixo quando... que diabos acontece? Ao passar o topo, isso é, a cota de 2.407 metros, cerração pesada outra vez!

Para nos divertirmos, contávamos piadas uns aos outros. Depois, eu comecei a tocar a nova gaita que havia ganho do Paulo em Paris. Eles nos ensinaram algumas canções francesas bem divertidas. Assim, o tempo passou num instante e, dali a pouco, já estávamos nos despedindo na porta do hotel. Voltamos ao restaurante Chipirol, tomamos chocolate quente e pão com manteiga e fomos para casa satisfeitos e cansados.

No dia seguinte, só teríamos algum programa de tarde. Por isso aproveitamos a manhã para descansar, saborear o café com mais vagar e passear à vontade. Fomos à rue de Metz, onde havia uma loja que vendia

Paulo e Nora, Andorra, 1964.

absolutamente tudo, semelhante à antiga Mesbla do Rio. Chamava-se Manufacture d'armes et cycles de St. Etienne. Os meus leitores mais jovens provavelmente não terão nem ouvido falar na Mesbla, que já acabou há muito tempo. Já a Manufacture, depois de algumas reviravoltas, ainda existe. Pois essa loja editava, de tempos em tempos, uns grossos catálogos ilustrados, onde constavam todos os artigos que vendia, que eram tudo o que a gente pudesse imaginar. Paulo usava esses catálogos à guisa de dicionário em suas traduções. Aproveitamos e compramos dois desses famosos catálogos. Voltamos depois para o hotel, onde iríamos encontrar o Jacques Emorin, às quatro da tarde, para irmos conhecer algumas igrejas interessantes pela sua arquitetura.

Enquanto esperávamos o nosso cicerone, Paulo relia as suas conferências, que seriam publicadas na *Caravelle*, revista da Faculdade de Letras de Toulouse, e na *Études Balzaciens*. O nosso amigo chegou atrasado devido a uns exames que o retiveram na faculdade. Mesmo assim, correndo, deu tempo de apreciarmos direitinho a igreja dos Jacobins e a de St.-Sernin. A primeira encontrava-se em péssimo estado e o patrimônio artístico estava justamente tratando de consertá-la. Era uma grande igreja, famosa por ter as colunas mais altas construídas na Idade Média. Estava naquela petição de miséria porque, durante o desenrolar de acontecimentos históricos, servira de caserna, de estrebaria e o diabo sabe mais de que. Ultimamente, seu claustro havia sido usado pelos ginasianos, alunos de um colégio pegado à igreja. Esses, então, acabaram com a obra de destruição dos militares e dos cavalos.

Passeando na igreja – o chão era de terra batida –, Paulo encontrou um anel, muito feio por sinal, com uma caveira como enfeite. Esse já foi o segundo anel que ele encontrara na viagem. Pelo visto, o Paulo especializou-se em achar anéis; eu, volta e meia achava dinheiro. Fomos, depois, ver a igreja de St.-Sernin, que já tínhamos visto por fora de noite, voltamos, pois, para vê-la direito e de dia. Ela era muito singela; coberta por abóbadas de berço e arcos circulares. Românica no estilo e muito antiga, evidentemente. O que era curioso é que ela tinha cinco naves de dimensões consideráveis. Por fora, então, era vistosíssima, com uma torre de planta octogonal que fora imitada em tudo que era Igreja dos arredores. Nem preciso dizer que ambas foram construídas com os mesmos tijolos cor de rosa, tão característicos da região. Vistas as igrejas, o sr. Emorin conduziu-nos até a residência do professor Godechot, que nos convidara para um chá. O apartamento deles não era muito longe do nosso hotel.

Paulo e o professor Godechot emendaram uma conversa de cara. O anfitrião mostrou a sua biblioteca para o Paulo – os meus leitores me perdoem a comparação desrespeitosa, mas me ocorreu que, assim como os cachorrinhos quando se encontram abanam o rabo em sinal de simpatia e se cheiram minuciosamente, professores gostam de observar meticulosamente a biblioteca uns dos outros. Daí, deduzem se existe, e em que medida, afinidade intelectual entre eles. Depois, junto com sua mulher, Godechot nos mostrou o apartamento inteiro. Todos os ambientes eram impecavelmente decorados. O que mais me agradou foi uma tapeçaria Aubusson, da época de Luís XIV, que eu, medindo a *olhometro*, avaliei em 1,80 x 2,70 metros. A visita se estendeu por longo tempo e o nosso amigo professor Roche nos acompanhou na volta até o hotel. Deu para sentir que tanto ele quanto o Paulo tinham muita pena de terem que se separar outra vez sem a perspectiva de um próximo reencontro.

GÊNOVA

No dia seguinte, embarcamos no trem rumo a Gênova. Na cabine, em nossa frente, sentava um velhinho com luvas de couro, supercalado e que não olhava para a gente, nem falava com ninguém. Mas, em compensação, fungava sem parar. Quisemos abrir a janela, mas essa não tinha a devida manivela. Logo ao entrarmos no trem, o Paulo alertou o pessoal da ferroviária sobre essa deficiência do nosso compartimento. Fazer, eles não fizeram nada, mas deram uma linda explicação: a estrada de ferro queria mudar o sistema de abertura das janelas. Tiraram, pois, as manivelas antigas, mas ainda não haviam chegado a pôr nada no lugar delas. Ah, bom! A não ser esse detalhe, a única coisa desagradável nessa viagem foi a baldeação em Nice, pois não havia trem direto de Toulouse a Gênova.

Chegamos em Nice às 19h e deveríamos tomar o Ligure às 19h29. Esse trem era de luxo, todo metido a besta. Tinha que se pagar um "suplemento de rapidez". Bem, começou que veio com quinze minutos de atraso. Ao chegar, uma grande confusão: o carregador e as malas sumiram, mas o trem só pararia por dois minutos. Eu corri ao longo do trem para ver se os descobria. O Paulo ficou em pânico, porque não me encontrava. Assim ele ficou com a impressão de que, além das malas e do carregador, perdera a mim também.

No entretempo, eu encontrei as malas no bagageiro do trem – esse comboio, ao contrário de tantos outros, tinha um compartimento dedicado exclusivamente às malas – e voltei correndo para avisar ao Paulo e a um casal idoso de Viareggio ou arredores, mais confuso ainda do que nós. No último instante, pulamos todos no trem, as portas fecharam-se sobre nós com um ranger seco e sinistro. Depois que nos acomodamos em duas poltronas, começou uma musiquinha tipo caixa de música. Mal soaram algumas notas, uma voz feminina melíflua disse: *"Attenzione, attenzione, stiamo arrivando a Monaco."* Outra voz cálida de barítono: *"Attention, attention, nous sommes em train d'arriver à Monaco."* Outra voz de mulher, mas que poderia ser capitão da ativa: *"Achtung, achtung prrr. pf. tssrgrrr Monaco."* E, finalmente, outra, mais conciliadora: *"Attention please, we are now arriving in Monaco."*

Mal me refiz do aturdimento, comecei a examinar o trem. Vocês sabem, os trens comuns tinham o seguinte esquema: uma série de compartimentos com seis assentos postos um em frente ao outro, de três em três. Diante deles, o corredor de circulação e, no início e no fim de cada vagão, os sanitários e lavatórios seguidos pelas portas de acesso a eles. Nesse trem, não. O vagão era assim: não havia compartimento fechado. O corredor dividia os assentos em conjuntos de quatro, de um lado, e dois, do outro. Numa das pontas do vagão, tinha o tal compartimento das malas e, na outra, situavam-se os sanitários e lavatórios, sendo que as portas de acesso ao vagão vinham antes do bagageiro e, na ponta onde havia os lavatórios, tinha um acesso a um carro de serviço onde esquentavam os almoços, chás e jantares que serviam aos passageiros nos lugares mesmo onde estavam sentados, como se faz hoje nos aviões. Nos trens do tipo antigo, havia vagões restaurantes com mesas e cadeiras onde você podia comer pratos de verdade, até ótimos, preparados na hora.

Bem, mal me dei conta disso, chegou o condutor e disse que nós não poderíamos continuar sentados perto da janela, porque aqueles assentos tinham sido reservados e nos fez sentar perto do corredor. E nos cobrou ainda o tal suplemento de rapidez. Daí a pouco, veio um garçom perguntar se queríamos jantar. Não queríamos, naturalmente, mas os nossos vizinhos de um e de outro lado queriam.

Seguiu-se então um período de perigo em que balançando ao sacolejo do trem, por cima das nossas cabeças, serviam sopas ferventes e vinhos gelados. Enquanto isso, sucediam-se as musiquinhas e os *"Achtung, attention, attenzione etc."*. Quanto mais o trem aproximava-se de Gênova, mais crescia a nossa apreensão quanto à possibilidade de descarregarmos todas as nossas malas nos dois minutos em que o trem iria se dignar a ficar parado. De fato, em Gênova, ao descermos, a confusão ficou ainda mais generalizada do que fora em Nice ao subirmos. No lufa-lufa – tira essa mala. Não, aquela não. Tira mais esta. Recoloque aquela –, no cômputo geral, creio, que todo mundo que desceu obteve todas os seus pertences, mas ficou uma pobre abandonada na plataforma. Essa aparentemente não tinha dono; isto é, devia pertencer a um passageiro que seguiu feliz embalado pelas musiquinhas rumo a Milão.

Chamamos um carregador:

– Táxi? – perguntou.

– Sim.

– Nesse caso, os senhores saiam pela passagem subterrânea e nós nos encontramos na saída.

Entramos na passagem subterrânea e encontramos um mundo lá embaixo, feito no metrô de Paris. Começamos, então, a seguir setas que diziam *uscita*, isto é, saída, e andamos, andamos, até que, enfim, subindo uma escada, encontramo-nos outra vez ao ar livre numa praça toda iluminada e cheia de letreiros luminosos. E qual foi o primeiro que vimos? Aquila Hotel, justamente aquele em que tínhamos reserva. E nós não estávamos mais na entrada da estação, mas do outro lado da praça, em frente a ela. O nosso carregador com as nossas malas devia estar ao lado da entrada esperando por nós. Voltamos, pois, meio por cima, meio por baixo da terra. Estávamos cansadíssimos, com calor e com sede. Enfim, ao chegarmos lá, encontramos o nosso homem que acabava de pôr a última mala no táxi. Não houve jeito, tivemos que atravessar a praça de táxi, para entrarmos gloriosamente no Aquila Reale. Recebemos o quarto número 78, sem banheiro, porque com banheiro resultaria caro demais.

Logo depois de ajeitarmos as malas e de lavarmos as mãos e o rosto, descemos para ver se comíamos alguma coisa. Compramos sardinhas e polvinhos e os levamos para o hotel, onde os consumimos no quarto. Depois caímos na cama exaustos. No dia seguinte, de manhã, decidimos procurar o meu velho médico de família, dr. Pozder. Ele, como todos os fiumanos, fugira de lá quando o Tito* começou a fazer "limpeza étnica". Sabíamos que morava na Via Pisa 38 e fomos até lá. Tocamos a campainha, mas ninguém atendeu. Tocamos de novo e nada. Foi quando veio entrando no prédio um moço. Pedimos-lhe informações, mas ele morava no prédio há apenas um dia. Abriu-se, então, uma porta ao lado da do dr. Pozder. Perguntamos aos vizinhos:

– Sim, de fato o dr. morou ali, mas morreu em janeiro...

Agradecemos e, tristes, fomos descendo a rua. Nessa viagem toda, houve quatro pessoas que eu fazia questão mesmo de rever: o casal Déry, que felizmente reencontrei, o tio Kovacsics e o dr. Pozder, ambos falecidos. Que remédio? Mas a gente fica com um nó amargo na garganta.

Não tínhamos a calma suficiente para pegar um ônibus. Fomos andando, andando... Curioso em Gênova era a cor do asfalto nas ruas. Era verde escuro, devido às pedrinhas embutidas nele, que eram de coloração bastante viva, mas, junto ao asfalto preto, formavam aquela cor singular. Aliás, vinha observando que a cor das ruas variava de cidade em cidade. Paris tinha ruas vermelhas, umas calçadas com pedras, mas com pedras vermelhas. Outras ruas asfaltadas nem tinham pedrinhas, mas o próprio asfalto era vermelho. Não sei de que modo conseguiam isso; talvez com um corante como o nosso "corante xadrez" com o qual pintávamos o cimento para obter o cimentado vermelho. Em Toulouse, o asfalto era cinza escuro que nem no Rio, mas, nas ruas calçadas com pedras, ficavam jogando com várias cores porque eles têm pedras de tudo quanto é matiz. Pena que tenham sido tão sujas essas ruas e, além disso, que eles tivessem eternos problemas como esgoto, o que fazia com que o cheiro também não fosse lá muito convidativo.

---

* O Marechal Josip Broz Tito (1892-1980) foi um revolucionário comunista e estadista iugoslavo, líder dos guerrilheiros da resistência em seu país, denominados *partisans*, durante a Segunda Guerra Mundial. Tito viria a ser presidente da Iugoslávia de 1953 até sua morte.

Na época em que lá estivemos, a maioria das ruas estava sendo esburacada, numa tentativa enérgica de pôr cabo à situação indecorosa dos esgotos. Eu estava meditando sobre esses fatos, olhando distraída o chão por onde passávamos. Estávamos descendo para o centro, já que a Via Pisa era situada no alto de uma encosta. De repente, ambos nos demos conta de que estávamos com fome e com sede. Anda que anda, e nada de aparecer um restaurante na nossa frente. Até que lá pelas tantas encontramos um lugarzinho onde anunciavam bebidas e *"távola calda"* (mesa quente). Entramos; estava tão escuro que de início não enxergamos nada, até que os nossos olhos pudessem se adaptar à penumbra. De quente só tinham *canelloni* ou *lasagne*.

Paulo, mais por curiosidade do que por outra coisa, pediu uma bebida, da S. Pellegrino, chamada *"rabarbaro"*. Gente, eu queria que vocês tivessem visto a cara dele, isso é, a careta dele ao provar a tal bebida! Mas, realmente, nunca vi, nem provei algo pior; nem remédio. Porém, o Paulo aguentou firme e bebeu tudo. Afinal, parece que ele também estava com sede. Fomos para casa em seguida, para descansar um pouco. Depois de jantar no quarto uns queijos, frios e coisas assim, descemos e fomos tomar um cafezinho no bar em frente, onde ficamos sentados, olhando o trânsito e o vai e vem das pessoas. Nesse dia, nos deitamos relativamente cedo. E dou um doce a quem adivinhar o que fizemos no dia seguinte de manhã. Mas não vale trapacear e ler adiante... Bem, já que não adivinharam, eu conto: fomos à praia! Pegamos o short, o calção, o maiô e uma toalha e lá fomos nós.

Em Gênova, pela orla toda, encontravam-se estabelecimentos balneários, onde se podia alugar cabines para mudar de roupa, alugar barraca de sol e espreguiçadeiras e onde havia bares e restaurantes também. Pois nós fomos a um desses, chamado Bagni Italia, e tomamos um bom banho de mar. Pena que a praia não era de areia, mas de seixos, que incomodavam demais os pés. Sentamo-nos, depois, a uma mesa lá mesmo, na praia, e almoçamos minestrone, talharim e lulas com camarões. Não foi nada caro e agradabilíssimo. Voltamos para o hotel a tempo de enxaguar calção e maiô, lavar-nos e vestir-nos, já que, às quatro da tarde, viria nos visitar a senhorita Anna Campodonico. Paulo e ela já se conheciam havia trinta anos. Ela ficara muito satisfeita por nós a termos procurado.

Primeiro, ficamos conversando no hotel e, depois, ela nos convidou a irmos tomar um sorvete na Confeitaria Motta.

Esse era um estabelecimento muito grande, famoso pelo seu panettone, com filiais espalhadas pela Itália inteira, e era tão elegante como a nossa Colombo. Conversamos muito com a amiga do Paulo. Ela nos contou como haviam passado a guerra ela, sua mãe, que acabou morrendo devido às provações e sustos, e as cerca de trinta crianças do orfanato fundado por elas e que sua família ajudava ainda. Depois, nos contou que estudara fonética em Paris, na Sorbonne, com o professor Fouché. Por coincidência o Pierre Hawelka fora assistente desse mesmo professor. Ela doutorou-se e especializou-se na correção da fala defeituosa.

Finalmente, contou-nos um caso muito engraçado de um senhor húngaro que o Paulo pediu que a procurasse, caso viesse a Gênova. Pois bem, ele veio, foi visitá-la uma vez, mas disse que voltaria para a Hungria imediatamente pois estava para estourar uma guerra. Como assim? Por que ele achava isso? "Sim, sim, vai estourar uma guerra em poucos dias", insistiu o cavalheiro, "está pichado em tudo quanto é parede, até no portão da sua casa, madame."

Curiosa, ela desceu para ver o que havia no portão e, de fato, lá estava, em caixa alta: "VIVA GUERRA!" Acontece que Guerra era um ciclista que acabara de vencer a volta à Itália. Ela riu, explicou ao camarada do que se tratava e, então, ele decidiu continuar mais um pouco na cidade.

Estávamos nessa conversa gostosa, quando uma senhora muito bonita, loura, acompanhada de uma senhora mais idosa e de uma criancinha também loura, dos seus cinco aninhos, começou a me olhar insistentemente e, de uma vez murmurou, como de si para si: "Nori!" E, depois, já decidida:

– *Ti, ti xe la Nori Tausz!* – em dialeto fiumano, "você é a Nori Tausz". Fiquei meio surpreendida e olhei intrigada, enquanto a moça já continuava – *Mi son la Marlyse Menczer*! - eu sou a Marlyse Menczer, também em dialeto fiumano.

Caí-lhe no colo e nos beijamos e ficamos muito contentes pelo acaso que fez nos encontrarmos assim. Apresentei logo o Paulo e a dona Anna. A Marlyse Menczer perguntou pelo meu pai e quis saber como é que mamãe tinha falecido. Perguntei pelo senhor Menczer e ela me disse que iriam telefonar de noite para combinarmos um encontro. A garotinha era Susy, filha do Erico, que, sendo cinegrafista, estava naqueles dias rodando um filme em Turim e, assim, eles aproveitavam para curtir um pouco a companhia da netinha.

Erico havia casado com uma moça romana e Marlyse, com o nosso amigo de infância Tullio Rossignoli. Ele era engenheiro da Shell e tanto eles quanto Erico viviam muito bem. O senhor Menczer conseguira indenização do governo Tito pela sua residência de Fiume, o que lhes permitiu comprar um bom apartamentozinho na Via Milano. Marlyse nos deu notícias de muitos amigos: os Mittelmann estavam em Roma e, agora, se chamavam Morandi. Aldo tornara-se médico e casara-se, tendo duas filhas dos seus sete e dez anos. O senhor Mittelmann estava aposentado e não fazia nada. A minha amiga e colega do curso de piano Rosamaria Benedikt estava casada com um suíço, professor universitário. Seus pais viviam em Roma. Ela tornara-se uma excelente matemática, como aliás todos da sua família; era a única técnica capaz de manejar o computador da Universidade de Turim. De tal maneira que, mesmo depois de casada, a universidade, quando ocorriam problemas com a máquina, chamava-a com urgência para lá. Despedimo-nos da Marlyse e da senhora Menczer, tendo combinado que o senhor Menczer nos telefonaria de noite.

Depois de uma tarde agradável passada com a dona Anna, acompanhamo-la até a estação do bondinho que a levaria a Granarolo, na encosta, e despedimo-nos combinando um chá na casa dela no sábado. Voltamos à praça do hotel onde comemos no pequeno bar de sempre.

Por volta das 21h, telefonou-me o senhor Menczer, e combinamos que iríamos visitá-lo ainda naquela mesma noite. Já estávamos vestidos, não havia dificuldade em sair logo. Eu só tive que telefonar para o senhor Zoltán Hajnal, amigo do meu pai, que vivia em Rapallo, e a quem papai pediu que fossemos visitar. Ele já recebera carta do Rio anunciando a nossa presença e já esperava o nosso telefonema. Combinamos uma visita para o dia seguinte. Feito isso, pegamos o *trolley* e, em dez minutos, estávamos no ponto final, onde, de fato, nos esperava o sr. Menczer. De lá até casa dele foram alguns passos. Seu apartamento era muito bonito: pisos de mármore, móveis e tapetes luxuosíssimos. Verdadeiramente, esse Menczer *"el xe nato in camisa"*, nasceu em camisa, como diriam lá em Fiume. Em volta dele, ruíram mundos, caíram ferro e fogo, morreram milhões de pessoas, mas ele sempre saiu ileso.

Mostramos as fotos do meu pai e das meninas, com as quais ficou muito contente, achando todo mundo com excelente aparência. Depois, admirou o sítio. O sr. Menczer disse que ia parar de ter pena do meu pai, que imaginava se arrastando sozinho de bar em bar, de café em café... mas quem haveria de saber, lá, que os cafés seriam tão agradáveis no Rio de Janeiro?

No entretempo a madrugada começou a andar alta. Ele me contou ainda que havia morrido o Lucio – dr. Pasquale Uva, marido da minha prima Ana, que, quando nós crianças judias fomos proibidas de ir à escola, deu-me aulas de matemática. Fiquei triste, senti muita pena, de verdade. O Lucio fora sempre um verdadeiro amigão e era um excelente professor. Informou-me ainda que o sr. Leonessa, do Clube de Regatas Quarnero, onde papai remava, havia falecido não fazia muito tempo. Lembrava-me do nome, mas não da pessoa. Com certeza tratava-se de algum amigo de meu pai e senti pena dele por ter perdido mais um amigo. Nessa altura, a madrugada avançara ainda mais e nós começamos as despedidas. O senhor Menczer mandou abraços e saudades "ao amigo Edoardo". Aí, eu sugeri que escrevesse algumas linhas para o papai que, certamente, haveria de ficar supercontente:

– Ah, eu sou tão preguiçoso para escrever. E, depois, tenho tanto trabalho... – ele comerciava selos, porque a pensão que auferia era pequena demais, não dava para fechar o mês. – Fico desanimado, já sei que não vou escrever e, no entanto, gosto tanto dele.

– Estão quites, então – eu disse –, porque papai também custa um bocado a escrever.

Fomos embora, em seguida, e chegamos no hotel depois da meia-noite. No dia seguinte, combinamos de encontrar outro amigo de meu pai de Fiume. Ele viria nos buscar no ponto do ônibus combinado. Perguntou como é que poderia me reconhecer, mas nem precisava ser necessário combinar nada. Assim que chegamos a Rapallo, um senhor sessentão veio falar comigo na mesma hora; era o Hajnal, de fato. Disse estar feliz de termos telefonado e vindo logo, porque, no dia seguinte, ele teria que partir para Veneza, onde haveria um encontro de remadores do Eneo (um dos clubes adversários do Quarnero). De lá só voltaria segunda ou terça-feira, quando nós já teríamos zarpado rumo ao Brasil. Acrescentou ainda que, de noite, já tinha um jantar, seguido de uma partida de bridge, que não conseguira desmarcar. De qualquer forma, deu para batermos um bom papo. Na conversa, o senhor Hajnal disse ter nutrido um certo receio que meu pai tivesse falecido, já que, durante todos aqueles anos, nunca recebera sequer um mísero cartão postal do seu dileto amigo Edoardo, apesar das inúmeras cartas que lhe mandara. Eu fiquei um tanto constrangida, mas sabia dos longos anos de sofrimento e depressão do meu pai devido à longa doença e morte da mamãe e da morte trágica do Giorgio.

O senhor Hajnal, já aposentado, vivia de algumas rendas, era proprietário de um bom apartamento e de um pequeno barco a motor, no qual gostava de sair para pescar. Ele estava bem, não tinha queixa nenhuma, a não ser o ambiente humano, que achava rico e metido demais para o seu gosto:

– Não há classe média por aqui – queixou-se. – Esses ricaços são muito gentis, não me fazem sentir a diferença, mas eu me sinto pouco à vontade com um barquinho a motor, entre tantos iates transatlânticos. Há dinheiro demais nessa área.

Achei que todos os amigos sobreviventes do meu pai estavam, do ponto de vista econômico, bem resolvidos. Fiquei feliz com isso. Ao sairmos, já no carro, sozinhos com ele, perguntei o que houve com o Mario, um outro amigo:

– Foram os do Tito que o liquidaram – contou. – A primeira e mais provável das versões é que pertencia a um grupo autonomista fiumano, grupo esse que foi todo exterminado pelo Titoistas. Mas também há quem diga que, como sempre foi muito besta, Deus o tenha, com certeza andou se vangloriando de eventuais amizades com autoridades alemãs, que aliás, eu asseguro, nem deviam ser verdade. Nesse caso, teria sido morto como colaboracionista.

Despedimo-nos do senhor Hajnal, que ainda nos presenteou com uma foto do último encontro dos sócios do Quarnero, para o meu pai. Na volta descemos no Lido, onde entramos num simpático e pitoresco restaurante chamado La Marinetta. Comemos uma fantástica *zuppa di pesce* e uma salada mista. Havia um cantor que se acompanhava no violão. Lá embaixo, o marulhar das ondas, no céu a lua de vez em quando velada pelas nuvens. Me deu vontade de guardar aqueles momentos no bolso, para no futuro, podê-los tirar de lá a qualquer hora que deles precisasse. Paulo e eu nunca mais esquecemos esse jantar no La Marinetta. Nós o evocamos inúmeras vezes e sua lembrança sempre nos trazia paz e contentamento.

Ao sairmos, ainda demos alguns passos pelo Lido. Não havia vivalma pela rua; somente automóveis e mais automóveis. Teríamos sentido medo, não fosse pelos pares de policiais, patrulhando e fazendo a ronda por ali. Voltamos de ônibus e fomos dormir cansados e felizes. No dia seguinte, demos um breve passeio pela cidade, onde descobrimos uma mostra de artesanato ligure e sardo na qual compramos um pintinho de feltro preto chamado Calimero, tão engraçadinho que a gente chegou a gostar dele como se fosse vivo. Subimos depois por um elevador a um lugar na encosta, onde havia uma vista bonita. Andando mais um pouco chegamos à Spianata del Castelletto, ou Esplanada do Castelinho. De lá, fomos subindo o Viale Firenze, porque queríamos pegar um bondinho que nos levasse a Righi, onde a vista seria ainda mais espetacular. Passamos diante de uma escola e vimos a criançada saindo: os meninos de avental preto, colarinho branco e gravatinha *à lavallière* azul, as meninas de avental branco e gravatinha também azul. Três garotos começaram a brigar e a se empurrar no meio da rua. Então aflorou o caráter de professor no Paulo: sem dizer água vai, ameaçando-os com o guarda-chuva, separou-os imediatamente, e eles seguiram em paz como bons amigos.

Chegamos ao bondinho, mas esse estava em manutenção. Resolvemos procurar um restaurante por lá e almoçamos ao ar livre. Numa mesa junto à nossa, havia quatro moços que, durante o almoço inteiro, uma hora e meia no mínimo, pois o serviço estava lento à beça, discutiram futebol e ainda por cima em dialeto genovês. Havia muitas expressões, no genovês, parecidas com fiumano, mas eles usam um "ü" à francesa que nós, em Fiume, não usávamos. De qualquer modo divertiu-me ouvi-los. Eram sempre as mesmas bobagens ditas e discutidas acaloradamente em todas as línguas do mundo, durante horas, dias, semanas e anos, por milhões de pessoas. Essa é a mais autêntica lavagem cerebral e a mais eficaz. Demonstra o favor incondicional de que goza o futebol junto a todos os governos, de todos os matizes, da extrema-esquerda à extrema-direita, todos!

Em Gênova, as montanhas chegam com suas encostas quase dentro d'água. Sobra uma coisinha à toa de terra plana. Devido a essa peculiaridade, toda a cidade se constrói nas encostas. Há uma porção de túneis, passagens de nível, elevadores, funiculares, bondinhos e quejandos. O movimento faz a cidade ficar bem interessante, variada e cheia de surpresas.

Granarolo é um pedacinho de Gênova cuja aparência ficou parada nos séculos XVII-XVIII. Pelo menos quando lá estivemos, as ruas ainda eram calçadas em parte com pedras, em parte com uns tijolos maciços fininhos e compridos. Eram bem aplicados nas ruelas íngremes que subiam e desciam, pois eram bastante antiderrapantes e facilitavam a circulação por elas. Como antigamente não havia trânsito de automóveis, os tijolinhos eram também suficientemente resistentes ao desgaste do tráfico de pedestres.

Lá ficava a residência da nossa amiga Anna Campodonico, um palacete que antigamente servira de casa de campo para a família. Havia vários salões com móveis dourados, tetos pintados e as paredes forradas em madeiras nobres até uma certa altura, onde eram rematadas com o engaste de azulejos holandeses. Numa espécie de closet, dona Anna estava fazendo um museu sobre o seu irmão, morto na guerra de 1914-18. Havia o uniforme dele, fotografias com seus camaradas, condecorações, cartas remetidas por ele para casa e seus objetos pessoais. Toda a residência, aliás, parecia um pequeno museu tombado. A vista era magnífica: em primeiro plano, o parque do palacete, em segundo plano, lá longe, o porto e o mar. Disse a nossa amiga que em tempo claro de madrugada dava para ver da sua janela o Capo Corso quando o sol batia nele. Coitada, de toda a sua família, ela restara completamente só.

Ainda bem que, pouco depois da guerra, ela empregara um casal de emilianos que, com o passar do tempo, ficaram muito amigos dela e acabaram ajudando-a em tudo o que era preciso dentro da casa. Quando ainda recém-contratados, vieram apreensivos comunicar que esperavam neném e não sabiam se, nessas condições, poderiam continuar a seu serviço. Dona Anna em princípio não gostou, mas concordou que ficassem. Nasceu-lhes uma menininha, que, na época da nossa visita, estava com quinze anos. Ela tinha talento para desenho e matemática e queria se formar em arquitetura. Dona Anna arcava com as despesas dos seus estudos. Dali a um ano, a garota iria entrar para o liceu artístico. Na Itália, o ensino médio tinha três divisões: liceu clássico, científico ou artístico. Eu, devido à minha "raça", não pude frequentar nenhum deles, mas prestei os exames de fim de ano no liceu científico.

Depois de conversarmos algum tempo, principalmente sobre literatura e lembranças de guerra, despedimo-nos e voltamos para o hotel, mas só para descansar um pouco. Saímos em seguida para passear a esmo.

GÊNOVA

À beira do cais, os prédios eram construídos sobre arcadas, ao longo das quais havia uma porção de lojas, botequins, mercearias e que tais. Entre elas havia uma que vendia peixes fritos de todas as qualidades, batatas fritas e uma espécie de polenta frita, só que em vez de farinha de milho, era feita com farinha de grão-de-bico. Compramos nesta loja cem gramas de lulas e polvinhos, mais cem gramas de um peixinho miudinho, miudinho chamado de *mille in bocca*, uma espécie de manjubinha, só que muito menor. Em casa já tínhamos frutas compradas pela manhã. Conseguimos, assim, um lauto banquete, que consumimos no nosso quarto, e ficamos bem satisfeitos e contentes.

ADEUS, EUROPA

Domingo, dia 21 de junho, foi o nosso último dia em terra firme na Europa antes de embarcarmos rumo ao Brasil. Comprar, não podíamos mais nada, sendo domingo, e ainda bem, porque senão teríamos ficado sem um tostão no bolso. Fomos até o correio onde recebemos uma carta magnífica do meu pai e duas cartinhas bonitinhas da Cora e da Laura, que nos trouxeram muita alegria, apesar de aumentar ainda mais nossas saudades de casa, que nessa altura já andavam muito agudas.

Fizemos mais alguns passeios e encontramos uma pequena *trattoria* onde almoçamos uma ótima sopa de peixe, quase tão boa quanto a que comemos no restaurante Marinetta outro dia, só que custou a metade do preço daquela. Fomos em seguida para o hotel, onde começamos a fazer as malas pela enésima vez, mas essa seria a penúltima, pois só tornaríamos a fazê-las ao descermos do navio, já no Brasil.

Depois de prontas as malas, ainda fomos dar mais umas voltas. Afinal, tínhamos que aproveitar bem nosso último dia de Europa. Quando chegamos a um bar menos pior – lá, todos os bares eram esquisitos, escuros e cheios de marinheiros –, sentamo-nos a uma mesa ao ar livre na calçada. A comida não valeu nada, mas foi ótimo ficarmos ali sentadinhos olhando o vai e vem das pessoas, o trânsito, a vida, que igual ao que sempre era nessa cidade buliçosa, continuava a se desenrolar atarefada, sem nem ao menos suspeitar que nós estávamos de partida; que no dia seguinte já poderiam fechar lojas e botequins e porto e cinema, porque essa cidade já não mais existiria para nós, só talvez como lembrança:

– Lembra quando estávamos sentados naquele botequim e comemos aquela porcaria de cachorro quente e éramos tão felizes?

– Realmente, tão felizes éramos, que nem ficamos excessivamente chocados quando nos cobraram 900 liras pelo "jantar". Nem mais tarde, no ônibus, quando o trocador tentou nos provocar de qualquer maneira. Foi grosseiro, depois não avisou onde teríamos que descer e nós: "nem te ligo!" O homem ficou abismado. Acho que já tínhamos chegado ao Brasil e o cara ainda não havia compreendido a nossa pachorra e o nosso bom humor.

Chegamos no quarto bastante cedo e fomos dormir logo, porque o dia seguinte seria o do nosso embarque, que começaria às 8h30, logo teríamos que acordar às 7 horas, no mínimo. De fato, acordamos às 6h45, vestimo-nos, ainda guardamos o sabonete, a pasta de dente e outros artigos de toalete e fomos ao bar da estação em frente tomar o café da manhã, como de costume. Desta vez, porém, quisemos fazer essa refeição da maneira mais bonitinha possível: sentamo-nos a uma mesa que pegava o solzinho da manhã, na calçada. Voltamos depois ao hotel, pagamos a conta, pedimos um táxi e rumamos à estação marítima. O motorista nos contou que nós éramos os terceiros fregueses que ele levava ao embarque do Augustus. Dessa vez, o navio certamente haveria de zarpar com a lotação máxima, ou quase.

O que sabíamos por certo era que toda uma companhia teatral italiana haveria de viajar conosco. Na alfândega, acabamos rapidamente com as formalidades, mas, na polícia e autoridades de imigração, enfrentamos uma tremenda demora. Verificamos que havia furões de fila de tudo que era nacionalidade... até suíços! Estávamos justamente entrando a bordo quando Paulo percebeu o sr. Menczer, que descia. Ele ia gritar, mas esquecera o nome do nosso amigo. Ao apresentarmo-nos ao comissário, esse nos avisou que havíamos sido procurados por um senhor. Arrumamos, então, rapidamente nossos pertences na cabine e descemos outra vez para procurar o sr. Menczer.

Encontramo-lo afinal; ele nos trouxe alguns bombons para a viagem e as poesias de um poeta, amigo dele, que morrera no campo de concentração. Se o Paulo as achasse merecedoras, quem sabe conseguisse fazê-las publicar e, assim, manter viva a memória do amigo? Paulo iria ver o que seria possível fazer nesse sentido. Estávamos passeando pela estação, quando encontramos um senhor fiumano amigo do sr. Menczer, chefe do escritório de informações. Depois das apresentações de praxe:

– Então, quando é que partem? – perguntou.
– Zarpamos às 11h.
– É o que vocês pensam! Os marítimos entraram em greve e a nave só parte amanhã.

Primeiro, pensamos que o homem estivesse brincando, mas o sr. Menczer nos assegurou que o camarada não era disso e que tudo que ele dizia era *Tauresemes* (verdade da Torá). Dito e feito; às 11h a nave deu os três silvos de saída. Pediram que os visitantes descessem de bordo, porque iríamos zarpar, mas, depois de uns quinze minutos, avisaram que, devido a desordens sindicais, a partida fora adiada. Para quando? Iam avisar mais tarde. Quisemos descer, mas eles não deixaram. Temporariamente, ninguém poderia deixar o navio. Na hora do almoço, não houve pessoal para servir. Houve *self-service* com um tremendo atropelo. Não queríamos ficar feridos na briga e, como àquela altura já deixavam a gente sair, nós descemos e fomos almoçar – e muito bem, por sinal – num restaurante longe do convés.

Voltamos a bordo às 15h, prazo que nos deram, somente para ficarmos sabendo que até a manhã do dia seguinte não íamos para lugar algum. Portanto, o jantar nos seria servido no Vittoria Orlandini Hotel e haveria um ônibus especial às 19h no cais, para nos levar até lá. Depois de termo-nos inteirado da partida, jantar, etc., saímos outra vez para passear e acabamos comprando três livros: um para o Paulo e dois para mim. Mas foram irresistíveis: *Bibi*, segundo e terceiro volumes. O primeiro deles foi minha leitura preferida, quando criança. Também tomamos sucos de frutas. O passeio de volta foi bem interessante, havia um comércio muito intenso: armazéns, padarias, peixarias e, além dessas lojas, também as "importadoras", feito as nossas de R$ 1,99. Essas vendiam de tudo: sabonete japonês, rádio transistor, perfume francês, etc.

Havia também uma quantidade de camelôs vendendo as mesmas bugigangas. No ar, o mesmo cheiro de bolor que a gente sentia em Veneza, nos *vicos* mais estreitos, ou em Gênova mesmo, naquelas ruazinhas antigas que já descrevi. Nos armazéns, por cima dos queijos expostos nas vitrines, havia vários ventiladores, muito lentos, com fitas plásticas em vez de pás e que serviam para espantar as moscas de cima das mercadorias.

De volta ao navio, mal deu tempo de nos vestirmos e já saia o ônibus conosco para o jantar. Depois, passeando devagar, devagarzinho, voltamos para "casa". Acordamos às 7h do dia seguinte. Com banho tomado e vestidos, fomos ao gabinete do comissário para pegar uns vales com os quais poderíamos tomar o café no bar-restaurante da estação marítima.

No bar, havia uma confusão infernal: gente esperando em pé. Por sorte, o Paulo descobriu na mesma hora uma mesa onde estavam sentados dois padres, mas onde ainda havia lugar. Dirigimo-nos para lá; aí começou a espera para sermos servidos. Entrementes, os padres foram-se embora e sentou-se à nossa mesa um casal de italianos muito simpáticos. Graças à moça italiana e a mim, que a toda hora íamos ao balcão pedindo que tirassem e limpassem a mesa, que pusessem as xícaras, que trouxessem o café, etc., conseguimos ser servidos no tempo recorde de uns quarenta minutos. Voltamos ao navio exatamente às 9h30, quando começaram a apitar e dar sinal de saída. Mas havia uma porção de passageiros faltando. Então começaram a procurá-los pelo alto-falante, o que demorou mais uma hora. Zarpamos por volta das 10h30. Já estávamos navegando havia quarenta minutos e ainda estavam procurando uma senhorita Eleonor Lorette Cohen – esta deveria ter perdido o barco. E, antes do almoço, conversando com uma senhora brasileira, soube que um passageiro teria ficado em terra. Como eu ouvira distintamente chamarem uma moça e a minha interlocutora dizia tratar-se de um moço, tive que concluir que deveria haver pelo menos dois passageiros que literalmente ficaram "a ver navios".

Mesmo assim, sobraram tantos passageiros que as refeições tinham que ser servidas em dois turnos. A gente estava no segundo turno: o nosso almoço era servido às 13h15! Chegamos à tarde em Cannes. Veio o barquinho que trazia os novos passageiros e as suas malas incontáveis, que serviram para atenuar os nossos remorsos. Nós, que sempre pensávamos que viajávamos com malas demais; nada disso! Esse pessoal nos mostrou o que era excesso de bagagem! De volta ao mar, o jantar e os vários programas da noite, mas nós estávamos cansados demais. Demos alguns passos no convés, só para ver a lua e descemos à cabine.

ADEUS, EUROPA

A BORDO

Chegamos a Barcelona de manhã. Acordamos cedo, fomos tomar café, descemos à cabine para pegar a máquina fotográfica e já estávamos quase lá. O navio estava sendo rebocado, não andava com os seus próprios motores. Isso a gente sentia logo. Subimos ao convés para ver as manobras de entrada do porto e as pessoas que esperavam pelas que iam chegar.

Descemos às 9h15. Desde o dia anterior havia sido organizada uma excursão, mas nós preferimos passear a esmo, por conta própria. Fomos andando pelas *ramblas*. Tudo fechado, era dia de São João Batista, especialmente venerado pelos habitantes de lá. Diziam que a cidade possuía até um – o artigo indefinido é proposital – braço direito do santo. A boa impressão da nossa primeira viagem subsistia quanto à arquitetura. Quanto à população, observamos penalizados várias pessoas com deficiências físicas: teria sido consequência da guerra civil?

Seguimos em uma boa caminhada e chegamos à Catedral; dessa vez, entramos. Acontecia justamente uma missa solene, com vários padres, órgão e, no coro, uma porção de cônegos dizendo ladainhas. A catedral era gótica até debaixo d'água: pilares altos, altos, abrindo-se em feixes para sustentar as magníficas abóbadas de aresta. Vitrais em profusão, esplêndidos, únicos pontos claros naquela penumbra pesada e mística. Saímos pela porta oposta àquela pela qual entramos. Demos mais alguns passos pelas ruelas do bairro gótico. Essas eram um pouco menos estreitas do que as de Veneza ou Gênova. As casas eram lindas, construídas em pedra lavrada, mas de sobriedade quase severa. O tempo estava passando; devíamos estar de volta ao navio às 11h30. Fomos esticando o passo. Apareceu uma loja de comestíveis aberta:

– Não podemos sair daqui sem levar uma lembrança – disse o Paulo, que se dirigiu decididamente a um vendedor e comprou um garrafão de vinho de Málaga. Fiquei preocupada, pois não podia imaginar onde poderíamos enfiar mais aquilo entre as nossas coisas. Chegamos enfim a bordo, ainda com quinze minutos de antecedência. Aí começou outra vez a mesma história de Gênova: chamavam pelo alto-falante os eternos atrasados. O último a chegar – de tanto ouvir-lhe o nome, sendo chamado sem parar durante meia hora, já o sabia de cor – foi um *"signor* Adami".

Depois de zarparmos, ficamos um tempo no convés apreciando as terras que se afastavam, cercadas de veleiros. Descemos para almoçar e, em seguida, fomos para a nossa cabine. Ambos estávamos muito cansados e com um pouco de dor de cabeça. Deitamo-nos, queríamos dormir e descansar. Mas, de repente, fomos acordados para participarmos de um ensaio de naufrágio. Depois disso, já não adiantava tentar dormir de novo. Tomamos um chá e fomos assistir a um filme estrelado pelo Cary Grant e pela Doris Day, uma pequena comédia de 1962, que, no Brasil, recebeu o nome de *Carícias de luxo*, e que serviu para passar o tempo.

Acordei refeita no dia seguinte, a partir do qual a viagem se tornaria monótona por uns dez dias. Até então, viam-se sempre terras, navios e portos. Às três ou quatro horas da tarde, passaríamos pelo estreito de Gibraltar, mas, depois, não haveria nada mais, somente mar, mar e mar. Mas era disso que precisávamos, porque estávamos exaustos. Exatamente às 13h15, quando começaria o nosso turno da refeição, entramos triunfalmente e com bastante fome na sala de almoço. Estava estranhamente vazia; o garçom olhou-nos curioso e depois nos informou que era cedo demais. Olhamos os nossos relógios surpresos:

– Mas são 13h15 em ponto!

– Sim – veio a resposta –, mas hoje atrasamos os relógios em meia hora.

Pois é, havia recomeçado a mesma história que já acontecera no Giulio Cesare na vinda, só que então a gente adiantava os relógios de meia hora diariamente, ao passo que agora tínhamos que atrasá-los.

A maior vítima disso foi o Paulo, porque ele sentia fome de verdade. Eu nunca senti ou sinto tanta fome assim. Nem mesmo durante a guerra, quando todo mundo padecia com a falta de alimentos, eu me sentia muito esfomeada ou sofredora. Conseguimos, finalmente, almoçar e começamos, depois, uma partida de palavras cruzadas. Muitas vezes nós nos divertimos com isso durante as duas viagens de navio, de ida e de volta. Interrompemos o jogo para assistir e fotografar a passagem do navio pelo estreito de Gibraltar, depois, tomamos um chá e concluímos a partida.

Haveria, mais tarde, o "coquetel do comandante", uma noite de gala seguida de corrida de cavalinhos, na qual aplicamos o velho método de escolher um cavalinho e não jogar nele. Se esse cavalinho ganhasse nós teríamos perdido o prêmio. Se perdesse, nós teríamos ganho o dinheiro que deixamos de apostar. Vários dos nossos cavalos perderam direitinho,

A BORDO

mas um deles, escolhido pelo Paulo, acabou ganhando e pagou aos que apostaram nele 1,6 mil liras, dinheiro esse que, portanto, nós perdemos. Feitas as contas, subtraindo dessas 1,6 mil liras as 1,2 mil que teríamos gastado nas apostas nos cavalinhos perdedores, o nosso lucro virtual foi só de 400 liras.

Vieram, depois, música e danças. Como essa era a "noite da amizade", introduziram uma regra que toda vez que a música parasse, os pares se largavam e cada um procurava outro parceiro. Começou com um oficial do navio pedindo uma passageira para a dança. Quando a música parou de repente, o oficial pediu outra passageira e a dama pediu outro passageiro. Quando a música parou de novo, formaram-se quatro pares dançantes e da próxima vez oito. Aí o Paulo disse:

– Vamos dar o fora, antes que alguma dama se lembre de me pedir para dançar.

De fato, isso seria muito constrangedor para ele, porque a dança realmente não figurava entre os vários talentos que possuía, que não eram poucos. Eu concordei; subimos ao convés para espiar a lua sobre o mar, e, em seguida, descemos à cabine.

No dia seguinte, de manhã, o Paulo dedicou-se a escrever os relatórios sobre a viagem à Europa. Mais tarde, resolvemos jogar uma partida de palavras cruzadas, coisa que fazíamos com certa frequência, e quem ganhou? Imaginem, foi empate! Acho que foi a primeira e única vez em que isso aconteceu. Os aficionados desse jogo poderão avaliar a singularidade desse evento: empate 428 x 428. Jogando, nem sentimos a passagem do tempo e já nos chamavam para o almoço. Ao nos dirigirmos para o salão de refeições, Paulo parou diante do mapa onde assinalavam com bandeirinhas as posições do navio e onde escreviam o número de milhas percorridas, a velocidade média, a temperatura e outros que tais:

– Olhe, Nora, eu não quero dizer nada, mas a nave percorreu 464 milhas desde ontem.

– E daí?

– E daí que eu joguei no número quatro ontem no jogo das milhas.

– É mesmo!

Eu havia esquecido que, no dia anterior, durante o almoço, viera o *sommelier* e perguntara se não queríamos tomar parte no jogo das milhas. Explicara que cada passageiro pagaria 400 liras e jogaria um algarismo. Se o final do número de milhas percorridas pela nave coincidisse com o escolhido, o passageiro ganharia três garrafas de vinho. Como estávamos ainda no início da viagem, o Paulo se sentia capaz de dar cabo das três garrafas em dez dias e como cada garrafa teria custado cerca de 500 liras, resolvemos arriscar. Paulo topou a parada e escolheu justamente o algarismo quatro. Subimos, então, ao salão para almoçar. Sentamo-nos, encomendamos o almoço, o *sommelier* passou pela nossa mesa, cumprimentou... e nada, não disse nada:

– Vai ver que não eram as milhas de ontem que contavam, mas as milhas de hoje – aventei.

– Ou então o total das milhas e não as diárias – retrucou o Paulo.

– Pergunta ao homem.

– Bem, se até o fim do almoço o cara não disser nada, eu pergunto.

Ficamos nisso e continuamos a comer. Eis, senão, que chegou o *sommelier* e depositou três garrafas na nossa mesa e mais uma caixinha com um binóculo dentro:

– *Signore, lei ha vinto, congratulazioni!*

E o binóculo? Fazia parte do prêmio também. Esta foi uma maravilhosa surpresa extra. Paulo era incrível; ele ganhava tudo! Abrimos a primeira garrafa, um Valpolicella, e oferecemos aos vizinhos da outra mesa também. Era um grupo de atores do tal teatro italiano que estava viajando conosco.

Naquela noite, houve música no salão de estar. Ficamos por lá ouvindo, lendo, escrevendo o diário. Tive que constatar definitivamente que a orquestra do Augustus nem se podia comparar à do Giulio Cesare. A deste último fora muitíssimo melhor. Na hora dos concertos tocava música clássica ligeira e, na hora das danças, era animada como ela só. O baterista vibrava e todos os músicos trabalhavam com entusiasmo, como se eles mesmos também estivessem se divertindo para valer. Estes do Augustus, não. Na hora do concerto, era sempre o *Santa Lucia* e o *Torna a Surriento*, muito mal tocados. A gente esperava que uma vez, durante o concerto, algum dos músicos caísse da cadeira, roncando. Nos bailes, uma falta de ritmo, uma sonolência de dar dó. Ainda bem que o Paulo não dançava mesmo. Mas a diferença entre as duas era tão gritante que até ele percebeu.

Quase perdemos o café da manhã do dia seguinte, de tão tarde que acordamos. Depois subimos ao salão de jogos, onde havia boas mesas e cadeiras para ler e escrever. Paulo lia com grande interesse um livro que havia pegado na biblioteca do navio, *La Loi*, de Roger Vailland. Ele queria que eu lesse também, mas, sempre às voltas com meu diário, eu quase não dava conta do recado, que dirá ler ainda um livro. Prometi a mim mesma que, chegada em casa, no Brasil, daria um jeito de lê-lo, mas é claro que, mal desembarcamos, me esqueci disso completamente. Mais de meio século depois, ao reler o meu diário, lembrei-me do livro com ligeira dor de consciência; mas agora estou ocupada com esse livro de memórias. Quem sabe no futuro... Gente! Estou com 96 anos! Que pretensão a minha, né?

Ao longo desses dias de retorno, olhando o mar, sabem o que vimos uma vez? Peixes voadores; inteiros cardumes deles. Quem os avistou primeiro fui eu. Ficamos um tempão observando os peixes: eles voavam rente à água com o rabinho pendurado para baixo. Às vezes chegavam até a riscar a água com ele. Os menorzinhos voavam em cardumes; os maiorzinhos voavam solitários. Mesmo os maiores não deveriam passar de quinze a vinte centímetros. Estávamos entretidos com o olhar bem fixo no mar, apreciando os peixes, quando, de repente, eu intuí mais do que vi algo voar bem alto, por cima do navio. "Será o Benedito? Será que algum deles já aprendeu a voar tão alto?", pensei e comecei a olhar para cima, para ver o que seria. Realmente no princípio, pareceu-me um peixe voador, mas com o rabinho bifurcado. Chegou mais perto, e não é que era uma andorinha? "Coitada de você! O que você está fazendo aqui no meio do oceano? Com certeza quer descansar no navio.", pensei outra vez. Mas não. O bichinho fez algumas evoluções em volta do barco, olhou-nos e passou adiante num "vu", deixando-nos para trás. Mal refeitos dessa surpresa, apareceram mais duas andorinhas que fizeram a mesma coisa: duas, três voltas em torno do navio e zás! voaram adiante. Não tendo mais andorinhas para olhar, voltamos a dirigir nossa atenção aos peixes voadores, que, persistentes, continuavam a se exibir. Eram jeitosos eles também: chegavam a voar cinquenta, cem metros de cada vez.

Naquela noite, depois do jantar, dispensamos os jogos e bailes. Creio que a canseira da longa viagem estava aparecendo aos poucos, dia após dia, cobrando a atenção que não lhe déramos antes, enquanto estávamos empolgados com nossas palestras, visitas, mudanças de cidades.

Todos os dias, jogávamos a nossa costumeira partida de palavras cruzadas. Paulo vinha ganhando sem parar e eu cheguei a desconfiar de que ele estivesse trapaceando de algum modo, mas, brincadeiras à parte, ele vinha tendo muita sorte nos jogos durante a viagem toda. Vocês lembram o jogo de adivinhar o último algarismo das milhagens percorridas durante o dia pelo navio? Aquele em que ele ganhou três garrafas de vinho? Pois continuamos entre nós dois essa brincadeira e o Paulo acertava sempre!

Um dia, já no final da tarde, passamos por Fernando de Noronha. Ficamos uns quarenta minutos olhando o espetáculo. É interessantíssima a forma da ilha; tem uns recortes belíssimos. O céu tinha algumas nuvens de modo a torná-lo bem movimentado. Havia nele tudo que era cor e matiz. Acima das nossas cabeças, era azul escuro. Depois mudava para lilás, rosa e as nuvens tinham tonalidades amarelas e cinzas. Durante o tempo que ficamos olhando, o sol estava se pondo. Lá para as 18h15, já estava tudo escuro. Na ilha, havia dois faróis: um em cada ponta. Acenderam-se ambos e, aqui ou acolá, algumas luzinhas.

Mais tarde, houve o jantar de despedida. Paulo pediu faisão, mas eu fui de frango assado. Dessas aves esquisitas não queria saber mais. Alguns dias antes, havíamos pedido galinha d'angola, e era horrível! Desde então, ficava com o frango comum. Nada de peru, faisões e outros bichos estranhos.

À noite, assistimos ao *Carrousel napolitano*. Foi a mesma coisa que no Giulio Cesare, um espetáculo produzido com membros da tripulação que cantavam e dançavam canções e danças típicas napolitanas. Esse pessoal tinha tanto talento que era de se admirar! O nosso *sommelier,* por exemplo, era um barítono perfeito. Depois do espetáculo, continuamos a escrever por algum tempo, sendo que eu, já na cabine, continuei a escrever noite adentro.

Às 8h30, fomos acordados pelo garçom que batia à porta para nos entregar a conta das águas minerais e dos vinhos que tomáramos durante a viagem. É que todas as contas deveriam ser liquidadas, pois chegaríamos ao Rio de Janeiro no dia seguinte. Não se sabia ainda a que horas, mas todo mundo dizia que seria de tarde, em vez de ser de manhã. Diziam que essa seria a primeira vez na história que o Augustus iria se atrasar.

Depois de nosso último almoço a bordo, fomos ao cinema. Vimos um filme baseado num romance da Françoise Sagan, *Aimez-vous Brahms?*.

A BORDO

O roteiro não era grande coisa, mas os atores eram bons: Ingrid Bergman, Yves Montand e Anthony Perkins. Mais tarde, passeamos pelo convés. Havia um céu maravilhoso com nuvens alaranjadas. O mar cinza escuro, pesado, com ondas recortadas barrocas que, na beira, brilhavam numa luz forte e no fundo tinham sombras muito escuras. Tudo limpo, bem desenhado, parecia uma pintura hiper-realista.

Ao entrarmos, procuramos a saleta de escrever, onde o Paulo continuou a redação do relatório e eu, por indicação dele, li um conto de Leonardo Sciascia, numa antologia que pegamos na biblioteca do navio. Depois, o Paulo me leu o relatório, que, no entretempo, havia acabado e eu, por meio dos meus diários, o ajudei a reconstruir as datas de determinadas palestras, entrevistas e outras atividades culturais

No sábado, 4 de junho de 1964, chegamos ao fim da viagem. Deveríamos ter chegado às 8h, mas, numa viagem tão longa algumas horas a mais ou a menos já não faziam muita diferença. É curioso que, quando estávamos para chegar em Cannes, na ida, fiquei meio triste, e me senti como se a viagem já estivesse acabando. E, no entanto, na volta, ao chegarmos de verdade, só senti alegria, porque iria rever as nossas filhinhas e o meu pai. Isso me fez lembrar do aniversário dos meus 21 anos: nunca, nem antes nem depois, me senti tão velha e melancólica como então.

A figura mais desagradável a bordo era um velhinho sem noção que se vestia como um bicheiro. Pois, nesse último dia de viagem, munido de um toca-discos, começou a tocar tudo que era hino fascista: *Giovinezza*, *Sole che sorgi*, *Facetta nera*. Isso me deu tanta raiva que acabei ficando com dor de cabeça. Desejei fortemente que, ao descer do navio, ele escorregasse e caísse na água com o toca-discos e tudo.

Descemos à cabine para ultimar os preparativos do desembarque. Depois, subimos ao convés para ver a entrada na baía de Guanabara. A chegada, porém, demorou tanto, que ainda deu tempo de tomarmos um chá. Subimos ao convés de novo e, assim, pudemos admirar as praias maravilhosas, as ilhas e as montanhas que se delineavam ao longe. E foi isso. Retorno feliz à **nossa pátria**, encontro caloroso com as nossas meninas e o meu pai.

Vou parar neste ponto minhas reminiscências. Essa minha autobiografia é a mais detalhada e a mais precisa que a minha memória, já um tanto fraquejante, permite me lembrar. Acho que não esqueci nada de importante, tanto mais que me servi amplamente de minhas anotações e diários da época a qual me refiro, portanto, posso assinar tranquilamente em baixo: Nora... Hum... Nora? Mas qual delas? A de quarenta anos, onde paramos, ou a de 96 anos que vos fala agora? Quantas Noras eu já não fui no entretempo? Mas é claro que a que vos fala agora é a Nora de 96 anos! Só que vocês podem estranhar o intervalo de 56 anos separando as duas Noras e, por isso, cabem algumas explicações.

Sendo esta uma autobiografia, logicamente não poderia ser completa! Mas, sendo assim, por que não acabar antes ou depois do ponto final estabelecido aqui? Explico: prestes a deixar minha cidade natal, Fiume, em 1941, fugindo das perseguições nazistas, saí para a varanda de nosso apartamento, que íamos deixar para sempre, e olhei bem para toda a serra que contornava a baía do Carnaro, especialmente para o Monte Nevoso, onde havia esquiado feliz da vida tantas e tantas vezes. Queria guardar comigo essa imagem para não perder completamente todas as boas memórias de infância. Nessa ocasião, invadiu-me uma raiva, uma fúria que chegou até a me assustar: "Por que eles fazem isto comigo? Por que me proibiram de frequentar a escola? Por que tivemos que vender o meu piano e os meus livros? Por que arrancaram a minha terra natal de mim? Que mal foi que eu lhes fiz? Maldito Schicklgruber (eu me recusava a pensar nele com o nome fantasia que adotou, Hitler) monstro, palhaço, safado! Pois, saiba que eu vou para longe daqui, para um país desconhecido por mim, mas vou estudar, vou trabalhar duro e vou vencer! E você, seu nojento, você será morto e comido pelos vermes, enquanto eu e os meus estaremos vivinhos, realizados e felizes. Isto eu te juro por Deus. *Crepa*! (isso quer dizer "morre", em fiumano, mas só se aplica aos animais). *Crepa* você e todos os seus asseclas!"

Então, de volta da nossa viagem pela Europa, que eu ousaria chamar de triunfal, assaltou-me uma sensação igualmente intensa e pujante como a fúria que eu sentira ao sair da minha cidade natal – só que, desta vez, a sensação foi de triunfo. Eu vencera minha guerra particular contra o tinhoso. Eu havia cumprido o meu juramento.

Na volta para casa, o Pão de Açúcar, 1964.

CIP-Brasil. Catalogação na Publicação
Sindicato Nacional dos Editores de Livros, Rj

R675d
Rónai, Nora, 1924-
O desenho do tempo : memórias / Nora Rónai. - 1. ed. -
Rio de Janeiro : Bazar do Tempo, 2020. 240 p.; 20 cm.
ISBN 978-85-69924-82-1
1. Rónai, Nora, 1924-. 2. Memórias.
3. Nadadoras - Brasil - Biografia. I.Título.
20-63504   CDD: 927.9724   CDU: 929:797.26

Meri Gleice Rodrigues de Souza, bibliotecária
CRB 7/6439

Nora Rónai, Rio de Janeiro, 2013. Foto de Júlia Rónai.

Este livro foi editado na cidade de São Sebastião do Rio de Janeiro e impresso com as fontes Knockout e Publico, em papel Pólen bold 90g., em abril de 2020, na gráfica BMF.